KB275794

교육부의 대국민사기극

노무현 정부의 교육정책 전면 비판과 대안

정진상 엮음

정진상·이철호·손지희·송경원
하병수·임재홍·박정원·천보선·박거용 지음

책갈피

해방 60주년을 맞는 오늘날 한국의 교육은 차라리 처참하다. 초중등교육은 온통 입시교육이 되어 교육학 교과서에서 말하는 '교육'이란 개념이 무색할 정도다. 학생은 말할 것도 없고 온 국민이 오늘도 입시지옥을 통과하고 있다. 또한 몸집만 비대해진 대학도 취업준비기관으로 전락하여 교육이 대부분 공동화되었다고 해도 과언이 아니다. 학벌사회와 사회 불평등 구조가 '자연스럽게' 만들어낸 산물이다.

공화국 정부의 일차적 사명은 이와 같이 '자연스럽게' 형성되는 교육모순을 해결하여 모든 국민이 교육 기회의 평등을 누리는 공교육체제를 확립하는 일일 터이다. 그러나 잘 알다시피 역대 독재정권은 최소한의 역할도 하지 못한 채 교육을 정권유지를 위한 노리개로 삼았다. 문민정부가 들어서면서 기대를 모았지만 오히려 신자유주의라는 괴물을 들여와 혹을 붙여 놓았다. 이제 교육은 만신창이가 되었다.

노무현 정부에 대한 국민들의 기대는 불과 몇 달 만에 산산조각이 났다. 노무현 정부 또한 전임자들을 따라 신자유주의 정책 기조를 유지하고 있고 교육정책에서는 더욱 노골적이다. 당연히 교육모순이 해소되기는커녕 심화 확대될 수밖에 없다. 한 가지 다른 점이 있다면 대중의 교육에 대한 성찰과 발언, 그리고 교육운동이 이전보다 자유로워졌다는 점이다. 과거의 독재정권에서는 잘못된 정책이라도 밀어붙이면 그만이었으나 이제는 사정이 달라졌다. '교육부의 대국민사기극'은 이런 정세 속에서 출현한다.

대중민주주의가 확립된 사회에서 국가(교육부)는 '공교육 정상화'라는 목표를 명시적으로 포기할 수 없다. 그러나 노무현 정부는 누적된 교육모순을 해결할 의지도 능력도 없다. 이것이 '교육부의 대국민사기극'이 출현하는 조건이다. 교육부가 사기를 치고 싶어서 사기극을 벌이는 것이 아니라, 사기를 치지 않으면 최소한의 자기 정당화도 힘들기 때문이다. 그래서 교육부의 각종 사기극에는 고민의 흔적이 역력하며 교묘하기까지 하다. 따라서 교육부의 대국민사기극은 국민들에게 '폭로'되어야 한다. 노무현 정부의 각종 교육정책들이 대국민사기극임을 폭로하는 것이 이 책을 엮은 목적이다.

이 책의 제목을 '교육부의 대국민사기극'이라고 붙인 사연이 있다. 지난 5월 '5·31 교육개혁' 10주년을 맞아 교육운동단체들이 노무현 정부의 교육정책을 평가하는 심포지엄을 열었다. 내가 맡은 주제발표의 결론부에 '일종의 대국민사기극'이라는 표현이 있었다. 토론자로 나온 교육부 관료 한 분이 이런 '감정적'인 표현은 '학술적'인 표현이 아니라고 따졌다. 발표문의 본문에 사기극임을 입증하는 내용이 들어있지 않느냐고 점잖게 대답했으나 그 분은 화를 내며 끝까지 우겼다. 자신이 입안하는 데 관여한 정책을 사기극이라고 했으니 당연히 불쾌했을 것이다. 그래서 나는 가을에 '교육부의 대국민사기극'이라는 주제로 노무현 정부의 교육정책 전반에 대해 좀 더 '학술적으로' 비판하는 학술대회를 조직할 것을 약속하고 마무리지었다. 이 책이 그 분의 기준에 얼마나 '학술적'일지는 모르겠다.

이런 해프닝이 아니더라도 우리는 봄부터 노무현 정부의 교육정책 전반에 대한 비판 학술대회를 준비하고 있었다. 2005년 2월 창립된 한국 교육정책이론연구회 회원들이 모여 매달 세미나를 하다가 여름부터 본격적으로 작업에 들어갔다. 3차례의 워크숍을 거쳐 12월 7일에는 인터넷신문 '민중의 소리'에서 생방송토론회 형식으로 교육부 사기극의 요지를 발표하는 기회를 가졌다. 그러나 처음부터 공동 작업은 단행본을 내는 데 초점을 맞추었다. 공동 작업에 헌신적으로 참여한 이철호, 손지희, 송경원, 하병수, 임재홍, 박정원, 천보선, 박거용 선생님께 깊이 감사드린다.

모순이 있는 곳에 사회운동이 있다. 교육운동은 교육모순에서 시작되며 그 첫걸음은 모순을 밝혀내어 폭로하는 것이다. 이 책이 만신창이가 되어 있는 한국의 교육모순을 폭로하고 교육운동의 올바른 방향을 설정하는 데 조금이라도 기여했으면 하는 것이 필자들의 유일한 바람이다. 끝으로 촉박한 출판 일정에도 불구하고 책을 제때에 내어준 도서출판 책갈피에 감사드린다.

2005년 12월 25일
정진상

차례

서설: 교육부의 대국민사기극의 구조 ····························· 정진상__11

　1. '교육부 사기극'의 두 유형　11

　2. '교육부 사기극'의 무대: 교육모순의 성격　15

　　1) 초중등교육의 모순　16

　　2) 대학교육의 모순　19

　3. 교육부 사기극의 연출, 배우, 그리고 관객:
　　교육정책의 정치지형　24

　　1) 사기극의 연출: 노무현 정부　24

　　2) 사기극의 배우: 교육부　28

　　3) 사기극의 관객: 국민 대중　30

　4. 맺음말　32

제1장 대학입시제도:

　가장 오래된 대국민사기극 ···························· 이철호__34

　1. 대학입시, 불평등의 대물림　34

　2. '2008년도 대학입시제도'의 정체　38

　3. 교육부입시안의 계승자, 서울대 전형안　44

　4. 통합논술은 본고사다　47

　5. 대학별 전형은 차별이다　52

　6. 대학서열체제 혁파가 관문이다　56

제2장 자립형 사립고 정책:

　평준화 보완을 빙자한 귀족학교 만들기 ················· 손지희__59

　1. 머리말　59

　2. 자립형사립고 정책의 등장맥락과 정책 논리　61

3. 자사고 시범운영 평가 결과 63

  1) 다양화, 특성화: 교육시장화라는 본질을 은폐하기 위한 포장 63

  2) 시범운영: 제도화를 위한 우회로 66

  3) 시범운영을 통해 드러난 자사고의 실체 67

4. 자사고 정책은 '교육시장화'의 일환으로 추진된 대국민사기극 76

5. 자립형사립고 정책추진이 실제 노리는 효과: 평준화의 점진적 해체와
   계급적 울타리 구축 82

6. 교육공공성에 입각한 중등교육개편 방향 85

제3장 EBS 수능강의:

사교육비는 줄어들지 않았다 ·· 송경원__89

1. 머리말 89

2. 황금알을 낳는 거위, EBS 수능강의 91

3. EBS 수능강의 효과에 대한 평가 92

4. 사교육비 절감을 위한 두 가지 근본 처방 100

제4장 교원평가:

학부모를 볼모로 한 사기극 ·· 하병수__104

1. 머리말 104

2. 교원평가제를 위한 총동원령 105

  1) 관제 연구소 및 학회 동원 105

  2) 보수언론과 보수단체 동원 106

  3) 학부모의 추억과 왜곡된 정서 끌어오기 107

3. 교원평가, 확산된 이데올로기 활용하기 108

  1) '노동시장의 불안정' 대세인가? 개혁의 대상인가? 108

  2) '경쟁하는 자' 진정 아름다운가? 109

4. 교육부의 사기주장 110

   1) “교원을 평가하면 부적격 교원이 사라질 것이다.” 110

   2) “교원을 평가하면 공교육의 질이 높아질 것이다.” 112

   3) “평가가 대세다” 113

5. 교원평가를 도입하려는 교육부의 진정한 목적 114

   1) 보수와 인사의 차별화를 통한 교사경쟁구조 마련 114

   2) 투자보다는 평가를 통한 교원관리 116

   3) 전교조 무력화를 통한 보수적, 시장적 교육체제로 재편 116

6. 맺음말 117

<보론> 영·미·일 교원평가 비교분석 120

제5장 대학구조개혁:

책임 회피를 위한 안간힘 ·············· 정진상__132

1. 머리말 132

2. 교육부의 대학구조개혁 방안 비판 134

   1) 교육부의 ‘국립대 구조개혁 방안’ 개요 134

   2) 정원감축에 대하여 135

   3) 국립대통합에 대하여 140

   4) 예상되는 결과 143

3. 대안적 대학구조개혁의 방향과 과제 143

   1) 대학서열체제 혁파가 대학교육 개혁의 선결과제이다. 144

   2) 대학구조개혁은 교육 공공성의 관점에서 이루어져야 한다 149

4. 맺음말 152

제6장 국립대 독립법인화:

공교육 포기로 가는 길 ·············· 임재홍__156

1. 국립대 법인화 논의의 역사 156

2. 국립대법인화의 논거 158

3. 교육부 주장의 허구성 161

4. 교육부 주장의 실제 의도 내지는 결과 165

5. 교육부의 목적대로 우수대학을 만들려면 어떻게 해야 하는가? 172

제7장 BK21과 NURI사업:

　　고등교육정책의 반민중성 ························· 박정원__175

　1. BK21사업과 NURI사업의 목표와 방법　175

　2. 시행과정의 문제들과 예상되는 결과　176

　3. 교육부의 숨은 의도　182

　4. 고등교육 재정배분방식을 혁명적으로 바꾸어야　187

　　　1) 지역별 분야별 중심대학-협력대학체제(Hub & Spokes) 구축　187

　　　2) 대학원생에 대한 직접 지원　189

　　　3) 고등교육 재정지원체계의 전면개혁(무상 고등교육을 위한 단계)　190

제8장 교육개방:

　　사기극의 백화점 ····························· 천보선__195

　1. 머리말: 허구로 점철된 교육개방 정책　195

　2. 교육개방의 의미와 진행과정　198

　　　1) 교육개방이란?　198

　　　2) 교육개방 정책의 진행과정　200

　　　3) 정책추진과정의 특징　203

　3. 교육개방 추진과정의 문제: 정보왜곡과 상징조작　204

　　　1) 정부입장의 비일관성과 경제논리에 의한 입장 변화　204

　　　2) 정보의 왜곡과 상징조작 - 교육개방 대세론과 불가피론　206

　　　3) 비민주성　208

　4. 교육부의 거짓 주장: 목표와 결과의 허구성　208

　　　1) 우수한 외국교육기관이 들어와 국내 교육기관의 교육력을 향상시킨다?　208

　　　2) 외국 유학의 수요를 흡수하고 외화유출을 방지한다?　212

　5. 교육개방정책의 진정한 의도는 교육시장화　212

　　　1) 들어오지 않는데 열기만 한다?　212

　　　2) 교육개방의 진정한 목적은 교육시장화　214

　　　3) 허구적 목표와 왜곡된 정보로 점철된 교육개방정책과 개방을 빌미로
　　　　 한 교육시장화정책을 당장 멈추어야 한다.　215

제9장 사립학교법 개정:

사립학교 운영의 민주화를 위하여 ························· 박거용__216

1. 머리말 216

2. 사립학교와 사립학교법 217

3. 사립대학교 운영의 문제들 222

   1) 사립대학의 족벌경영 222

   2) 사립대학의 반민주적인 의사결정 구조 223

   3) 대학 구성원들의 의사를 무시하는 재정 운영 224

   4) 법인의 총장 및 교원 임면 225

   5) 교수·직원·학생단체는 임의단체 226

4. 계속되는 사학 비리 228

5. 교육부와 사립학교법 230

   1) 교육부의 사립학교법 개정 딴지걸기 230

   2) 교육부와 사학의 유착 232

6. 정기국회에서 개정된 사립학교법 주요 내용 234

7. 민주적인 사립학교법 개정 방향과 그 쟁점사항들 236

서설

교육부의 대국민사기극의 구조

정진상

1. '교육부 사기극'의 두 유형

한국의 교육모순이 심각한 만큼 교육부는 수많은 교육정책을 추진해왔고 지금도 새로운 정책을 쏟아내고 있다. 그러나 교육부의 정책이 성과를 내고 있다는 이야기는 듣기가 힘들다. 교육정책은 실패의 연속이라고 보아도 무방할 정도다. 교육 모순의 본질에 대한 전착이 없을 뿐 아니라 과거의 실패에 대한 반성도 없으니 실패는 이미 예정되어 있는 것처럼 보인다. 왜 교육부는 실패가 예정되어 있는 정책들만 쏟아낼까? 과연 교육부의 실패하고 있는 정책들을 단순히 '정책실패'라고 치부할 수 있을까?

국가정책에서 정책이 표방하는 목표와 정책의 결과 사이에 현격한 괴리가 있을 때 우리는 흔히 '정책실패'라고 부른다. 그런데 정책실패가 발생하는 경우를 크게 두 가지로 나누어 볼 수 있다. 하나는 목표설정이 문제에 대한 올바른 진단에 근거한 것이고 정책 수단도 합리적으로 선택되었음에도 불구하고, 예측하지 못한 우연적인 요인들로 인해 정책이 실패로 끝나는 경우이다. 일상적인 의미에서 정책실패라고 할 때 이런 경우를 말한다. 이러한 경우에는 현실에 대한 올바른 파악을 통해 미처 예측하지 못한 우연적인 요인들을 통제함으로써 정책실패를 피해갈 수 있다. 다른 하나는 현실에 대한 진단과 정책의 목표설정은 올바르게 되었음에도 불구하고 그 목표를 달성하기 위한 정책 수단이 처음부터 잘못 선택되어 실패가 예정되어 있는 경우이다. 이 경우는 정책 수행 주체가 실패할 것을 미리 알면서도 잘못된 정책수단을 선택하여 실패로 끝나는 경우가 많다. 이 경우는 본래 의미의 '정책실패'라고 볼 수 없다. 우리는 이와 같은 예정된 정책실패를 '제1유형의 사기극'이라고 부른다. 여기에는 '학교 교육 정상화'를 목표로 내세운 '2008년도 대학입시제도', 사교육부 경감대책으로 나온 EBS 수능방송, '대학교육의 경쟁력 제고'를 내세운 '대학구조개혁' 등이 포함된다.

'2008년도 대학입시제도'는 중등교육의 정상화와 사교육비 경감을 통한 교육기회 균등화를 정책 목표로 내세웠다. 그 핵심 내용은 수능 9등급제, 내신 9등급제 및 대학자율선발권 확대인데 결국 대학자율선발권 확대로 나타나고 있다. 서울대 입시안 발표에서 드러난 바와 같이 논술고사 확대는 공교육 정상화에 역행하고 사교육비를 더욱 확대하는 결과를 초래할 것이다. 2008년도 입시제도가 처음부터 실패할 수밖에 없는 이유는 입시교육의 근본 모순인 학벌주의와 대학서열체제를 건드리지 않고 과거와 같이 땜빵식 처방에 머물고 있기 때문이다.

'EBS 수능강의'는 교육격차 해소, 공교육 정상화, 사교육비 절감 등을 정책 목표로 2004년 4월부터 시행되고 있다. 그러나 조사결과에 따르면 EBS 수능강의의 효과는 거의 없는 것으로 드러났으며, 특히 애초 목표였던 사교육비 절감 효과에 대해 학생, 교사, 학부모는 부정적인 견해를 밝히고 있다. 이보다 더 중요한 것은 만약 수능강의가 성공을 거둔다면, 학교교육을 더욱 공동화시킬 것이라는 점이다. EBS 수능강의는 사교육비 증가의 근본적 원인인 학벌주의와 대학서열체제로 인한 모순을 회피하려는 기만책이다.

대학의 무분별한 설립으로 인한 대학교육의 부실에 대한 처방으로 교육부는 대학교육의 정상화와 경쟁력 강화를 정책 목표로 정원 감축과 국립대학 통폐합을 주요내용으로 하는 '대학구조개혁'을 추진하고 있다. 정원 감축은 국립대 정원 감축을 통한 사립대 정원 감축 유도 정책인데, 이는 그렇지 않아도 취약한 국립대 정원의 축소와 부실한 사립대학을 일정 부분 유지시키는 결과를 초래할 것이다. 대학통폐합은 구조개혁의 효과를 볼 수 있으려면 대규모 대학의 통합을 통한 학과 재조정이 이루어 져야 하는데 이는 실효성이 거의 없고, 대규모 대학에 소규모 대학이 흡수 통합되는 것 이외에 성과를 거두기 힘들다. 그럼에도 불구하고 교육부가 구조개혁을 추진하는 것은 현재의 대학의 부실에 대해 무엇인가 정책을 내어놓지 않으면 안 되는 여론의 압력을 의식한 때문이다. 대학교 육 부실화의 가장 근본적인 원인은 부족한 재정투자와 대학서열체제인데, 교육부는 이 문제에 대해 정면으로 부딪치는 대신 효과가 의문시되는 정책을 쓰고 있으며 이는 대학교육 주체들에 대한 선제공격의 성격을 가지는 사기극이다.

한편, 정책 목표와 정책수단 사이의 괴리로 나타나는 정책실패와는 별도로, 정책 수행 주체가 겉으로 표방하는 정책 목표와 숨겨진 정책 목표가 서로 다른 경우가 있다. 이와 같이 정책 주체가 숨은 의도를 관철하기 위해 그럴듯한 정책 목표를 표방하는 경우를 우리는 '제2유형의 사기극'이라 부른다. 겉으로는 '평가를 통한 교원의 질 제고'를 표방하지 만 숨은 의도는 교사의 경쟁구조를 통한 교원통제라고 할 수 있는 '교원평 가', 고교평준화 보완을 내세우면서 실제로는 귀족학교를 양산하여 고교 평준화 체제를 해체시키는 '자립형 사립고', '대학의 자율성'을 표방하지 만 실제 의도는 재정 부담의 전가를 통한 공교육 포기라고 할 수 있는 '국립대 독립법인화', 대학의 특성화와 경쟁력 강화를 표방하지만 대학서 열체제를 강화하는 'BK21과 NURI사업', 교육개방 대세론을 내세우면 서 교육시장화를 노리는 '교육개방정책' 등이 여기에 포함된다.

교육부는 평가를 통한 교원의 질 향상과 부적격 교사의 퇴출을 명분으로 '교원평가'를 추진하고 있다. 교원평가를 통해 교육부가 노리는 숨은 의도는 신자유주의 경쟁 이데올로기를 동원하여 교사들을 경쟁구조 속으로 몰아넣음으로써 무력화시키는 한편, 신자유주의 교육정책에 잠재적으로 가장 강력한 저항 세력인 전교조의 교육운동 전선을 흩트리려는 것이다. 교원평가는 교육노동의 특징을 잘 알지 못하는 학부모의 여론을 등에 업고 추진하는 것이 중요한 특징 중의 하나이다.

교육부는 학교교육의 다양성과 수월성을 표방하면서 '고교평준화 보완'의 이름으로 자립형 사립고와 특목고 확대를 추진하고 있다. 기존의 특목고와 자립형 사립고가 입시기관이 되고 있다는 것은 이미 확인된 사실이다. 현재의 대학서열체제가 유지되는 한 특목고와 자립형 사립고 정책은 대학입시를 위한 명문고를 만들어 학벌주의를 고등학교로 확대하는 결과를 초래할 것이다. 교육부가 추진하고 있는 자립형 사립고 확대는 교육을 둘러싼 계급 대립의 표현 형태이다. 교육부는 학교 다양성이라는 거짓 명분으로 고교평준화 체제를 해체하여 교육을 통한 계급재생산 기제를 강화하고 있는 것이다.

국립대 독립법인화를 추진하는 교육부의 명분은 "국립대학 재정운용의 자율성, 효율성 및 책무성 제고"이다. 그러나 현재 추진되고 있는 국립대 독립법인화는 이와는 전혀 다른 맥락에서 제기되고 있다. 국립대 독립법인화는 정부의 재정부담과 책임을 덜기 위한 목적으로 제기되고 있을 뿐, 대학의 자치를 보장하기 위한 것이 아님이 분명하다. 정부가 교육주체들의 반대에도 불구하고 국립대독립법인화를 추진하는 진정한 이유는 대학예산 집행의 효율성이 아니라, 독립채산제를 통해 각 대학에 경영책임을 맡겨 대학재정의 최종 책임을 떠넘기고 국가의 재정지원을 줄여보자는 의도이다. 또한 국립대독립법인화는 대학의 자율성을 명분으로 내세우고 있으나 실제로는 그렇지 않아도 취약한 대학교육의 공공성을 크게 훼손하고 대학자치를 위협하는 결과를 초래할 것이다.

'두뇌한국21(BK21)'과 '지방대혁신역량강화사업(NURI)'은 대학의 특성화와 경쟁력 강화 및 지역균형발전을 명분으로 내세우고 있다. 그 핵심 내용은 BK21사업은 '서울대몰아주기'이며 NURI사업은 지방의 대학과 기업을 연결하여 기업에 직접적으로 필요한 인적 자원을 지방의 대학이 공급하는 것이다. 그러나 수도권-지방대 서열체제는 이러한 사업으로 완화될 수 없다. 게다가 이 사업은 지방 대학을 발전시켜 지역균형발전에 기여하기보다는 대학을 기업에 종속시키고 기초학문을 고사시키는 결과를 초래할 것이다. 이 사업은 현재 대학서열체제로 인해 고사 위기에 있는 지방대 육성에 대한 교육부의 무능을 드러내는 것이며, 일종의 사기이다.

정부는 WTO 교육개방양허안을 제출하는 한편, '교육특구'를 통해 대학은 물론이고 초중등교육까지 전면 개방하고 사실상 영리활동까지 허용하는 교육개방을 추진하고 있다. 정부가 교육개방을 추진하는 명분으로 '교육경쟁력' 강화와 개방 대세론을 내세우고 있다. 그러나 WTO 교육개방 양허안 제출의 실태를 보면 개방대세론은 허구에 불과하다. 더 중요한 것은 교육경쟁력 강화가 아니라 교육주권의 상실, 교육 공공성 붕괴, 교육불평등 심화로 나타날 것이라는 점이다. 교육부의 숨은 의도는 교육공공성 붕괴의 알리바이를 WTO의 압력에서 찾는 데 있다.

2. '교육부 사기극'의 무대: 교육모순의 성격

한 나라 교육정책의 최종 책임을 맡고 있는 교육부가 이처럼 사기극을 벌일 수밖에 없는 이유는 무엇일까? 그것은 한 마디로 현재의 교육모순이 부분적인 개선 정책으로는 해결 불가능할 정도로 심각한데 반해, 현

정부는 이러한 심각한 모순을 해결할 수 있는 의지도 능력도 없기 때문이다. 이 절에서는 우선 현재 교육모순이 얼마나 심각하며 어떤 성격을 가지고 있는지 간단히 짚어보기로 한다. 현재의 교육모순은 교육부 사기극이 상연되는 무대이다.

1) 초중등교육의 모순

무릇 자본주의 사회의 공교육(학교교육)은 자본주의적 생산양식을 재생산하는 이데올로기적 국가기구로 기능한다. 자본주의적 지배는 합법적 지배의 형식을 띠고 있기 때문에 자본주의 질서의 재생산을 위해 지배를 정당화하지 않으면 안 되는데, 그 가장 중요한 제도가 바로 학교교육이다. 학교교육은 크게 두 가지 기능을 하는 것으로 정당화된다. 하나는 학교교육이 개인들이 타고난 자질을 계발하여 자아를 실현할 수 있도록 한다는 것이다. 이는 초중등교육의 교육목표로 규정되어 있는 '교양 있는 민주시민 양성'과 같은 것으로 나타난다. 다른 하나는 자본주의의 불평등한 계층구조에서 학교교육이 능력 있는 사람들을 선발하는 장치가 됨으로써 계층이동의 통로로 기능한다는 것이다. 한국의 '교육열'은 한 마디로 교육을 통한 계층이동의 욕망이 표현된 것이다.

그렇다면 한국의 학교교육은 이러한 정당화 기능을 하고 있는가? 그렇지 못한 것이 현실이며, 대부분의 사람들은 이를 핵심적인 교육모순으로 보고 있는 것 같다. 교육부도 이러한 현실을 부정할 수 없기 때문에 거의 모든 교육정책의 목표로 '학교교육의 정상화'를 내걸고 있다. '학교교육의 정상화'에는 현재의 학교교육이 '비정상'이라는 인식이 전제되어 있다. '비정상'으로 나타나는 학교교육의 모순은 이중적이다. 하나는 초중등교육이 교양 있는 민주시민을 양성하는 전인교육과는 거리가 멀다. 그것은 한 마디로 초중등교육이 온통 대학입시에 종속되어 '입시교육'으로 전락했기 때문이다. 다른 하나는 교육이 계급적 불평등을 교정하는 장치로 기능하지 않고 있다. 현재의 대학입학제도 혹은 대학제도는 계층 이동의 통로라기보다는 계급재생산의 수단이 되고 있기 때문이다.

첫 번째 문제부터 보자. 전인교육을 위해서는 초중등 학교가 각각 최소한의 자율성을 가져야 한다. 하급학교가 상급학교의 진학에 완전히 종속되면 입시교육이 될 수밖에 없고 본래의 교육목표와는 멀어질 수밖에 없다. 그런데 학생과 학부모는 교육을 계층상승의 통로로 보기 때문에 국가가 정책적으로 개입하지 않으면 하급학교는 상급학교 진학의 수단으로 전락하는 것은 물이 위에서 아래로 흐르는 것과 같이 자연스런 현상이다. 따라서 초중등교육이 원래 목표를 달성하기 위해서는 국가(교육부)는 초중등교육이 최소한의 자율성을 가질 수 있도록 대학제도 혹은 대학입학제도를 마련해야 한다. 중학교 무시험제도가 초등교육의 최소한의 자율성을 보장하고, 고등학교 평준화가 중학교의 최소한의 자율성을 보장할 수 있듯이, 고등학교의 자율성을 보장하기 위한 대학입학제도의 마련이 필수적인 것이다. 그러나 현실은 고등학교뿐 아니라 중학교 심지어 초등학교까지 온통 대학입시에 매달려 있다. 이런 모순 구조를 건드리지 않은 채 '학교교육의 정상화'나 '전인교육'을 찾는 것은 숲에서 물고기를 구하는 것과 같다.

학교교육을 정상화하기 위해서는 다른 무엇보다도 모순의 근원인 '대학입시' 문제에 정면으로 대결해야 한다. 알다시피 대학입시 문제의 본질은 대학서열체제다. 서울대를 정점으로 연고대-수도권대-지방대-전문대 순으로 한 줄 세우기를 강요하고 있는 대학서열체제는 초중등교육을 황폐화하는 주범이다. 그러나 국가(교육부)는 아직 대학입시 문제의 본질을 건드려 본 적이 없으며 현재도 마찬가지다.

국가(교육부)가 모순의 본질인 대학서열체제를 건드리지 못하는 가장 중요한 이유는, 대학입시 문제를 둘러싼 계급적 대립이 격렬하기 때문이다. 알다시피 대학서열체제와 이로 인한 무한 입시경쟁은 사회의 권력을 배분하는 가장 중요한 장치로 작동하고 있다. 이른바 '학벌사회'다. 한국 자본주의의 위계적 분업구조에서 대학의 졸업장(간판)은 일종의 신분증 명서로 기능하고 있다. 한 단계라도 높은 신분증을 취득하기 위한 입시전 쟁이 벌어지고 초중등학교는 입시전쟁의 훈련장으로, 대학은 전리품을 챙기는 장으로 변질되었다. 입시전쟁에는 학생들 뿐 아니라 학부모, 즉 모든 국민들이 '공정한 경쟁'이라는 이데올로기에 갇힌 채 참여하고 있다. 교사나 교수의 의지와는 무관하게 학생과 학부모들에게 학교는 계급투쟁 의 장이다. 이처럼 대학서열체제와 이로 인한 입시전쟁은 한국사회의 계급투쟁과 계급재생산의 특수한 방식이 되고 있는 것이다.

국가(교육부)가 대학입시를 둘러싼 이러한 계급투쟁의 방식을 바꾸려 하지 않는 한, '학교교육 정상화'를 표방하는 어떤 '입시제도 개선방안'도 사기극이 될 수밖에 없다. '2008년도 대학입시제도'가 대국민 사기극이 될 수밖에 없는 이유는 교육부가 이러한 계급투쟁에 개입할 의지도 능력 도 없기 때문이다. 많은 사람들이 대학입시에는 해결책이 없다고 한다. 그렇다. 대학서열체제라는 근본적인 모순을 혁파하지 않는 한 해결책은 없다. 정권이 바뀔 때마다 그럴듯한 포장을 한 대국민 사기극이 계속될 것이다.

다음으로 두 번째 문제를 보자. 교육이 계층이동의 통로로 기능하기 위해서는 교육기회의 형식적 평등을 넘어서는 실질적 평등이 보장되어야 한다. 지금까지 국가(교육부)는 최소한의 무상교육을 통해서 형식적 평등 을 보장해 왔고 대학입시제도를 통해서 '공정한' 심판관 역할을 해 온 것은 사실이다. 그러나 입시경쟁이 치열해지면서 사교육비 문제가 심각 하게 대두되었다. 이로 인해 학생의 사회문화적 배경의 차이에서 오는 교육 불평등을 차지하더라도 사교육이 교육불평등과 계급재생산의 중요 한 기제가 되고 있다. 입시경쟁에서 사교육이 공교육을 압도함으로써 학부모의 사교육비 투자에 비례하여 대학입시의 성패가 좌우되는 상황이 전개되고 있는 것이다. 이로 인해 '공교육 황폐화'의 목소리가 높다.

이러한 상황에서 나온 교육부의 정책이 'EBS 수능강의'다. 그러나 수능방송으로 사교육비를 경감할 수는 없다. 사교육이 번성하는 이유는 공교육의 부실에 있는 것이 아니라 대학서열체제 하의 무한 입시경쟁에 있기 때문이다. 설상가상으로 수능방송은 교육부가 표방하고 있는 '학교교육의 정상화'는커녕 오히려 학교교육을 더욱 황폐화시킬 것이다. 이런 점에서 EBS 수능방송은 이중의 사기극이다.

한편, 대학서열체제 하의 무한 입시경쟁은 고교평준화 해체 압력으로 나타난다. 고등학교 입시경쟁이 불러온 폐해를 극복하기 위해 도입된 고교평준화 정책이 초등교육과 중학교 교육을 상당한 기여를 한 것은 잘 알려진 사실이다. 그러나 대학서열체제가 버티고 있는 한 고교평준화는 불안정할 수밖에 없다. 왜냐하면 성적이 우수하거나 가정이 부유한 학생들의 학부모들은 대학입시에서 유리한 고지를 점하기 위해 '학교선택권'을 내세우며 자신들만의 계급적 울타리를 만들려고 하기 때문이다. 이러한 이해관계를 반영하여 교육부는 학교의 '다양성' 혹은 '특성화' 논리를 내세우면서 이미 과학고, 외국어고 등 수십 개의 특수목적고를 인가했다. 잘 알려져 있듯이 특수목적고는 애초의 기능을 하기보다는 대학입시를 위한 새로운 '명문고'가 되어 고교평준화 체제를 뿌리에서부터 흔들고 있다. '자립형 사립고'도 이러한 이해관계의 연장선상에 있다. 교육부는 '평준화 보완'이라는 논리를 동원하고 있지만 그 숨은 의도는 '귀족학교'를 만들려고 하는 부유층의 이해관계를 대변하고 있다.

2) 대학교육의 모순

현재 한국 대학교육의 모순은 크게 두 가지로 나타나고 있다. 하나는 고등교육 진학률이 80%를 넘을 정도로 이미 대중교육이 되었음에도 불구하고 그에 걸맞은 재정지원이 이루어지지 못하고 대부분 사적 영역에 맡겨져 있다는 것이고, 다른 하나는 대학서열체제로 인해 대학교육의 경쟁력이 매우 낮다는 것이다.

일제 식민지 치하에서 엘리트 교육으로 시작한 한국의 대학교육은 '교육열'의 폭발에 힘입어 해방 직후, 1981년 졸업정원제 시행, 1996년 대학설립준칙주의 도입 등의 고비를 거치면서 급속하게 팽창하여 지금은 이미 대중교육으로 자리 잡았다. 그러나 국가는 급증하는 고등교육 수요를 주로 사적 시장에 맡김으로서 공적 책임을 방기해 왔다. GDP 대비 고등교육비는 공공재원이 OECD 평균 1%의 절반도 안 되는 0.4%에 불과한 반면 민간재원이 2.3%에 달한다(전체 고등교육비 중 공공재원의 비중이 14.8%, 민간재원의 비중이 85.2%이다). 대학교육의 공공성이 확보되기 위한 전제조건은 국가가 재정을 통해 국민의 교육받을 권리를 실질적으로 보장하는 것인데, 현재의 상황은 대학교육의 공공성이 매우 취약하다. 초중등 교육은 국가가 최소한의 재정을 충당하고 있지만, 대학교육은 80%가 사학재단과 학부모의 주머니에 내맡겨져 있는 것이 현실이다. 사정이 이렇다보니 국가의 대학정책은 극히 제한적일 수밖에 없고 그것도 사학재단의 이해관계로부터 자유로울 수 없다.

게다가 대학교육의 공공성에 대한 이데올로기 지형이 매우 취약하다. 대학교육은 엘리트교육이라는 과거의 관성이 작용하여 중등교육까지는 보통교육으로서 공교육이지만, 대학교육은 기본적으로 교육비를 지불할 능력이 있는 계층을 위한 선택적 교육으로 보는 담론이 지배하고 있다. 대학교육에 대한 국민 대중의 관념은 대학이 개인들의 계층상승 욕구를 충족시켜 주는 장이고, 대학졸업장은 취직을 위한 수단쯤으로 인식하는 데 머물고 있는 것이다. 국가(교육부) 또한 이러한 담론을 바꾸려 하기보다 오히려 편승하고 있는 실정이다. 교육부가 초중등 교육에서는 공공성 강화를 내세우면서도 대학교육의 경우는 '경쟁력 강화'를 최상위 정책 목표로 설정하고 있는 데서 그것을 읽을 수 있다.

대학교육이 대중교육으로 전화한 만큼 국가의 획기적 재정투자와 대학교육에 대한 이데올로기적 지형의 변경 없이는 대학교육의 공공성을 확보하기 위한 교육정책을 수립하는 것이 극히 힘든 조건인 것이다. 교육부가 내어 놓은 '대학구조개혁' 방안은 이러한 사정을 직접적으로 반영하고 있다. 교육부는 몇 안 되는 국립대의 정원감축과 통폐합을 통해 사립대학의 구조개혁을 유도한다는 정책수단을 쓰고 있지만, 가장 중요한 획기적 재정투자가 빠져 있기 때문에 실패로 끝날 수밖에 없고 결국 그것은 사기극임이 드러날 것이다. '대학구조개혁'과 함께 추진되고 있는 '국립대 독립법인화'는 교육부의 숨은 의도를 잘 드러내고 있다. '국립대 독립법인화'는 교육부가 표방하는 대학의 자율성과 경쟁력 강화를 위한 것이 아니라, 국립대학을 준사유화함으로써 국립대학이 스스로 재원 책임을 지라는 것이며 기업식 이윤추구의 단초를 제공하는 것으로 귀결될 것이다. 그렇게 되면 대학의 법적 지위는 공교육을 담당하는 공적 사업체에서 공기업으로 바뀌게 되고, 국가로부터도 자유롭지 못할 뿐 아니라 시장원리에 따라 자본과 기업의 이해관계에 종속될 것이다. 가뜩이나 취약한 대학교육의 공공성이 완전히 해체되는 결과를 초래할 것이 불을 보듯 뻔하다.

한편, 대학교육의 양적 팽창의 이면에는 대학교육의 부실화와 교육경쟁력 약화가 있다. 대학교육의 부실화는 정부의 재정투자로 해소할 수 있다 하더라도 대학교육의 경쟁력은 재정투자만으로 해결될 수 있는 문제가 아니다. 대학교육의 경쟁력을 떨어뜨리는 주범은 고질적인 대학서열체제이기 때문이다. 대학서열체제로 인한 학벌사회에서 대학은 공공성에 기여하는 학문 기관이 아니라 사적인 계층상승 욕구를 충족하는 권력기구로 전락하여 그 본연의 사회적 기능을 상실한 것이 현실이다.

획일적인 대학서열체제는 대학간 학문과 교육의 경쟁을 가로막고 있다. 대학서열체제가 대학의 학문적인 능력이나 교육여건에 의해서가 아니라 입학생의 성적이나 졸업생의 권력 획득 순과 같은 요인에 의해 형성되어 있어, 서열의 상위 대학은 상위 대학대로 하위 대학은 하위 대학대로 더 나은 교육을 하려는 동기가 없어진다. 대학들 사이에 학문과 교육의 질을 높이기 위한 선의의 경쟁을 기대할 수 없는 것이다. 대학서열체제에서 가장 높은 서열에 속해 있는 서울대에 입학한 학생은 일단 입시경쟁의 관문을 뚫고 입학하기만 하면 서울대 졸업장이 보장되기 때문에 열심히 공부할 필요를 느끼지 않는다. 그런가 하면 지방 대학에 입학한 학생은 아무리 열심히 공부해도 사회적으로 인정받기 힘들기 때문에 학습 의욕을 잃는다. 교수들도 사정은 크게 다르지 않다. 대학의 서열이 고착되어 있는데다 입학생의 수능 점수에 의해 대학 서열이 결정되기 때문에 대학 간에 교수들의 연구비 수주를 둘러싼 경쟁은 있을지언정 교육 자체를 둘러싼 경쟁은 일어나기 힘들다.

뿐만 아니라 대학서열체제는 대학의 특성화를 가로막고 있는 주범이다. 오늘날 대학에서 연구하고 교육해야 할 학문 분야는 헤아릴 수 없을 정도로 다양하며 이들 다양한 학문 분야가 균형적으로 발전하는 것이 바람직하다. 그러나 현재의 대학서열체제에서는 서울대가 모든 학문 분야에서 최고가 되도록 되어 있다. 서울대 교수들이 모든 분야에서 최고가 아님이 분명함에도 불구하고 학문 분야를 불문하고 전국에서 수재들이 집결한다. 반대로 서울대가 아닌 하위 대학의 어떤 교수가 탁월한 연구 성과를 내어 그것을 전수하려고 해도 대학서열체제로 인해 학생들은 거들떠보지도 않는다. 이 때문에 한국의 학문과 교육은 결코 서울대를 능가할 수 없다. 인구가 4천만이 넘고 경제규모가 세계 12위를 자랑하는 한국에서 대학은 서울대밖에 없는 셈이다.

또한 대학서열체제는 학문 간의 바람직한 분업을 가로막아 전문대학교육을 공동화시키고 있는 주범이다. 과거의 대학은 좁은 의미의 학문을 연구하고 교육하는 곳이었으나 현대사회에서 대학은 좁은 의미의 학문뿐만 아니라 기술과 예술을 교육하는 기능을 맡고 있다. 학술, 기술, 예술 등의 분야는 인간이 가진 재능의 구별이 있을 뿐 각자의 고유성이 동등하게 실현되어야 할 터이다. 그런데 한국의 대학은 4년제 일반대학과 2년제 전문대학으로 구분되어 이들 사이에 엄격한 서열이 형성되어 있다. 일반대학이 전문대학보다 서열의 상위에 위치하여 학생들은 자신의 재능이나 소질과 관계없이 일반대학으로만 몰리고 전문대학은 일반대학 낙방자들이 몰리는 곳으로 되어 있다. 뿐만 아니라 일반대학이 전문대학에 설치되어야 마땅한, 취업이 잘되는 학과를 다투어 설치함으로써 일반대학과 전문대학의 구별이 사라지고 전문대학은 원래의 기능을 상실하고 열등한 대학이 되어 있다. 일반대학과 전문대학의 이러한 서열은 어떤 전문대학 육성책으로도 해소할 수 없다. 왜냐하면 일반대학들의 서열체제가 반영된 것이기 때문이다.

대학교육을 정상화하고 경쟁력을 강화하기 위해서는 이와 같은 대학서열체제 혁파가 선결요건인데 이를 위해서는 획기적인 재정투자와 함께 '교육혁명'이라고 부를 만한 혁명적 조치가 필요하다. 그러나 국가(교육부)는 그러한 교육혁명을 수행할 의지도 능력도 없다. 이러한 상황이 교육부의 대국민 사기극이 출현하는 무대이다. 대학교육의 경쟁력 강화를 내세우며 추진하고 있는 'BK21과 NURI사업'은 대학교육의 경쟁력을 강화시키기는커녕 오히려 대학서열체제를 더욱 강화함으로써 경쟁력을 떨어뜨릴 것이 분명하다. BK21사업은 애초의 의도인 '서울대몰아주기'를 통해 서울대의 연구역량을 다소 강화시킬 수 있겠지만 상대적으로 나머지 대학들에 대한 재정투자가 줄어 대학서열체제를 더욱 강화할 것이다. NURI사업은 대학의 학문을 기업의 논리에 종속시킴으로써 가뜩이나 취약한 기초학문의 경쟁력을 약화시키는 결과를 초래할 것이다.

3. 교육부 사기극의 연출, 배우, 그리고 관객:
교육정책의 정치지형

무릇 사기극에는 대본과 연출, 배우, 그리고 관객이 있기 마련이다. 교육부 사기극의 주연 배우는 물론 교육부이지만 그 연출자는 국가(노무현 정부)이며, 주관객은 물론 학부모인 국민 대중이다. 그런데 정책 사기극은 픽션과는 달리 현실적인 무대에서, 현실적인 제약을 받는 연출과 배우가, 그리고 현실 속에 살고 있는 관객 앞에서 벌어진다는 점에서, 그 극본 또한 현실적인 제약 속에서 구성될 수밖에 없는 특징이 있다. 앞에서 우리는 교육부 사기극이 상연되는 무대의 특징을 짚어보았다. 여기에서는 연출과 배우인 노무현 정부와 교육부가 어떠한 정치경제적 자원과 이데올로기적 자원을 동원하는지, 그리고 관객들은 어떻게 사기극에 속아 넘어갈 수밖에 없는 조건에 있는지 살펴보고자 한다.

1) 사기극의 연출: 노무현 정부

노무현 정부의 등장은 중요한 정치적 전환으로 받아들여져 집권 초기에는 교육개혁에 대한 기대가 컸던 것이 사실이다. 대통령직 인수위 때부터 교육개혁에 대한 의지를 천명하고 집권 후 교육혁신위원회를 구성하는 등 한껏 국민들의 기대를 부풀렸다. 그러나 기대는 잠시였을 뿐 정권 초기에 쟁점이 되었던 NEIS 문제를 둘러싸고 교육개혁의 동반자로 지목되었던 전교조와 대립하고 재벌의 손을 들어줌으로써 일찌감치 교육개혁의 희망을 물거품으로 만들어버렸다. 이내 노무현 정부는 김영삼 정부 때부터 본격적으로 추진되기 시작한 신자유주의를 교육정책의 기조로 삼는데 주저하지 않았다. 구래의 비민주적 학교 구조와 취약한 교육공공성, 대학서열체제로 인한 공교육의 황폐화라는 무대 위에서 교

육을 시장화하는 신자유주의 교육정책은 모순을 해결하기는커녕 오히려
악화시키는 결과를 초래할 것이 분명하다.

　그럼에도 불구하고 노무현 정부가 신자유주의 교육정책의 기조를 부여
잡고 있는 이유는 무엇인가. 그것은 한 마디로 노무현 정부가 노동자,
농민, 빈민의 이익을 대변하는 정부가 아니라 자본, 특히 재벌의 이익을
대변하는 정부이기 때문이다. 노무현 정부는 신자유주의적 세계화를 불
가피한 것으로 보고 재벌을 비롯한 자본의 국제경쟁력 강화를 국정의
최우선 순위로 놓고 있으며, 교육정책은 그러한 신자유주의 경제정책의
하위 정책으로 보고 있다. 이는 '대학도 산업'이라는 대통령의 발언이나
재경부 출신 관료를 교육부장관으로 앉히는 데서 여실히 드러난다. 그리
하여 노무현 정부의 '교육개혁'에서는 신자유주의적 경제논리가 압도한
다. 노무현 정권의 교육개혁은 세계 금융독점자본이 주도하는 신자유주
의 시대에 자본의 원활한 재생산을 위해 어떻게 노동력을 효율적으로
양성하여 국가경쟁력을 높일 것인가 하는 것이 주요 관심사이다. 여기에
는 비단 집권세력 뿐 아니라 한나라당과 민주당 등 보수정당들도 이해관
계를 같이 하고 있다. 뿐만 아니라 경제관료를 중심으로 하는 정부 관료들
또한 대부분 신자유주의를 정책 기조로 삼고 있다. 지배세력 내에서는
정파를 불문하고 신자유주의 노선에 대해서는 하나의 컨센서스가 형성되
어 있는 것이다.

　그러나 노무현 정부가 선거에 의해 구성된 합법적 정부이기 때문에
교육정책을 완전히 외면할 수는 없다. 노무현 정부가 초중등교육의 경우
최상위 정책 목표로 '공교육의 정상화'를 내세울 수밖에 없는 것은 이
때문이다. 그러나 공교육의 정상화와 신자유주의 정책기조는 정면으로
배치된다. 신자유주의 교육정책은 교육을 시장화함으로써 공공성을 해체
할 것이기 때문이다. 특히 초중등교육의 정상화를 위해서는 대학서열체
제 혁파가 선결요건인데 노무현 정부는 대학서열체제를 혁파하려는 의지

도 능력도 없다. 대학서열체제 혁파를 위해서는 혁명적인 조치가 필요한데 노무현 정부는 교육혁명을 수행할 수 있는 대중적 지지를 얻지 못하고 있기 때문이다. 문제의 본질을 회피하고 국가를 정당화하기 위해서는 사기극 이외에 다른 대안이 없다.

　대학교육의 경우는 아예 노골적으로 신자유주의 정책 하에서 '경쟁력 강화'를 최상위 목표로 설정하고 있다. 대학교육의 경쟁력 강화를 위해서는 대학재정의 확충이 선결요건인데 신자유주의에 경도되어 있는 노무현 정부는 그럴 의지가 전혀 없다. 오히려 '대학구조개혁'이나 '국립대 독립법인화'에서 보는 바와 같이 국가의 재정 부담을 줄이려고 하고 있다. 이렇게 될 때 '경쟁력 강화'는 한갓 이데올로기에 그치고 실제로는 최소한의 대학교육의 공공성마저도 해체하는 결과를 초래할 것이다.

　한편, 노무현 정부는 신자유주의 세력 중에서도 '정치적 자유주의'를 표방하는 정치 분파로서 학교 민주화를 핵심적인 내용으로 하는 자유주의적 개혁은 기대할 만했다. 대통령 자문기구인 교육혁신위원회는 오랫동안 사회적 의제로 제기되어 온 사립학교법의 민주적 개정, 학교운영위원회의 의결기구화 등 최소한의 시민적 공공성을 확보할 수 있는 자유주의적 개혁 의제를 제출했고, 전교조를 중심으로 하는 교육운동 진영에서도 상당한 기대를 걸고 수십 년간 묵은 과제를 해결하는 데 동참할 준비가 되어 있었다. 그러나 2년여에 걸친 지연 끝에 최근 원안보다 훨씬 후퇴한 사립학교법 개정안이 국회에서 간신히 통과되는데 그치고, 학교운영위원회의 의결기구화나 교장선출보직제와 같은 학교민주화 조치가 쉽지 않아 보인다. 이는 주로 노무현 정권의 정치적 취약성에서 기인한다. 첫째, 집권당인 열린우리당이 정치적 자유주의를 표방하고 있지만 당 내에서도 자유주의 헤게모니가 관철되고 있지 않다. 지난 대통령선거를 계기로 급조된 열린우리당 내에는 소수의 자유주의 세력이 있지만 지역주의에 기대고 있는 세력이 상당수 포진하고 있고, 이로 인해 열린우리당은 이념 노선을 정하지 못하고 '실용주의'라는 절충으로 자신을 표현할 수밖에 없었다. 둘째, 비록 집권세력이 의회의 다수파가 되었지만 정권의 지지 기반이 매우 취약하다. 지배세력은 국가기구 내의 각 부문에 여전히 포진하고 있으며 이들은 야당인 한나라당에 더 큰 친화력을 가지고 있다. 검찰, 경찰, 국정원 등은 말할 것도 없고, 행정관료, 법원, 국책 연구소 등에도 구래의 지배세력의 헤게모니가 관철되고 있다. 집권세력이 이러한 지배세력의 저항을 제어하기 위해서는 대중의 지지를 동원하는 것이 필수적이다. 그러나 집권 후 노무현 정권은 교육행정정보시스템 문제, 비정규직 법안 등에서 전교조, 민주노총 등 자신을 지지한 세력들에 등을 돌림으로써 잠재적 지지층의 신뢰를 잃고 있다. 셋째, 집권세력이 자유주의적 개혁과제를 추진하는 방법에 문제가 있다. 집권세력은 한나라당과의 협상과 타협을 통한 문제 해결의 방법에 무게 중심을 두고 있는데 이러한 방법은 위에서 말한 정권의 취약성으로 인해 가능성이 희박하며 설사 가능하다 하더라도 본래의 개혁 취지는 무색해지고 말 것이다. 넷째, 노무현정권은 정치적 자유주의를 표방하고 있지만 신자유주의에 경도되어 있다. 따라서 개혁은 수구 기득권세력의 권력을 해체하는 것에 머물 뿐 사회 전체의 구조적 개혁으로 나아가려는 것이 결코 아니다. 그럼에도 불구하고 노무현 정권은 자유주의적 개혁을 완전히 무시할 수는 없다. 왜냐하면 집권세력인 자유주의 정치세력은 여전히 수구적 보수세력과 경쟁관계에 있으며 그들의 정체성을 강화하고 국민의 지지를 확대하기 위하여 전국민적 관심사인 교육부문에서 일정하게 개혁적 입장을 가질 필요가 있으며, 기존의 획일적이고 권위주의적인 교육체제가 그들이 추구하는 교육 경쟁력 강화에 걸림돌로 작용하고 있다고 판단할 수 있기 때문이다. 사립학교법 개정의 지연과 후퇴한 법안은 노무현 정부가 처해 있는 이러한 정치적 입지의 산물이다.

2) 사기극의 배우: 교육부

　교육부 사기극의 주연 배우는 물론 교육부다. 여느 배우와 마찬가지로 교육부도 기본적으로 대본과 연출자에 종속되어 있지만 관객을 대면해야 한다. 그런데 희극과는 달리 연출과 관객의 희망사항이 다를 뿐 아니라 때로는 배치되기 때문에 배우인 교육부는 곤혹스러운 처지에 놓이기도 한다. 연출은 신자유주의 정책을 펴라고 주문하는데 이로 인해 관객의 비위를 거스르면 공격은 고스란히 교육부에 집중된다. 교육부는 단순히 배우이기만 한 것이 아니라, 대부분 연출과 함께 대본 제작에 참여하는 중요한 행위자이기 때문이다. 게다가 교육부 관료들은 무대 위의 배우이기만 한 것이 아니라, 현재의 모순적인 교육체제 아래에서 교육기득권층과 이해관계를 같이 할 수 있는 여지가 많은 현실적인 사회세력을 형성하고 있다. 교육부의 각종 사기극에서 배우의 연기가 변화무쌍한 것은 이처럼 교육부가 모순적인 처지에 있기 때문이다. 사기극의 주연 배우인 교육부의 각종 연기를 보자.

　첫째, '모면하기'는 교육부가 단골로 쓰는 메뉴다. 심각한 교육모순이라는 무대에서 신자유주의 정책 기조의 대본과 연출의 지시를 액면 그대로 수행하다가는 관객의 비난을 면할 수 없다. 배우인 교육부는 무엇인가 새로운 정책을 끊임없이 내어놓지 않으면 안 되는 입장에 처해 있는데다가 교육모순과 정책실패의 온갖 책임은 교육부로 향하기 때문이다. 이 경우에 땜빵식 처방으로 문제의 핵심을 비켜가는 것이 상책이다. 대학서열체제라는 본질을 외면하고 학교교육을 정상화한다면서 내놓은 '2008년도 대학입시제도'나 사교육비 경감대책으로 내놓은 'EBS 수능방송'이 그런 것이다. '경쟁력 강화'에 효과도 없는 '대학구조개혁'도 여기에 포함된다. '대학구조개혁'은 실패할 것이 뻔하지만 추진하는 것만으로도, 과거에 대학을 무분별하게 인가하여 대학교육의 부실을 자초한 교육부 스스로의 잘못을 은폐할 수 있는 일석이조의 정책이다.

둘째, '바꿔치기'는 관객의 관심을 딴 곳으로 유도하는 수법이다. '공격이 최선의 방어'라고 하는 전법과 비슷하다. 고교평준화 체제는 교육기회의 평등을 보장하기 위한 최소한의 장치인데도, 교육부는 이를 '평준화 보완'이라는 의제로 슬쩍 바꾸어 부유층의 '구별짓기' 요구에 부응하여 '자립형 사립고'를 추진한다. 평준화 보완이라는 명분으로 교육부 스스로 평준화체제의 뿌리를 흔들고 있으면서도 교육부는 평준화체제 유지가 교육부의 기본 입장이라고 사기를 치고 있다. 학교 교육력의 향상을 위해 도입하겠다는 '교원평가'는 어떤가. 교육의 질은 교육여건과 입시제도 등 교육시스템의 문제인데도 불구하고 교육부는 엉뚱하게 '교원평가'로 바꿔치기 하여 문제의 본질을 비켜가고 있는 것이다. 실제로 교원평가 논란에서 교육부는 논란 자체만으로 상당한 성과를 거두고 있다. 교원평가가 논란이 되는 동안 현안으로 되어 있는 교장선출보직제나 표준시수법제화와 같은 요구가 묻혀버렸을 뿐 아니라 교원단체들도 이로 인해 일정하게 분열되었다. '국립대 독립법인화'도 바꿔치기의 일종이다. 국립대의 부실화와 경쟁력 약화의 원인이 과거 교육부의 정책실패와 부족한 재정투자에 있음에도 불구하고, 마치 국립대 운영의 자율성(이것도 거짓 자율성이다)을 부여하면 경쟁력이 올라갈 것처럼 의제를 바꿔치기 하여 정책실패의 책임을 면해 보자는 것이다.

셋째, '우기기'는 잘못이 드러나도 계속 아니라고 버티는 수법이다. BK21사업은 5년여의 시행결과 대표적인 정책 실패라는 평가가 나왔음에도 불구하고 대학경쟁력 강화에 효과가 있었다고 강변하면서 계속 추진하는가 하면, 실패에 아랑곳하지 않고 이와 비슷한 NURI사업을 추진하고 있다. 자립형 사립고 시범학교의 경우도 원래 목표인 학교 다양화에 효과가 없고 오히려 새로운 명문고를 만드는 부작용을 일으키고 있다는 평가가 나왔는데도 불구하고, 처음 약속한 대로 중단하기는커녕 오히려 시범학교를 확대함으로써 자립형 사립고를 기정사실화 하고 있다.

넷째, '말바꾸기'는 진정성이 없이 상황에 따라(혹은 연출의 지시에 따라) 말을 바꾸는 수법이다. 교육개방에 대해 교육부는 처음에는 합리적인 이유를 붙여 교육개방을 해서는 안 된다고 하다가 2002년부터 갑자기 찬성 입장으로 돌변한다. 이는 노무현 정부의 WTO 협상 전략이라는 연출의 지시에 따른 것이다. 이 때문에 교육개방을 해야 하는 교육적 판단 근거는 내세우지 못하고 전적으로 경제논리와 통상논리 뒤로 숨고 있으며 '교육개방은 대세'라는 거짓말을 하고 있다. 이런 사기극에서 우리는 연출의 지시에 따를 수밖에 없는 배우에게 가련함마저 느낀다.

다섯째, '거짓말하기'는 모든 사기극에서 없어서는 안 될 소품과도 같다. 독자들이 본문의 각 장에서 교육부의 거짓말을 뽑아 목록으로 만들면 상당한 분량이 될 것이다. 여기서는 각 장에서 대표적인 거짓말 몇 가지를 예로 든다.

"2008년도 대학입시제도의 목표는 학교교육의 정상화다."
"자립형 사립고는 학교 다양화를 통해 '평준화 보완'의 효과가 있다."
"EBS 수능방송은 사교육비 경감에 효과가 있었다."
"교원을 평가하면 공교육의 질이 높아진다."
"대학을 통폐합하면 대학교육의 경쟁력이 올라간다."
"국립대를 법인화하면 대학의 자율성이 높아진다."
"BK21과 NURI사업은 대학을 특성화하고 대학교육의 경쟁력을 높인다."
"교육개방은 대세이며 불가피하다."

3) 사기극의 관객: 국민 대중

사기극은 관객들이 속아 넘어가지 않는다면 계속 상연될 수 없다.

교육부 사기극의 주관객은 학부모인 국민 대중이다. 교육부 사기극이 계속 상연되는 것은 대다수 국민들을 속일 수 있기 때문이다. 그렇다면 교육부의 각종 사기극이 통하는 이유는 무엇일까? 그 이유는 사기극의 유형에 따라 각각 다르다.

먼저 '2008년도 대학입시제도'나 'EBS 수능방송' 같은 경우에는 국민 대중의 체념이 교육부 사기극이 통하는 토대가 된다. 대학입시문제의 본질인 학벌주의나 대학서열체제는 이미 강고한 구조를 가지고 있기 때문이다. "대학입시에는 해결책이 없다"는 말에서 국민대중의 체념을 읽을 수 있다. 대부분의 학부모들은 대학입시의 본질인 대학서열체제는 어쩔 수 없는 것으로 보는데다가 학벌주의의 포로가 되어 있다. 이 때문에 대학입시 문제는 해결책이 없다고 체념하고 새로운 입시제도에 남보다 빨리 적응하기에 바쁘다.

'대학구조개혁', '국립대 독립법인화', 'BK21과 NURI사업' 같은 대학정책의 경우는 대부분의 국민들이 직접적인 이해관계와 거리가 있는데다가 잘 알기가 힘들다. 이런 경우에 교육부는 신자유주의 대세론이나 경쟁이데올로기와 같은 지배이데올로기를 동원하여 교수, 학생, 직원 등 교육주체들을 포위해 들어가는 전술을 사용한다. '교육개방'에서 사용하는 교육개방 대세론이나 불가피론도 이 범주에 속한다.

'교원평가'의 경우는 거짓말로 관객의 호응을 유도하여 교사들을 고립시키는 적극적인 전술을 쓰는 경우이다. 교원평가란 교사들의 자발적이고 적극적인 참여가 없이는 교육의 질 개선에는 전혀 도움이 되지 않는 것임에도 불구하고, 교육부는 교육 노동의 특성을 잘 모르는 학부모들에게 "교원평가는 대세다"라고 거짓말로 선동하는 한편 학부모 단체를 동원하기도 한다.

'자립형 사립고'는 학벌주의로 이익을 누리고 있는 소수의 관객들의 귀족학교를 만들라는 요구에 부응하여 상연되고 있는 것이지만, 다수의 관객들도 학벌주의 지배 이데올로기의 포로가 되어 있기 때문에 그렇게 큰 거부감을 표출하지 못하고 있다.

그런데 주관객인 국민대중은 교육부 사기극이 사기임을 알아차리더라도 상연 도중에 큰 소리로 거부의사를 표현하기가 힘들다. 이른바 언론이 이를 대변한다고 한다. 보수언론은 때로는 평론가를 자처하기도 하는데 교육부의 각종 사기극에서는 실제로는 학벌주의, 신자유주의 경쟁이데올로기 등 지배 이데올로기를 동원하여 박수부대의 노릇을 하는 경우가 많다. 이 때문에 국민대중이 교육부 사기극을 저지하기는 더욱 쉽지 않다.

교육부 사기극에서는 특별한 관객들이 있다. 교육의 주체인 교사, 교수, 학생이 그들이다. 이들은 교육부 사기극에서 대상으로 전락하고 관객이기를 강요당하고 있다. 교육정책의 주체로 참여해야 마땅할 이들이 관객이기를 강요당하기 때문에 거의 모든 교육부 사기극은 교육주체들의 저항을 받고 있는 실정이다. 그래서 교육부 사기극은 '대국민 사기극'이다.

4. 맺음말

국가(교육부)가 국민 대중에게 진정한 정당성을 확보하기 위해서는 교육정책은 무엇보다도 진실에 기초하여 교육모순을 해결하는 방향으로 잡혀야 한다. 교육의 공공성, 민주성, 사회적 생산성을 향할 때 백년지대계를 기대할 수 있을 것이다. 이를 위해서는 해방 이후 누적된 교육모순을 무대로 하여 정치적 기반이 취약한 노무현 정부의 연출로 교육부가 국민 대중 앞에서 벌이는 각종 사기극은 중단되어야 한다.

교육부 사기극이 지배 이데올로기를 동원하여 국민 대중을 관객으로 상연되고 있기 때문에 가장 시급한 일은 교육부의 각종 교육정책들이 사기극임을 폭로하는 것이다. 사기극의 대상으로 내몰리고 있는 교사, 교수, 학생 등 핵심적인 교육주체들이 먼저 나설 수밖에 없다. 교사들이 전교조를 중심으로 교육개혁운동의 중심에 서야 한다. 부분적인 개선책이 아니라 공교육의 혁명적 재편의 슬로건을 내걸어야 한다. 학생운동은 자신들의 물질적 이해관계에 기반을 두어 교육운동을 핵심적인 의제로 설정해야 한다. 교수들은 지식인으로서 이 사회의 학문과 교육의 모순을 총체적으로 비판하고 근본적인 대안을 모색해야 한다.

무엇보다도 정부의 신자유주의 교육정책에 대치선을 형성하는 것이 중요하다. 그동안 교육운동 진영에서는 WTO 교육개방 반대, 고교평준화 해체 저지, 국립대독립법인화 반대 투쟁 등으로 이러한 신자유주의 공세에 대응하여 맞서 왔다. 그러나 문제는 교육의 시장화를 지향하는 신자유주의 공세는 교육운동 진영의 수세적 투쟁만으로는 저지하기가 힘들다는 것이다. 두 가지 측면에서 그렇다. 우선 신자유주의 공세는 위기에 처한 자본주의에서 지배계급이 민중을 공격함으로써 위기를 돌파하려는 전략이며 그 본질은 계급투쟁이다. 구체적으로 그것은 재정 조세 정책의 대립으로 나타난다. 이처럼 신자유주의 공세는 교육부문의 바깥에서 밀려들어 오는 힘이기 때문에 교육운동만으로는 감당하기 힘들다. 다음으로 신자유주의 공세는 자본이 '시장'이라는 수단을 동원하는 파상적인 공세이다. 시장 이데올로기가 지배하고 있는 한 신자유주의 공세를 막아내기 힘들며, 설사 어느 한 부문에서 시장화 공세를 저지한다 하더라도 또 다른 부문에서 공격을 해 들어오기 때문에 수세적 투쟁만으로는 근본적으로 한계에 부딪힐 수밖에 없다. 따라서 수세적 투쟁을 넘어서서 민중의 교육권을 강화할 수 있는 대안을 가지고 공세적인 투쟁을 조직해야 한다. 나아가 교육운동은 신자유주의에 저항하는 민중운동과의 광범위한 연대를 구축하는 것이 시급하다.

제1장

대학입시제도
가장 오래된 대국민사기극

이철호

1. 대학입시, 불평등의 대물림

교육부의 대국민사기극은 대학입시로부터 시작하며, 대학입시제도로 완성된다. 이는 대학입시가 한국사회와 교육에서 차지하고 있는 위치의 중대함에서 비롯된다. 대학입시자체가 그 이전까지의 교육의 결과를 평가하는 권력을 가지고 있기에 초중등교육은 대학입시에 종속되어 있고, 대학 역시 학교의 위상이 교수나 교육여건에 의해서가 아니라 선발과정을 통해 결정되기에 대학입시에 목을 매달지 않을 수 없다. 수험생과 학부모 입장에서는 대학입시에서의 성패가 이후의 삶에서 부와 권력의 획득과 빈곤의 대물림 여부를 결정하기에 그들이 가지고 있는 모든 수단을 동원하여 전쟁을 치르고 있다. 세칭 명문대학 인기학과로 서열화된 학벌사회에서 대학입시는 권력의 분배와 다음 세대의 삶의 밑그림이 그려지는 곳이기도 하다.

따라서 어느 해인들 그러지 않은 해가 없었지만 2004년과 2005년을 지나는 동안 대학입시제도와 관련된 파동은 심각했다. 2004년에는 '2008년 대학입시제도' 마련 과정 중에 고교등급제 파동, 대학별고사 파문,

수능부정사건 등으로 논란이 이전과는 전혀 다른 양상으로 진행되었다. 정부의 입시안이 시민사회단체에 의해 발표가 지연되었다는 것이 그 하나요, 이 과정에 입시제도의 변화로 인한 이익의 문제가 개인이 아니라 계층 간의 갈등으로 전면화된 것이다. 하기에 입시제도 개선에 관한 논쟁도 보다 근본적인 차원에서 진행되었다. 교육부는 자신들이 2002년에 마련한 기본안을 골격으로 하여 약간의 손질만으로 개선안을 마련하고자 하였다. 이에 반해 시민사회단체에서는 입시절차의 변경이 아니라 공교육정상화와 대학의 교육과 학문을 발전시키기 위한 보다 근본적인 대책을 수립해야 한다고 주장했다. 그러나 교육부는 사교육비 경감과 공교육정상화라는 그럴 듯한 포장을 씌운 채 사교육비 경감방안 제1탄인 EBS 방송과외에 이어 사교육비 경감방안 제2탄인 '2008년도 대학입시제도'를 강행함으로써 2005년으로 이어지는 대국민 사기극을 연출하였다.

2005년에도 역시 대학 입시로 바람 잘 날이 없었다. 고등학생들의 촛불시위, 서울대의 전형안 파동, 통합논술고사, 그리고 수학능력시험 부정사건 등. 이 사건의 외중에 교육부는 끝도 없는 말 바꾸기로 학생들과 국민을 혼란에 빠뜨렸으며, 교묘한 거짓말로 자신들의 입시안과 대학별 본고사를 정당화 했다. 더하여 전국의 모든 수험생들을 일시에 잠재적 범죄자로 만들어 버린 11월의 수학능력 시험은 국민들의 분노를 사기에 충분하였다.

대학입시에 관해서 우리들은 흔히 한국사회에서 얼마나 자주 대학입시가 바뀌어 왔는가를 말하곤 한다. 15번이나 바뀌었다거나 작은 것까지 합치면 해방이후 이미 50번이나 바뀌었다는 등으로 말이다. 이런 언술은 대개의 경우 더 이상 바꿀 필요가 없다는 의도를 담고 있거나, 더 이상 바꾸어도 어쩔 수 없다는 절망적인 체념에 기초하고 있다.

문제는 누가 왜 바꾸었으며 그렇게 자주 바꾼 결과 무엇이 달라졌는가에 있다. 당연하게도 대학입시제도는 교육인적자원부가 장악하고 있다.

지난 2004년, '2008년도 대학입시제도'를 마련하는 과정에서 교육부는 대통령 자문기구인 교육혁신위의 경로별 입시안 등을 무력화시키고 교육부의 입시안을 관철시키기 위해 갖은 수단을 다 발휘했다.

지금까지 대입제도 변경과정을 보면 표면적으로 내세운 이유는 언제나 과열 입시경쟁의 완화, 사교육비 경감, 학교교육정상화, 입시 부정방지 등이 제도 변경의 주요한 이유였다. 그러나 대학입학제도의 변경은 바로 그렇게 내세운 목적과 관련하여 보면 한 번도 그 목적지에 도달하지 못했다. 출발할 때에는 언제나 기대를 부풀리며 떠났지만 출발점에서부터 방향을 잃고 제자리를 맴돌거나 아니면 불이 켜져 있지 않은 등대를 향해 맹목적으로 돌진하다 암초에 걸려 좌초해 버렸다. 하기에 한국의 교육정책사는 입시제도변경사이지만 언제나 실패한 역사일 뿐이다.

실패는 항상 예정되어 있었다. 이는 처음부터 교육부의 사기극이었기 때문이다. 교육부가 대학입시제도를 바꾸는 주목적은 표방하는 목표에 있는 것이 아니라 바꾸는 그 자체에 있기 때문이다.

다른 한편 대학입학제도 변경사는 기득권층의 입장에서 보면 실패한 적이 없다. 입학제도 변경의 결과 대학의 서열체제는 더욱 공고해지고, 학벌사회는 강화되고, 사교육불평등은 심화되고, 학교교육은 대학입시에 더욱 종속되고 있기 때문이다. 즉, 제도 변경을 통해 기득권층은 원하는 목적을 아무런 갈등이나 저항 없이 성공적으로 달성할 수 있었던 것이다.

그리하여 대학입학제도변경사는 역설적으로 두 가지 사실을 경험적으로 가르쳐 준다. 하나는 입시제도가 바뀌면 불평등이 심화된다. 제도가 바뀌면 바뀐 제도에 관한 정보와 적응이 필요하다. 이는 가용할 수 있는 정보력과 자원의 차이에 따라 빠르게 적응하는 계층과 그렇지 못한 계층 간의 차별을 만들어 낸다. 입시제도 변경의 표면적인 목적이 입시경쟁완화와 사교육비 경감에 있음에도 불구하고 표면적인 목표 도달에는 실패하는 이유가 여기에 있다.

또 하나는 입시제도가 복잡하면 불평등이 심화된다. 간단하게 가정해 보자. 무시험 추첨으로 상급학교에 진학한다면 기회의 불평등은 존재할 수 없다. 조건을 하나 선정하게 되면 그 조건을 충족시키기 위한 경쟁이 시작된다. 여기에 조건을 몇 개 더 붙이면 문제가 다르다. 그가 동원할 수 있는 자원의 차이에 의해 승부가 드러난다. 현행 대입제도는 내신, 수능, 그리고 대학별 전형이라는 여러 단계를 통과해야 한다. 게다가 각 단계마다 요구하는 내용과 수준이 다르다. 하기에 수험생과 학부모들은 그 어느 하나 소홀히 할 수 없으며, 이로 인해 학습 부담과 사교육 문제가 발생한다. 결국, 한국의 대학입학제도는 교육부에 의해 자주 바뀌고 복잡해짐으로써 불평등을 강화해 온 것이다.

대학입시는 개인이 성취한 학력이라는 기준에 의해 서열을 매기는 공정한 게임이라고 주장하지만, 기회에 따른 차이를 고려하지 않기에 언제나 불평등한 결과를 가져올 수밖에 없다. 경쟁의 승리자는 세칭 명문대학 인기학과로 지칭되는 학벌을 획득하며 부와 권력을 독점해 가고 있다. 학벌을 획득하는 것만이 성공인 상황에서 개인은 수단과 방법을 가리지 않고 사회적으로 인정받는 학벌 추구에 전념하게 된다. 이에 따라 가족은 가족이 동원할 수 있는 모든 수단을 동원하여 사교육비를 투자한다. 아이의 혀를 자르는 학대가 감행되는가 하면, 도우미엄마 기러기아빠 등 심지어는 가족의 해체를 마다하지 않는다.

대학진학을 위한 살인적인 경쟁이 대학의 교육과 학문 때문에 발생했는가? 아니면 대학교육의 기회가 부족해서인가? 아니다. 이미 대학의 입학 정원은 고등학교의 졸업정원보다 많으며, 등록금을 지불할 능력만 있으면 아무런 제약 없이 대학교육의 기회를 얻을 수 있다. 지금 입시 경쟁은 대학에 진학하기 위해서가 아니라 학벌을 얻기 위해서 전개되고 있다. 학벌을 얻어야만 취업 등 이후의 삶이 보장되기 때문이며, 이미 노동계급이 분화되어 버린 현실에서 안정적인 지위를 확보할 수 있기 때문이다. 하여, 한국사회의 대학은 이미 교육이나 학문연구기관이 아니라 부와 권력을 분배하는 기능을 하고 있으며, 이의 절차적 기제로서 대학입시제도가 존재하고 있다.

학벌사회의 관문인 대학입시는 학교를 민주주의적인 소양을 가진 공동체 시민이 자라나는 곳이 아니라 입시 경쟁의 소수 승리자와 다수의 패배자를 만들어 내는 곳으로 만들었다. 이제 학교에는 오직 경쟁에서의 승리자가 모든 것을 독식하는 살육의 법칙이 지배하고 있다. 이 경쟁의 승리를 위해서는 옆자리의 친구가 경쟁자일 뿐이고 시험에 나오지 않는 교육 활동을 하는 교사는 방해가 된다. 교사와 아이들과의 관계 또한 지식이라는 상품의 공급자와 수요자라는 관계로만 사회는 강요한다. 한정된 시간에 기반을 둔 암기 경쟁에서 효율적이라는 이유로 학생에 대한 인권 침해와 폭력은 일상적으로 일어나고 있다. 대학입시는 배타와 증오에 기반을 둔 이데올로기로 사회와 개인을 황폐하게 만들고 있다.

2. '2008년도 대학입시제도'의 정체

대학입시를 둘러싼 2005년 갈등은 서울대의 전형안과 통합교과형 논술로 불붙은 것이지만 사실상 단초를 제공한 것은 교육부가 2004년 발표한 '학교교육의 정상화를 위한 2008학년도 이후 대입개선안'(이하 '2008년도 대학입시제도')이다. 돌이켜 보면 사교육비를 경감하고 공교육을 정상화하겠다는 취지의 '2008년도 대학입시제도'를 강행하는 과정에서 정부는 처음으로 민중들의 저항에 부딪혔다. 이 과정에서 고교등급제, 기여입학제, 내신 부풀리기, 변형된 본고사 실시 등 겉으로 드러나지는 않았지만 이미 우리 사회에 존재하고 있던 차별적인 기제들이 사실상 시행되고 있음이 밝혀졌다.[1]

당시 논란의 하나는 3불법제화였다. 고교등급제·기여입학제·본고사
를 금지하는 3불은 이것을 제외한 나머지 모두를 대학이 학생 선발을
위해 사용해도 좋다는 것이어서 교육기회의 형평성을 지키기 위한 최소한
의 장치이기는 하나 근본적으로 대학의 학생선발권을 강화하기 위한
조치에 불과하다. 그런데도 교육부는 대학의 자율선발권에 제약을 가할
근거를 남기지 않기 위해, 교육기회의 형평성을 보장하기 위한 최소한의
원칙인 3불의 법제화조차도 반대하고 있다. 어처구니없는 것은 시민단체
의 제소에 의해 조사를 진행하였던 교육부가 조사 결과를 발표하면서
일부 대학들이 고교를 등급화는 했지만 고교등급제는 실시하지 않았다고
한 것이다.

시민사회의 반대에도 불구하고 교육부는 '2008년도 대학입시제도'를
강행하였다. 교육인적자원부는 2004년 8월 26일 '2008년 이후 대학입학
제도 개선방안 시안'을 발표한 이후 4차례의 공청회를 거쳐 9월 23일
확정발표하기로 하였다. 그러나 국민들의 저항에 부딪혀 모두 7차례
발표를 연기했다(9/23, 10/8, 10/15, 10/18, 10/25, 10/26, 10/28). 10월
28일 교육부가 2008년 이후 입시안을 발표하는 그 순간에도 교육부후문
에서는 학부모와 시민단체의 농성이 지속되고 있었고, 이들은 기자회견

---

1) 2004년 10월 8일 고교등급제 실태를 조사한 교육부 보도 자료를 보면, 연세대의
   기초서류평가 점수의 지원자별 분포가 다음과 같다. 학교에서 보내준 자료로는
   동질의 학생들을 각 대학에서는 지역과 학교를 기준으로 이렇게 등급화 시켜놓
   은 것이다.

점 수	서울특목	지방특목	강남	비강남	지방	합계
80 ~ 100	114	65	18	1	24	222
60 ~ 80	1		529	640	472	1,642
40 ~ 60		7	40	748	1,141	1,936
20 ~ 40		19	3	99	400	521
0 ~ 20		20	3	36	195	254
지원자수	115	111	593	1,524	2,232	4,575

을 통해 새 대입안의 폐기와 교육부 장관의 퇴진 투쟁을 선언하였다. 교육부로부터 비롯된 입시제도 강행을 둘러싼 갈등은 확정발표로 끝나는 것이 아니라 제2막이 새롭게 시작된 것이다.

그러나 이렇게 논란이 거센 과정에서도 입시의 본질적 성격이나 근본적인 개선책은 논의하지 않은 채 현실적으로 드러난 몇 가지 문제 현상에 대한 공방만이 전개되었다. 이는 국민의 반발에 부딪쳐 원안을 수정하는 것을 권위의 상실로 여기는 교육부의 관료 이기주의가 만든 결과이다.

입시를 둘러싼 현재의 대립은 각 대학의 논술고사가 본고사인가 아닌가 하는 지점에서 형성되어 있지만, '교과통합형 논술고사'가 나온 준거가 '교육부방안'인 만큼 먼저 교육부방안의 실체를 파악해야 대립 지형의 본질을 이해할 수 있다. '2008년도 대학입시제도'의 주요 내용을 간추리면 다음과 같다.

    ○ 대입 내신제도의 변화
       - 원점수, 과목평균, 표준편차 표기
       - 과목별 석차등급 표기(9등급)
       - 교과별 독서활동기록, 평가내용 및 기준 공개
    ○ 대입 수능제도의 변화
       - 학교교육과정에 기초한 문제 출제
       - 고교 교사의 출제 강화(출제위원의 50%를 고교 교사로)
       - 수능성적은 9등급 표기(현재는 표준점수, 백분위, 등급 표시)
       - 점차 문제은행식 출제로 전환
    ○ 대학의 학생선발권 강화
       - 지필형 본고사를 제외하고 대학에 선발 자율권 부여
    ○ 기타
       - 특목고 동일계열 진학 촉진
       - 입학사정관제의 도입 등

교육부방안은 그간 교사, 학부모, 대학당국이 주장해 온 요구들을 어떤
식으로든 반영한 것처럼 보인다. 실제로 현행 대학입시의 세 가지 전형
요소들인 고교내신 성적, 수능시험, 대학별 전형에 대한 개선책이 모두
포함되어 있다.2)

교육부의 이번 입시안은 겉으로는 공교육을 정상화하고 사교육비를
경감시키겠다는 목적을 가지고 있다. 그러나 교육부의 입시안은 이런
목적을 결코 달성할 수 없다. 무엇보다 입시로 인해 위기에 처한 공교육을

---

2) 정진상. 2005.7.21. 입시투쟁의 방향전환을 위하여 <학벌없는사회 토론회발제문>
　　첫째로, "고교내신 '성적 부풀리기' 현상으로 인해 대학의 학교생활기록부 반영
　　비중이 저조하다. '성적 부풀리기' 방지를 위해 <원점수＋석차등급 표기제(9등
　　급)>를 도입하여 학교생활기록부의 반영비중을 확대한다." 이는 각 대학이
　　평어 평가 대신 석차 등급(9등급)을 쓰도록 함으로써, 학교교육 정상화를 위해
　　내신비중의 실질적인 확대를 요구해 온 전교조의 주장을 일정정도 반영한 것으
　　로 해석할 수 있다.
　　둘째로, "수능시험은 통합교과적인 출제방식을 지향하였으나, 수능준비가
　　학교수업만으로는 부족하다는 인식에 따라 학원의존도가 심화될 뿐 아니라
　　수능성적이 지나치게 세밀하게 제공되어 점수따기 과열 경쟁 및 과도한 사교육
　　비를 유발하고 있다. 이를 개선하기 위해 고교교육과정 출제를 강화하고 수능성
　　적을 9등급만 제공하여 수능 과열경쟁을 막아 사교육비를 경감한다." 이는 수능
　　시험폐지와 자격고사제 도입을 주장해 온 전교조와 학부모단체의 주장을 부분적
　　으로 반영한 것처럼 보인다.
　　셋째로, "2002학년도부터 시행된 현행 대학입학제도는 대학의 선발 자율권
　　확대 및 전형의 다양화·특성화에 역점을 두었는데 이는 '학생선발의 자율화,
　　다양화, 특성화', 학교생활기록부 위주의 '수시모집' 비율 증가 등으로 상당한
　　성과를 내었다. 다만 대학 목표와 유형에 따른 특성화된 전형방식 개발 노력
　　미흡하고, 특수목적고가 설립목적과 달리 입시학원화되어 초·중학교 단계에서
　　진학경쟁 과열 및 사교육비 증가가 초래되고 있다. 이를 개선하기 위해 대학
　　특성에 부합한 선발 강화, 동일계열 촉진으로 정상화를 도모한다." 이는 지속적
　　으로 신입생 선발의 자율권을 요구해온 각 대학당국의 입장을 수용한 것이다.

정상화하고 사교육비를 줄이기 위해서는 문제가 발생하는 원인인 대학서열체제를 해소하거나 완화하기 위한 대책이 포함되어야 함에도 불구하고 전혀 마련되어 있지 않기 때문이다.

또한, 현재의 대학입시제도가 절차적으로 가지는 문제의 핵심은 대입을 통과하기 위해 거쳐야 하는 단계의 중층적 복잡함이다. 중등학교의 생활기록부와 전국단위 서열화 시험인 수능, 그리고 각 대학별전형이라는 복잡한 단계를 거쳐야 하는데 각 단계별 성격이 다르고 모든 학생이 공히 이 단계를 거쳐야 하기에 준비에 수험생과 학부모의 부담이 클 수밖에 없다. 더하여 이에 대비하기 위한 사교육 산업이 번성할 수밖에 없다. 그렇다면 입시개혁의 기본 방향은 이 단계를 줄여 나가는 것이어야 함에도 불구하고 교육부의 이번 방안은 절차적 단계는 여전한 채 오히려 대학별 전형의 비중을 늘려 놓고야 말았다. 사교육비 경감이나 공교육 정상화는 당초부터 목적이 아니었던 것이다.

현행 대입 과정을 보면, 실제는 성적순에 의한 배정임에도 불구하고 명목상으로는 각 대학이 나름대로의 다양한 선발기준을 가지고 학생을 선발하는 것처럼 말하고 있다. 실제 교육부의 고시를 보면 각 대학은 설립 목적 및 교육목표에 따라 특성화를 지향하여 다양한 전형방법을 통해 학생들을 선발하도록 되어 있다. 이 과정에서 대학은 다양한 전형자료를 이용하여 학생을 선발하되, 다만 사회적 차별의 가능성이 있는 세 가지는 금지할 것을 주문하고 있다.3) 그러나 모든 것을 허용하되

---

3) 이는 해마다 교육부가 발표하고 있는 대학입학전형기본계획을 통해 고시되는데, 지난 2004. 8월에 고시된 '2006학년도대학입학전형 기본계획' 역시 다음과 같은 내용을 담고 있다.
　※ 모든 대학은 학생선발에 필요한 다양한 자료를 선택하여 활용 가능.
　○ 학교생활기록부(초·중등교육법 제25조) 및 대학수학능력시험(고등교육법시행령 제33조 및 제36조제2항)

명백한 차별의 위험이 있어 금지하고 있는 이 세 가지 원칙조차도 대학은 그동안 지키지 않고 있으며, 교육부는 지켜낼 의지를 가지고 있지 못하다.

이런 상황에서 교육부의 권고대로 각 대학이 고교내신과 수능성적을 대폭 반영한다고 하자. 그런데 내신과 수능은 각각 9등급제이므로 대학서열체제 하에서 어떤 대학 어떤 모집단위에도 수능과 내신 성적이 비슷한 수험생들이 몰리게 되어 있다. 따라서 각 대학 당국은 내신과 수능성적으로는 변별력이 거의 없다는 점을 들어 '우수학생의 선발'을 위해 어떤 방법으로든 실질적인 지필고사를 칠 수밖에 없다. 즉, 교육부 방안은 현실에 실제로 적용되는 그 순간에 '대입 본고사 부활'로 나타날 것이 불을 보듯 뻔한 것이다.

이런 현실에서 이번 대입시안이 표방하고 있는 대학의 선발 자율권 확대로 인하여 각 대학별 성적 우수학생 빼가기 경쟁은 더욱 심화될 수밖에 없다. 나아가 학력의 본질이 학생의 능력이 아니라 부모의 사회경제적 지위에 달려 있는 것을 감안하면, 출신성분우수자 골라내기 경쟁을 통해 대학은 기존의 학벌체제를 더욱 강화해 나갈 것이다. 치열한 대입경쟁이 엄연히 존재하는 상황에서 수험생과 학교는 실제로 선발기능을 장악한 대학의 전형에 집중할 수밖에 없다. 하기에 이 방안은 사교육비 해소, 학교교육 정상화, 학습부담 감소, 사회적 통합 모두에 전혀 도움이 되지 않을뿐더러, 거꾸로 커다란 사회적 혼란과 논란을 야기할 수밖에 없다. 요컨대 교육부의 입시안은 무한 입시경쟁의 근본원인인 학벌주의

○ 그 외 대학별 고사(논술고사, 면접·구술고사, 신체검사, 실기·실험고사, 적성·인성검사 등), 자기소개서 등 기타 다양한 전형자료 활용 가능

다만, 논술고사 외 필답고사, 기여입학제, 고교등급제는 초·중등교육 정상화 및 공정하고 합리적인 학생선발을 위한 '최소제한기준'으로 설정하며, 최소제한기준을 위반하는 경우에는 시정요구 및 행정적, 재정적 조치 등을 통해 실효성 확보.

와 대학서열체제를 애써 외면한 채 국민들을 현혹하는 사기극이라고
할 수밖에 없다.

3. 교육부입시안의 계승자, 서울대 전형안

'2008년 대학입시제도'가 적용되는 올해 고 1은 내신의 실질반영비중
을 높인다는 교육부의 거짓 광고에 휩쓸려 최악의 경쟁 지옥에 빠져
들어 갔다. 이 와중에서 여러 안타까운 일들이 일어났으며, 학생들의
주도로 입시지옥의 고통을 호소하는 집회를 조직하여 분노의 목소리를
내기도 하였다. 이런 학생들의 호소에 대해 교육부는 학생들이 바뀐
입시제도에 대해 이해가 부족하여 일어난 현상이라고 발표하였다.

만약 교육부의 보도 자료처럼 학생들의 이해가 부족해서 촛불시위가
일어났다면 사정은 두 가지일 것이다. 하나는 입시고통이 별것 아닌데도
학생들이 너무 과하게 경쟁을 하고 있다는 것이거나, 아니면 내신의
반영비중이 높아지지 않을 텐데도 학생들이 지레 짐작으로 내신에 관해
부담을 가졌거나 말이다. 물론 이후의 사태 전개 과정을 보면 교육부의
설명대로 내신의 반영비중이 높아지지 않는다는 것으로 결론은 나왔다.
이로써 사교육비 경감과 공교육 정상화는 사기가 된 셈이다.

서울대는 수능의 자격기준화, 논술형 본고사실시, 특목고 동일전형
폐지, 특기자 전형 강화, 내신반영비중 축소를 기본으로 한 '2008년도
전형 계획'을 언론에 흘렸으며, 이는 본고사 부활이며 신고교등급제라는
시민사회단체의 지탄에도 불구하고 전형안을 6월 27일 발표하였다. 교육
시민단체들은 '본고사부활저지·살인적 입시경쟁 철폐 공대위'를 구성하
여 대통령 자문기구인 교육혁신위원회와 교육부 후문에서 농성을 벌여
나갔으며, 항의 방문 규탄 시위 등을 전개했다. '서울대입시안'이 발표되

었을 때 교육부는 처음에는 그것이 교육부방안에 어긋나지 않는다는 반응을 보이다가 시민사회단체의 문제제기로 여론이 들끓고 정부 여당에서 전면전을 선포하는 등 강력하게 나오자 마지못해 태도를 바꾸었다. 이 상황에서 교육부가 한 일은 각 대학의 입시안이 가져올 사교육비에 관한 국민들의 불만에 관한 미봉책 수준이다.[4]

교육부는 서울대의 통합논술을 연착륙시키기 위해 여름방학 중에 사전 준비라도 있었던 듯 즉각적으로 교사 논술 연수를 진행하였고, 하지 않는 일도 못하는 일도 없는 EBS 방송에 수능과 내신을 넘어 논술강의까지 맡기고 있다. 나아가 고교 2, 3학년 심화선택과목인 독서, 작문 과목 수업시간에 논술을 지도하는 방안까지 내 놓았다. 서울대가 기침을 하니 고등학교의 교과 편성까지 바뀌고 있다. 교육부가 나서서 한국의 중등교육은 입시 교육에 다름 아님을 선언한 것이다.

구체적으로 서울대가 신입생을 어떤 경로로 선발하는 지 기준이 되는 전형안을 들여다 볼 필요가 있다. 이번 서울대 전형안을 보면, 정시모집에서 내신의 실질 반영률은 현행을 유지하고, 수능은 자격기준으로만 사용하고, 논술로 당락을 결정하겠다고 한다. 실제로 정운찬 총장은 내신 3등급정도는 논술로 뒤바뀌진다고 말한 바 있다. 상식적으로 서울대에 내신 3등급 이상 차이가 나는 학생이 지원을 할 리가 없다는 것을 고려하면 이는 논술에 의해 합격이 결정된다는 의미다.

또한, 정시모집과 특기자 전형, 지역균형선발을 각각 1/3씩 함으로써 교육기회의 형평성과 다양성을 보장하겠다고 한다. 그러나 정시모집은 학교교육에서 대비할 수 없어 사교육 경쟁력을 갖춘 학생들에게만 유리한 논술본고사를 부활하겠다는 것이다. 특기자 전형은 예체능의 특기자나

---

4) 2005년 가장 최고의 유머는 사교육비를 줄이기 위해 교육부 장관이 나서서 사교육산업체에 논술 강의를 하지 말아 달라고 애걸한 일이 될 것이다.

특정 분야의 재능이 있는 학생을 선발하는 제도가 아니다. 현재의 특기자 전형의 '특기' 항목으로 미루어볼 때 대부분의 특기는 수학 및 영어 능력이 될 것이 분명한데, 이는 특목고나 자립형사립고 학생들에게 절대적으로 유리할 것이다. 지금까지의 서울대 특기자 전형 결과를 보면 일반고 50%, 특목고 35%, 예체능 15% 정도의 비율로 합격하고 있다. 특기자 전형을 통해 전체 고등학생의 3%도 되지 않는 특목고 학생들이 10배 이상 합격하고 있다. 지역균형 선발 또한 지방의 학생들만이 아니라 강남과 특목고를 포함한 모든 학교의 학생들을 대상으로 학교장 추천을 받는 제도이다. 당연히 학교에서 입학원서를 쓰는 기준은 교과 성적이 될 수밖에 없으며, 선발의 결과를 서울대는 공개하지 않고 있어 서울대가 이 제도를 통해 어떻게 불평등을 완화하고 있는지 알 수 없다.

결과적으로 서울대 전형안은 사회적으로 다양한 학생들을 선발한다고 포장하고 있으나 실제로는 세 단계에 걸쳐 강남과 특목고 학생을 선발하려는 의도를 가지고 있어 신고교등급제라고 규정지을 수 있다. 그러나 겉으로 보기에는 입학사정관제 도입이나 특목고 동일전형 등을 제외하고는 문제의 근원인 교육부의 2008입시안의 기본틀을 어기고 있지 않다. 하기에 서울대는 이미 사전에 동의했음에도 불구하고 오락가락하는 교육부가 얄밉기조차 할 것이다. 정운찬 총장의 표현대로 다른 대학들과 경쟁하여 더 자질이 좋은 재목을 선발경쟁을 하는 서울대의 입장에서 보면 현재의 상황이 억울하기만 하다.

서울대의 입시안은 여러 절차를 통해 강남과 특목고 학생들을 선발하기 위한 입시안이다. 현실적으로 강남과 특목고 학생들이 지방이나 일반고 학생보다 학업성취가 더 높다면 그 학생들을 선발하기 위해 차별적인 장치를 만드는 것이 무엇이 문제냐고 서울대는 강변한다.

이번에 서울대는 교수회나 평의원회의 성명을 통해 스스로 국가경쟁력을 위한 엘리트를 양성하는 교육기관이 아니라 자신들만의 기득권을 지키기 위한 권력 기관임을 스스로 드러냈다. 지금까지 서울대는 국가의 모든 지원을 독점하고 있었다. 심지어 서울대는 여타 국립대학과 동일한 법적 지위에 있지 않다. 국립대학교 설치령 위에 서울대학교 설치령이 존재하고 있기 때문이다. 이것이 가능한 이유는 기초학문 육성이라든지 학문의 국제 경쟁력을 위해 국가 대표선수임을 스스로 자임해 왔거나, 사회적으로 인정했기 때문이다. 그런데 서울대는 그러한 가면을 스스로 벗어 던졌다. 이제 서울대는 다른 대학들과 경쟁하여 자신들의 이익만을 지키기 위한 권력 집단으로서의 솔직한 모습을 드러냈다. 학벌사회의 정점에 서 있는 서울대가 초중등교육에 미치는 지배적인 영향은 더 이상 설명할 필요를 느끼지 않는다. 이는 대학입시 기간이 끝나면 학교 정문위에 걸리는 현수막만 보아도 분명히 알 수 있기 때문이다. 나머지 대학은 존재하지 않는다. 단지 그 학교의 학생 중에 몇 명이 서울대학의 벌열에 진입하였는가가 그 학교의 교육력과 향후 위세를 증명해 주는 것이 현실이다.

4. 통합논술은 본고사다

2002년 수시입학제도가 도입되면서 학교생활기록부나 수능으로 파악할 수 없는 학생의 능력을 평가하고, 대학의 특성과 건학이념을 반영한다는 구실로 구술 심층 면접이 실시되었다. 그렇다면 도입된 취지를 실현하기 위해서는 모든 학생이 같은 시험문제에 대답하는 지필고사의 형태가 아니라 면접관과 수험생의 심층적이고 개별적인 대화가 중요할 것이다. 그런데 논술이나 구술면접이라는 이름으로 시행된 2004년 1학기 수시 문제를 분석한 현장교사들은 이 문제들이 국가수준에서 정한 고등학교교육과정의 범위를 벗어나 사교육에 의존할 수밖에 없다는 결론을 내렸다.[5)

문제는 이번 서울대 입시안에서 보듯 대학별 자율 선발을 확대하는 2008입시안으로 이러한 경향은 더욱 노골화될 것이라는 데에 있다. 이번 입시 논란의 하나는 서울대에서 말하는 통합논술이 현행법상 금지하고 있는 본고사인가 여부에 있다. 교육부와 서울대는 논술이지 본고사가 아니라고 주장하고 있으며, 교육시민단체들은 명백한 본고사라고 반론을 펼치고 있다. 그러나 본고사는 문제 유형을 가지고 구분하는 것이 아니다. 본고사는 예비고사와 상대되는 개념으로 대학이 학생의 선발을 위하여 절대적인 비중을 가지고 치르는 시험이다. 서울대의 논술은 내신의 실질 반영률이 현재대로 유지되고 수능이 자격기준화 되어 있어서 논술만이 변별력을 가지고 있기에 사실상의 본고사다. 더 정확하게 말하면 통합논술형 본고사로 지칭하는 것이 타당하다.

논술에 대해 더 생각해 보자. 논술이야말로 종합적 사고 행위이다. 논술은 지문 독해력, 문제 분석력, 비판적 사고력, 체계적 종합력, 그리고 기술하는 능력의 결과가 하나의 글로 나타난다. 하기에 논술에 관한 평가는 이 결과를 종합하여 가부를 판정하는 것은 가능하나, 세부 구성요소로 분할하여 서열화하는 것은 논술의 본질에 위배된다. 도대체 세계

---

5) 2004. 10. 12 '올바른 대입제도 수립을 위한 교육시민사회단체 대표자회의'는 <논술 및 심층면접의 분석 결과기자회견문>에서 다음과 같이 대학의 본고사 시행 상태를 조사 발표하였다.
 - 학생들의 특성을 개별적으로 고려하지 않고 획일적으로 제시되는 문항으로 학생부의 내용을 확인하는 문제가 아니며 모든 학생들에게 동일한 문제를 제시하고 답을 요구하고 있으며, 대학측이 내세우는 대학의 특성이나 건학이념을 고려한 문제는 없음.
 - 대부분 대학이 논술로 국어, 영어, 수학에 중점을 두어 학생들의 사고능력을 시험하는데 초점을 맞추고 있음. 적성검사도 교육과정과의 연계가 별로 없어 변형된 본고사임.
 - 난이도에 있어 고교 교육과정을 넘어선 매우 어려운 문제가 출제되고 있음.

어느 대학에서 학생 선발을 위해 대학이 자체 출제한 문제, 그것도 논술로 시험을 치르는 사례가 있는가. 게다가 2만 4천 명의 1등급 학생 중에서 3천 명을 가려 뽑기 위해 논술로 서열화를 시키겠다는 나라가 있는가? 논술시험으로 학생을 3천 등과 3천 1등을 가려내겠다는 상상이 가능하기나 한 일인가? 논술 교육이나 독서교육은 현재 교육의 문제를 극복하기 위한 대안이 될 수 있다. 학교의 교사들 또한 이의 필요성을 말하는 이들이 적지 않다. 그러나 이는 입시경쟁 서열화 교육의 대안으로 말하고 있는 것이지 논술이나 독서를 입시교육과 학생들 간의 서열화의 수단으로 삼자는 것이 아니다.

그런데도 8월 4일 교육부는 한술 더 떠서 "논술을 위한 사고력 신장, 학교 수업 혁신으로 충분하다"라는 제목으로 추후 시행될 학교 수업방법 혁신방안의 골자를 발표하였다. 주요 내용을 보면 사고력과 문제해결력 함양을 위한 교육과정 보완, 교과서 개발 보급, 교과교육과 독서교육 연계강화, 협동학습과 토의·토론학습 등 다양한 교수학습방법 개발이다. 또 전문성과 교직관 함양을 위한 교원 양성 제도 개편, 방과후 사고력 신장 프로그램, EBS 논술교육 프로그램 확대 등의 방안도 제시되었다.

서울대에서 통합논술 시험을 치른다니 논술교육 강화를 위해 교사양성 체계를 개편한다는 것은 상식 이하다. 학교 교육이 아무리 땜질식 처방이라 하더라도 교사 양성이야말로 최소한 사범대학 교육과정 개편까지 이어지는 10년의 장기 계획이다. 도대체 일개 대학의 논술반영이 얼마나 중요한 내용이기에 초중등교육 전반은 물론 교사양성 체제까지 손질을 한다는 것인가? 더구나 현재 논의되고 있는 논술은 통합교과형 논술이다. 교과별 교육과정으로 운영되는 학교 현실에서 이를 충족시킬 수 있는 길은 김진표 부총리의 말처럼 논술교과를 신설하는 일이다. 이처럼 일개 대학의 입시전형 때문에 중등학교 교과신설 논의가 나온다는 것은 이 나라의 초중등교육의 자율성이 얼마나 대학에 속박되어 있는지를 여실히 보여준다.

　서울대의 통합논술고사를 둘러싼 또 다른 문제는 서울대가 내신이나 수능을 폐지하지 않는다는 데에 있다. 서울대는 내신은 현행대로 유지하고, 수능은 자격 등급화하고, 논술고사는 절대적인 비중을 가지게 하였다. 논술을 빙자한 대학의 자체 선발고사가 절대적인 비중을 차지하고, 내신과 수능의 실질 반영률은 의미 없게 만들어 놓았음에도 불구하고, 여전히 내신과 수능의 발목은 붙잡아 두고 있다. 이렇게 되면 서울대에 응시하는 모든 학생들은 기본적으로 서울대에 입학하길 희망하는 경쟁자들에 뒤지지 않기 위해 내신과 수능 성적을 관리해야 하고, 서울대에 입학하길 희망하는 다른 경쟁자들보다 논술고사에서 더 우수한 성적을 거두어야 한다. 내신, 수능, 대학별고사의 3중고가 더 심해진 것이다. 이 때문에 수험생과 학부모의 입장에서는 논술고사 비중 축소와 내신 비중 확대에 매력을 느끼기 힘들다. 교육부가 논술고사 비중 축소를 서울대에 관철시킬 경우 서울대에서는 생색을 내면서 내신비중을 다소 확대하더라도 '우수 학생 유치'라는 소기의 목적을 달성하는 데 지장이 없을 것이다.

　학생들은 이미 감당하기 힘들 정도로 학습노동에 시달리고 있다. 좋은 것이라고 필요한 것이라고 학생들에게 더 이상 강요해서는 안 된다. 논술 교육이 중요하다면 그만큼 체계적인 준비가 필요하다. 독서교육이나 논술교육이 중심이 되려면 그만큼 현재의 교육과정을 분석하여 덜 중요한 것을 줄여 나가야 한다. 논술이 대학입학의 결정적 수단이 될 때, 이미 그것은 논술이 아닌 학생 서열화의 도구일 뿐이다. 아무리 논술교육이 중요하다 하더라도 일단 입시준비를 위한 것이기만 하면 방과후 논술교육은 방과후 보충학습으로 변질되고, EBS 논술 프로그램 역시 학교교육의 입시종속을 강화하는 쪽으로 변할 것이 자명하다.

　따라서 교육부가 '서울대입시안' 전체를 문제 삼지 않고 '통합교과형 논술고사'만을 문제 삼아 '본고사 심의체제'를 도입한 것은 문제의 본질을 엉뚱한 곳에 전가하는 수법이며, 이는 결국 적절한 눈가림으로 '교육부 방안'의 충실한 적자인 '서울대입시안'을 승인하려는 것일 뿐이다.

교육인적자원부는 8월 30일 대학별 논술고사에 대한 심의계획 및 논술 심의위원회 구성계획과 더불어 논술고사 기준을 발표했다. 이 보도 자료를 통해 논술 고사의 개념을 "제시된 주제에 관하여 필자의 의견이나 생각을 논리적으로 서술하도록 하는 시험"이라고 정의하고, 기준을 포괄적으로 제시한 후 구체적인 사례에 대해서는 사후심의를 통해 개별적으로 판단하고, 심의 결과를 축적함으로써 제시된 기준들을 보완해 나가겠다고 하였다.[6] 나아가 논술고사에 대한 심의는 매 모집시기의 종료 직후마다 이뤄지며, 금년 수시2학기 전형부터 전형기간 종료 후 대학별로 논술

---

6) 이 보도 자료에 의하면 논술고사 판별 기준은 다음과 같다.

  1. 논술고사에 해당하지 않는 문제 유형

    ① 단답형 또는 선다형 문제

    ② 특정교과의 암기된 지식을 묻는 문제

    ③ 수학이나 과학과 관련된 풀이과정이나 정답을 요구하는 문제

    ④ 외국어로 된 제시문의 번역이나 해석을 필요로 하는 문제

  2. 논술고사 여부의 판단기준

    ① 답안 유형이 서술형으로 되어 있는가? 단답형 또는 선다형으로 되어 있는가?

    ② 이해력, 사고력, 표현력, 창의력 등 종합적인 문제해결 능력을 측정하는 것인가? 단순히 특정교과의 지식을 측정하는 것인가?

    ③ 논리추론 등 과정을 중심으로 하고 있는가? 단순 암기 위주의 결과를 중심으로 하고 있는가?

    ④ 질문을 해결해 가는 과정을 중시하는 것으로 다양한 답이 가능한 것인가? 정형화된 하나의 답을 요구하는 것인가?

    ⑤ 주제에 대한 주장, 의견 진술의 전개 과정을 평가하는 것인가? 지식의 숙지 여부를 주로 평가하는 것인가?

    ⑥ 고교 교육과정을 정상적으로 이수하고 이해한 학생들이 풀 수 있는 수준의 것인가? 고교 교육과정 수준 이상의 지식수준을 요구하는 것인가?

고사 개요와 문제를 제출받아 심의에 들어갈 계획이라고 하였으나, 아직까지 그 이후 소식은 듣지 못했다.

교육부의 발표로 서울대가 실시하고자 하는 통합논술본고사는 추인되었으며, 교육부의 의도대로 논술이냐 본고사냐 논란은 종지부를 찍었다. 이제 전국의 고등학교는 이 기준에 맞추어 논술고사라는 새로운 입시전쟁에 돌입하게 되었다. 논술 사교육 산업은 이 기준에 맞추어 부흥하고 있다. 학교에서는 여건이 가능한 학교부터 논술을 위한 특별반을 편성하여 운영할 것이며, 이는 강남과 특목고부터 시작될 가능성이 높다. 지역간 계층간 교육격차는 더욱 확대될 것이다.

5. 대학별 전형은 차별이다

한국의 대학이 서열체제를 이루게 된 데에는 한국사회의 역사적 특수성에서 그 이유를 찾을 수 있다. 한국의 근대는 자생적 발전 과정이 아니라 일제 식민지, 전쟁, 군정과 같은 외부적인 변동의 압도적인 영향 아래 전개되었다. 서양에서 근대화란 봉건적 질서로부터 벗어나 개인이 자립적인 주체로서 정립하거나 공화국의 이상을 정립하는 과정이었다. 그러나 근대화의 과정에서 한국은 개인의 이념도 공화국의 이념도 발전시키지 못했다. 식민통치의 역사 그리고 군부독재가 주도한 산업화의 과정에서 개인들은 철저하게 국가를 가장한 집단의 이익에 희생되었다. 하여 억압적인 사회의 통제 하에서 개인들은 스스로를 지키기 위해 모두를 적대시하거나 잘게 나누어진 집단을 통하여 이익을 지켜 나갈 수밖에 없었다.

이 과정에서 신분을 대체한 새로운 질서는 경제와 교육이었다. 다시 말해, 돈 많이 가진 자가 교육을 통해 부와 권력을 획득하는 것이 새로운 질서가 되고 만 것이다. 당연한 결과로 교육은 공공성을 상실한 채 사적인 부와 권력을 획득하는 수단이 되었다. 초기에는 교육의 기회 그 자체가 권력획득의 기제로 작동하더니, 급속한 경제성장을 바탕으로 하여 1980년대쯤 들어서는 이미 고등교육이 대중교육의 단계에 접어들었다. 이에 따라 고등교육의 기회가 아니라, 어느 대학을 졸업했느냐가 관건이 되고 있다. 대학과 학문의 서열체제가 고착화되고, 패거리 문화의 정점인 학벌 사회가 구축된 것이다.

학벌사회에서 학생들의 다양한 잠재적 가능성은 오직 하나의 기준에 의해 재단하고 마름질하여 서열이 매겨진다. 바로 학력이라는 잣대다. 초중등 교육과정을 왜곡하는 대학입시, 객관적 공정성이라는 이유의 국가단위 시험, 그리고 최대한 학생들 간의 서열을 구분하려는 학교 내 평가는 교육목표의 도달이라는 의미로서가 아니라 학력이라는 오직 한 가지 기준에 의해 서열화되고 있다. 가능성이 있고 저마다의 개성이 있음에도 불구하고, 성적이라는 잣대에 의해 문제 집단이 형성되고, 낙인되는 결과가 만들어지는 것이다.

이쯤에서 학력의 본질을 묻지 않을 수 없다. 한국사회에서 학생들의 학력은 학습자 개인이 가지고 있는 가능성이나 능력의 발현이 아니다. 학력은 개인의 능력이나 공교육기관의 활동보다는 거주 지역, 경제력, 문화자본, 사회적 지위 등의 사회적 요인이나 가정적 배경 변인에 의해 좌우되고 있기 때문이다. 또한 이러한 차이가 입시제도, 교육과정, 학제와 같은 교육 제도적 요인에 의해 구조적으로 유지 강화되고 있다. 이러한 현실에서 서열화된 각 대학별 전형의 자율은 제도적인 차별을 확대하는 결과를 빚을 뿐이다.

게다가 교육부는 학생선발은 대학의 자율적인 권한이라는 명분을 들어 명백하게 3불을 어기거나, 서울대가 내세우는 통합논술이 본고사라는 용어를 사용하고 있지 않기에 문제가 없다는 태도를 보이고 있다. 이런 태도는 현 정부의 대학정책 자체가 대학교육의 공공성을 부정하기 때문에 빚어진 것이다. 현 정부는 대학을 산업사회에 맞게 재편하려 하며, 국립대학의 독립법인화와 사립대학의 청산 등 강력하게 대학구조조정을 추진하고 있다. 구조조정을 추진하기 위해서라도 대학에 대한 재정지원을 확대해야 함에도 불구하고 정부는 재정 부담을 대학에게 떠넘기려 하고 있다. 이제 대학은 기업에게 무릎을 꿇고 손을 벌리게 되었고, 기득권층 학부모의 눈치를 보게 되었다. 사정이 이러하니 정부가 대학의 전형방법에 통제를 가한다는 명분은 유지하기 힘들게 되었다.

대학이 건학이념에 맞고 교육목표에 적합한 학생들을 선발하여 사회에 배출한다는 논리는 지극히 당연한 것처럼 보인다. 그러나 다시 들여다보면 여기에 많은 문제가 있다. 각 대학마다 다른 건학이념과 교육목표가 있다면, 각 대학에서 요구하는 우수학생의 개념이 다를 것이며, 이에 따라 각 대학의 선발 기준이 다를 것이다. 현실은 그렇지 않다. 대학서열체제인 우리 사회에서는 획득한 성적순에 따라 서열화된 대학에 진학하고 있다. 즉, 모든 대학의 선발 기준은 단 하나다. 점수에 의한 서열이 그것이다. 건학이념이라거나 교육목표는 본디 사립대학들이 학교설립허가를 받기 위해 작성한 수사에 불과한 것이다.

국공립대학은 어떠한가. 국공립대학은 개인이 설립한 것이 아니므로 국공립대학마다 다른 이념을 가진 것은 아니다. 다른 것은 단지 소재한 지역이 다를 뿐이다. 그렇다면 국공립대학이 개별적으로 성적순에 따라 학생들을 선발하는 것은 설립취지에 근본적으로 위배되는 것이다. 하기에 서울대학이 우수한 학생을 선발하기 위해 독자적인 선발 기준을 만들고 변별을 위한 장치를 만든다는 것이 너무도 당연한 주장인 것처럼 들리지만 바로 이것이 사실은 마땅한 것이 아니라는 데에 문제의 핵심이 있다. 서울대가 일반 국공립대와 동일한 법적 지위에 귀속된다면, 모든 국공립대는 각 대학 개별적으로 학생을 선발할 것이 아니라 국공립대 전체가 하나의 단위가 되어 학생을 선발해야 한다.

사정이 이러함에도 한술 더 떠서 교육부는 지난 10월 6일 2007학년도부터 대학과목 선이수(Advanced Placement: AP)제도를 도입할 수 있는 법적 근거를 마련할 것이라고 밝혔다. 대학과목선이수제도는 고교생이 대학 수준의 교육과정을 대학 입학 전에 미리 이수하고, 이를 일정한 절차를 거쳐 학점으로 인정할 수 있도록 하여 고교와 대학교육간의 학습의 연계성 및 수월성을 추구하는 프로그램을 말한다.

교육부는 분명 AP제도는 고교-대학 연계에 의한 자율 추진을 원칙으로 하되, 입시과열 및 사교육비 증가 등을 감안, 대학입학 전형과 연계하지 않을 방침이라고 하였다. 그러나 교육부가 2004년 발표한 '2008년도 대학입시제도'에 이미 AP제도가 명시되어 있다. 또한 이미 8년 연구라는 이름으로 한국교육개발원에서는 2004년 '고교-대학연계를 통한 대입전형방안 연구'를 진행하여 그 결과를 발표한 바 있다.

AP제도는 미국의 대입제도이다. 명문대학에 진학하기 위해서는 가장 기본적으로 내신 성적뿐만 아니라 자원봉사, 스포츠 및 예능 클럽 활동 등을 고교 4년 내내 꾸준히 내실 있게 관리해야 한다. 특히 학업 평점인 GPA(Grade Point Average)보다는 대학과목 선이수제인 AP(Advanced Placement)성적에 신경을 써야 한다. 왜냐하면 대학의 합격을 가늠하는 전형 요소 가운데 AP성적의 비중이 가장 큰 탓이다. 그만큼 객관성과 신뢰성을 담보하기 위해 대학교육협의회(College Board)가 시험전문기관인 ETS(Educational Testing Services)에 의뢰하여 실시하고 있다.

그런데 교육부는 AP제도가 본격 시행되면 대학에서의 학습기간이 단축되고 학습비가 절감되며, 고등학교는 시험에 얽매인 획일적인 교육과정 운영에서 탈피하여 풍부한 사고력·창의력을 확장시킬 수 있는 교육과정 운영이 가능하고, 대학은 적성과 능력이 적합한 우수 학생을 유치함으로써 해당분야 학문 발전이 기대되며, 국가는 영역별 우수 인재를 확보할 수 있는 기대효과가 있다는 장황한 목표만 밝혔을 뿐 시행계획이 없다. 고작 내용이라곤 고교와 대학의 자율협약이라거나 각 대학별로 방학기간 등을 이용해 특정분야 AP과정 개설·운영한다고만 하고 있다.

상식적으로 특정 대학에서 개설한 과정 이수 학생의 학점은 동 대학 입학시에만 대학 학점으로 인정될 것이다. 그렇다면 수험생들은 어느 대학에 입학이 보장되어 있지 않은 현실에서 자신들이 진학하기를 원하는 모든 대학의 AP과정을 추가로 이수해야 하는 입시부담이 늘어나는 결과를 가져올 것이다. 게다가 고교와 대학간 자율협약이라는 것도 문제가 있기는 마찬가지다. 이미 대학간 서열이 분명하고 고등학교 또한 그 소재 지역과 설립 목적에 따라 일정정도 등급이 매겨져 있는 현실에서 선호하는 학교가 분명히 정해져 있다. 누가 자신보다 등급이 낮다고 여겨지는 고등학교나 대학과 협약을 맺고자 할 것인가?

2008학년도 대입부터 학생부의 비중이 높아질 것이며, 대학들은 선발에서의 변별력 확보에 애를 태우고 있다. 따라서 대학들은 AP과정을 앞다투어 설치할 것이다. 이 과정에서 심지어 AP과목의 수강 대상 학생의 선정 단계에서부터 부정이 일어날 가능성이 크다. 교육부가 아무리 대입과 연계시키지 않는다고 강변하지만 이는 사기일 뿐이다. AP제도는 결과적으로 현행의 대입시 절차에 또 하나의 특권층을 위한 트랙을 설치하는 것에 다름 아니다.

6. 대학서열체제 혁파가 관문이다

대학서열체제 하에서 대학입시는 대학을 서열화하고, 학생을 서열화시키는 목적을 달성해야 한다. 이 목적을 달성하기 위해 현재의 입시체제에서 교사는 대학입시에 종속될 수밖에 없고 중등교육은 입시교육이 될 수밖에 없다. 입시의 방법이 대학본고사이든, 수능시험이든, 논술고사이든 사정이 변하는 것이 아니다. 따라서 입시 제도를 어떻게 바꾼다 하더라도 입시에 의해 중등교육이 황폐화되고 공교육의 위기가 가중되는 것은 필연적이다. 교육부의 대학입시제도 '개선방안'들이 한결같이 '학교교육 정상화'를 목표로 내세우고 있으나 이것이 사기일 수밖에 없는 것 또한 필연적이다.

시민사회단체에서 제기하고 있는 바와 같이 내신반영비중을 높이거나 나아가 고교성적에 의해서만 선발이 이루어져도 상황은 그다지 달라지지 않는다. 이유는 간단하다. 대학서열체제 하에서 입학전형의 기본 목적은 줄 세우기이기 때문이다. 사실 대학서열체제에서 내신제도를 전면적으로 도입하는 것은 원천적으로 불가능하며, 부분적으로 내신제도를 강화하더라도 중등교육을 입시교육에서 벗어나게 할 수도 입시경쟁을 줄일 수도 없기 때문에 '학교교육 정상화'에도 극히 제한된 영향을 주는 데 그칠 것이다. 따라서 교육부가 '학교교육정상화'를 위해 내세우는 내신강화를 액면 그대로 믿어서는 안 된다. 교육부가 내신 강화를 내세우는 진정한 의도는 다른 데에 있다. 입시교육으로 중등교육은 이미 황폐화될 대로 되었다. 민주정부에서 '학교교육정상화'의 임무를 가지고 있는 교육부로서는 어떤 식으로든 이러한 현실에 대한 처방을 내어놓지 않으면 안 되는 대중적 압력을 받는다. 그 유일한 해결책이 대학서열체제 혁파라는 사실을 알고 있지만 교육부로서는 감당하기 힘든 프로젝트일 것이다. 대학서열체제를 건드리지 않고 학교교육 정상화를 위해 가장 그럴듯하게 보이는 것이 바로 교육부가 내세우는 '내신 강화'인 것이다.

입시제도의 변경은 어떤 방법을 만들더라도 공교육의 왜곡을 가져오는 구조적인 문제이다. 입시제도 변경의 결과 오히려 차별이 강화되는 현 상황이 지속되는 한 대안은 없다. 대학서열체제와 학벌사회의 해체만이 유일한 해결책이며 이는 더 이상 장기과제가 아니라 지금 당장 실현해야 할 과제임을 이제 분명히 해야 한다.

그런데도 대중들은 대학서열체제는 장기적인 정책과제라는 정부의 대답에, 그리고 어찌할 수 없는 현실의 거대한 벽 앞에서 학벌주의 이데올로기에 포로가 되어 있다. 최근에야 대학입시에 대해 문제제기를 하기 시작한 교육운동진영에서는 대학평준화가 궁극적 해결책이라고 인식하고 있지만 중장기적 과제로 제시하고 있을 뿐, 아직 당면 과제로 내걸지 못하고 있다.

교육은 다음 세대를 위한 노력이다. 지금의 삶이 차별적이거나 불평등하다면, 사회는 이를 극복하기 위한 노력과 함께, 교육을 통해 다음 세대에는 차별과 불평등이 발생하지 않도록 준비해 나가야 한다. 즉, 교육은 현실적으로 존재하는 불평등을 극복하고 사회를 민주적이거나 또는 공동체적으로 통합하는 데 기여해야 한다. 이런 점에 비춰 볼 때 우리 교육은 심대한 위기에 처해 있다. 교육으로 불평등을 극복하기는커녕 교육으로 인해 오히려 불평등이 심화되고 있기 때문이다.

교육기회의 불평등 현상을 말할 때 흔히들 생각하는 일차적인 요인은 경제적 차이에 의한 교육비 지출 정도를 생각하기 쉽다. 그러나 교육기회의 불평등은 교육에 접근하는 기회, 실제 교육활동이 이루어지는 조건과 과정, 교육을 통해 얻어지는 결과 등 교육의 전 과정에서 발생하고 있다.

한국의 교육을 지배하는 것은 학력에 의한 서열 이데올로기이다. 하기에 교육 불평등을 극복하는 노력은 부와 권력을 획득하기 위한 수단으로 전락해 버린 교육의 공공성을 되찾는 일이 우선이다. 그리고 이를 가로막는 모든 능력과 가능성을 숫자로, 그리고 숫자로 표시된 서열로 환원시켜 버리는 학력지상주의 이데올로기를 분쇄해야 한다. 이를 위해 지금 우리의 투쟁의 관문은 대학서열체제 혁파여야 하며, 국공립대 통합 선발부터 시작해야 한다. 이것만이 교육으로 인한 계급 재생산을 저지하는 길이며, 미망과 질곡으로부터 벗어나는 길이다.

제2장

자립형 사립고 정책

평준화 보완을 빙자한 귀족학교 만들기

손지희

1. 머리말

자립형사립고등학교(이하 자사고)라는 말이 처음 등장한 것은 김영삼 정부의 5·31교육개혁안에서였다. 이후 커다란 논란이 벌어졌고 반대여론인 우세했지만 김대중 정부는 3년간의 시범운영을 거쳐 평가를 통해 정식도입 여부를 결정하기로 한다. 올해는 3년간의 시범운영 기간이 만료되는 시점이다. 그러나 도입이냐 백지화냐는 아직도 결론이 나지 않고 있다. 시범운영 기간 동안에 한국사회는 '평준화 공방'이 치열하게 전개되었고 전에 없이 평준화 보완 내지 폐지에 대한 이데올로기 공세가 강력하게 진행되었다. 교육부는 시범운영 평가 및 도입여부 논의를 위한 단위로서 지난 5월 제도협의회 및 평가단을 구성하였고 4개월여에 걸쳐 시범학교들에 대한 평가와 협의를 진행하였다. 지난 9월, 제도협의회는 '시범실시 기간 연장'이란 어정쩡한 결론을 내렸다. 석연치 않은 결론이다. 도입여부를 결정하지 못할 불가피한 사유는 없었다. 시범운영 결과는 명백했다. 자사고 도입 목표로 표방한 바들이 구현되었다는 증거는커녕 도리어 당시의 비판적 우려들이 현실화되고 있는 것이 확인되는 등 순기능 대신 역기능만 강하게 나타났다. 사정이 이런대도 사실상 추진을 포기하지 않겠다는 것은 납득하기 어렵다. 12월 22일 20여 곳으로 시범운영교를 확대한다는 계획을 교육부가 발표한 데 이어,[1] 12월 30일 이명박 서울시장은 2008년까지 강북에 자립형 사립고 세 곳을 개교하도록 하겠다고 밝혔다.[2] '시범운영'이라는 이름을 빌어 자사고를 교묘히 제도화하겠다는 꼼수이다. 국가교육정책으로서 채택하기엔 함량미달의 정책임이 객관적으로 드러난 마당에 궁색한 변명을 늘어놓으며 포기하지 않는 이유는 무엇인가? 객관적 결과조차 수용하지 못하는 데에는 모종의 이유가 있어 보인다. 이 대목에서 정부가 내세운 도입의 명분인 평준화 보완, 특성화, 다양화, 선택권 확대, 사학의 건학이념 존중 등은 국민 현혹용

---

1) 2005년 12월 22일, 세계일보, "자립형사립고 2007년부터 20여 곳으로 늘려." "교육인적자원부는 22일 전국 16개 시·도 교육청별로 1개 정도씩 늦어도 내년 3월까지 학교를 지정, 2007학년도부터 신입생을 모집할 수 있도록 할 계획이라고 밝혔다. 교육부는 자사고를 제도화할지 여부는 아직 정하지 못했으며 시범운영 과정을 분석해 최종 제도화 여부를 결정키로 했다."

2) 2005년 12월31일자 중앙일보, "강북 자립형 사립고 3곳 2008년까지 개교" 이명박 서울시장 밝혀. 이명박 서울시장이 12월 30일 발표한 2006년 산년사에서 2008년까지 강북에 자립형 사립고 세 곳을 개교하도록 하겠다고 밝혔다. 교육인적자원부가 최근 자립형 사립고 확대를 검토하고 있는 것으로 알려진 가운데 서울시가 이러한 방침을 발표함으로써 자립형 사립고 확대는 급물살을 탈 전망이다. (중략) 시 관계자에 따르면 서울시가 이 같은 계획을 추진하는 데에는 법적 걸림돌이 전혀 없다. 서울 강북 지역의 광역 개발계획을 담은 '도시재정비 촉진을 위한 특별법'이 지난달 초 국회를 통과했기 때문이다. 서울시의 요구가 상당 부분 반영된 특별법은 ▶해당 지역의 교육감이 자립형 사립고와 특목고 등 특례학교를 적극 유치토록 하고 있고 ▶지방자치단체장이 필요할 경우 학교 용지를 직접 매입할 수 있는 등의 내용을 담고 있다. 또 특례학교를 설립·운영하려고 하는 사람에게 토지를 최장 50년까지 임대하도록 하는 파격적인 내용이 포함돼 있다.

겉치레일 뿐이고 실제 목적은 다른 곳에 있었기 때문이라는 가설이 성립된다. 다음으로, 겉으로는 시범실시를 정책판단의 근거로 삼겠다고 밝혔으면서도 도입 불가로 가닥을 잡지 않은 까닭은 애초부터 시범실시가 '시범'이 아니었기 때문으로 보인다. 시범실시를 도입의 한 수순으로 설정하였으면서도 이를 숨긴 게 아니냐는 의혹이 인다. 실제 정책목표 및 시범실시의 의미를 숨긴 채 평준화 공격 분위기 속에서 자사고를 은근슬쩍 기정사실화하겠다는 의도가 숨어있는 것이 아니고서는 일어날 수 없는 일들이다.

이 글에서는 여러 가지 미사여구로 꾸며지며 추진되어온 자사고 도입 시도가 실은 국민들을 상대로 한 '사기극'에 다름 아님을 자사고 평가 결과를 토대로 밝혀보고자 한다.

2. 자립형사립고 정책의 등장맥락과 정책 논리

김대중 정부 시기 새교육공동체위원회가 시범운영을 제안한 후 현재까지 6개의 학교가 자사고 시범운영학교로 지정되어 운영되었다. 현재 자립형 사립고는 독자적인 법적 기반 없이 1998년부터 발효된 초중등교육법 시행령 제105조의 자율학교 관련 규정에 따라 시범운영 중이다. 자립형 사립고의 시범학교가 도입된 경과를 간단히 요약하면 다음과 같다.

o 1995년, 5·31 교육개혁안에서 처음 제안됨

o 1997년, 의견수렴 결과 시기상조라는 의견 다수

o 2000년, 새교육공동체위원회가 2002년 자립형사립고 시범운영 건의

o 2001년 7월, 교육여건개선추진계획에서 30개교 이내 2003년부터
   시범운영키로 함

o 2001년 8월, 자립형사립고 시범운영방안 발표 추진

o 2001년 10월, 27개교 신청, 시도교육청 심사를 거쳐 5개교 추천,
   교육부 지정

o 2002년 5월, 전주 상산고 추가 지정

o 2002년, 민족사관고, 광양제철고, 포항제철고 3개교 시범운영

o 2003년, 해운대고, 현대청운고, 상산고 3개고 시범운영

o 2003년, 시범학교 6개교의 운영결과를 토대로 2005년 확대 여부를
   최종 결정하기로 함

자사고를 도입하고자 한 교육인적자원부, 관련 기관들은 '다양성'과
'선택권' 확대 논리를 도입의 이유로 제시해왔다. 먼저, 지식기반사회에
대비하여 능력의 차이가 분명한 학습자의 다양한 소질과 적성 및 성장욕
구에 맞게 교육과정을 다양화하고 특성화해야 하며, 다음으로, 학부모
등 교육수요자의 학교선택권을 보장하기 위해 선택할 수 있는 학교가
필요하다는 것이 그것이었다. 또한, 고교 평준화로 인하여 자율성이 극히
제한되고 있는 사립고교의 건학이념에 맞는 자율적 학교운영을 보장해야
하기에 도입을 해야 한다고 주장하고 있다. 여기에 2003년부터는 지자체
의 '지역개발논리'가 결합하기 시작하면서 지역주민들을 현혹하기 시작
한다. 서울시, 경기도는 자립형사립고 유치에 적극적인 자세를 보였다.
2004년 4·15총선에서 한나라당과 자민련은 자립형사립고를 대폭 확대
하겠다는 공약을 내걸기도 하였고 사립학교법 개정 국면에서 '자립형
사립고 법제화'를 꾸준히 요구하면서 사학법 개정에 딴죽을 건 형편이다.
정식 도입이 결정되지도, 법적 근거가 마련되지도 않은 상태에서 벌어진
일들이다. 이는 시범운영 평가와 최종결정을 앞두고 '자사고 도입을 대세

화'하려는 시도에 다름 아니었다.

허울 좋은 이유와 그 기세에도 불구하고 반대의 목소리 또한 도입 논의 초기부터 대단히 높았다. 자립형 사립고는 고교체제의 근간을 이루는 평준화 정책에 위해를 가할 것이며, 입시에 유리한 고지를 선점하여 사회계층간 위화감을 초래하는 '귀족학교'를 합법화시킬 뿐이며, 교육기회의 차별을 만들어 나간다는 점에서 공교육이 당연히 추구해야 하는 '평등'의 가치를 훼손할 것이라는 점이 반대의 핵심 논거였다.

미리 말해두지만, 시범운영의 결과는 자사고 도입 정당화의 근거들이 실은 '말장난'이었음을 입증하고 있다. 교육에 대해 불만이 높은 국민들을 현혹시키기 안성맞춤인 정책도입의 논리와 목표는 숨은 의도를 관철시키기 위한 '기만책'이었던 셈이다.

3. 자사고 시범운영 평가 결과

1) '다양화, 특성화' : 교육시장화라는 본질을 은폐하기 위한 포장

1995년 5·31교육개혁안에서는 자사고 도입의 전제 및 개념을 다음과 같이 밝혔다.

1998년 이후 대학교육의 다양화·특성화가 어느 정도 정착되어 대학입학 전형제도가 다양화되었다고 시도교육감이 판단하면, 건학이념이 분명하고 정부의 재정지원 없이 재단전입금 및 학생납입금 등으로 운영·유지할 수 있는 자사고에 등록금 자율책정권을 부여하고 학생들에게는 이 학교에 대한 학교선택권을 부여한다.3)

현재 신자유주의 교육개편의 모태가 된 5·31교육개혁안에 대한 엄정한 평가를 생략하더라도 추진절차에서 앞뒤가 완전히 바뀌었음이 위의 문장에서 드러난다. 당시 자사고 도입을 대통령에게 건의한 새교육공동체위원회는 5·31교육개혁안의 기조를 그대로 유지하고 있었다. 그런데 새교위는 도입의 전제조건과 상관없이 자사고만 달랑 도입해도 좋다는 식으로 일을 서둘렀다.

물론 교육개혁위원회가 제시한 전제조건은 크게 잘못된 방향이다. 여기에서 지적하고 싶은 것은 새교위가 전제조건 충족여부를 따지지 않은 이유는 그것의 잘못을 인정해서가 아니라 어떤 조건일지라도 우선 도입하고 보자는 식이었기 때문이다. 김대중 정부 때 이해찬 교육부장관은 5·31당시 교개위가 제시한 다양화, 특성화를 대학개혁과 입시개혁의 방향으로 국민들에게 크게 선전했다. 말만 다양화, 특성화였지 실상은 대학간 경쟁 유발정책을 중심으로 한 '대학의 시장화'였다. 입시도 마찬가지였다. 이해찬 당시 교육부장관은 '한 가지만 잘해도 대학갈 수 있다'고 애드벌룬을 한껏 키웠는데, 그 결과는 '이해찬 세대'라는 자조어린 유행어였다. 달라진 게 전혀 없는 대도 크게 바뀔 것처럼 2002입시제도를 선전해댄 정부에 속아서 피해를 봤다는 뜻이겠다. 2002입시는 다양화, 특성화가 아니라 복잡화였다. 준비에 비용과 시간이 많이 들게 복잡다단해졌을 뿐 상위권 대학을 목표로 한 획일적 경쟁이라는 본질은 변함이 없었다. 가정의 사회경제적 배경과 대학진학과의 연관이 갈수록 높아지고 있다.4) 그러는 동안 중등교육은 더욱 더 황폐화되었고 사교육시장은 날로 번창하고 있다. 이것이 2002년 자사고 시범실시를 시작하려던 당시

---

3) 교육개혁위원회(1995). 5·31 교육개혁안

4) 손지희(2003), 「'다양화/특성화/자율화'로 포장된 입시제도와 7차 선택형 수능에 대한 고찰」, ≪교육비평≫ 2003년 겨울 제14호.

상황이다. 결국, 우리교육은 다양화, 특성화와 전혀 상관없는 방향으로
10년을 치달아왔다.

입시, 대학분야와 마찬가지로 자사고 도입의 주요 정당화논리이자 자
사고가 만들어내야 하는 학교체제의 모습 역시 '다양화', '특성화'였다.
이렇게 정부는 한국교육정책은 다양화, 특성화를 구호처럼 외치며 교육
개혁을 단행했지만, 다양화, 특성화될 조짐조차 나타나질 않고 있었다.
그래도, 김대중 정부는 계속 자사고가 도입되면 학교체제가 다양화, 특성
화될 것인 양했다.

다양화, 특성화는 추악한 본질을 은폐하는 포장지에 불과했기에 이런
결과가 초래된 것이겠다. 포장 속에 가려진 본질은 시장화였다. '다양화,
특성화'라는 수식어를 붙인 정책들이 여럿 도입되어 추진된 지 10년이
지났지만 한국교육이 다양해졌고 교육에 대한 불만이 해소되었다는 증거
는 발견되지 않고 있다.5) 정부가 10년간을 고집해온 '다양화, 특성화'라
는 정책방향은 실은 교육시장화 정책을 그럴 듯하게 포장하여 국민들을
속이는 '정치적 구호'였던 셈이다. 요컨대, 역대 정부와 교육부는 교육을
시장판으로 만드는 정책들을 '다양화, 특성화'를 위한 정책이라고 국민들
을 속였던 것이다. 자립형 사립고 정책도 여기에서 벗어나지 않는다.
자사고의 본질은 경쟁적 시장구조로 중등교육을 재편하기 위한 교육시장
화 정책의 하나임에도 정부는 다양화, 특성화라는 수사를 앞세워 국민들
을 기만해왔다.

---

5) 노무현 정부는 2004년 '사교육비 경감 대책'을 발표했는데, 그동안 꾸준히
   추진해온 정책들이 한국교육의 모순을 해결하기는커녕 '엄청난 사교육비 부담'
   으로 결과되고 있음을 스스로 인정하면서도 엉뚱하게도 보수적 방책과 시장화
   방책이 결합된 학교학원화, 학교시장화였다.

2) 시범운영: 제도화를 위한 우회로

2000년 새교육공동체위원회는 2002년부터 자사고 시범운영을 제안한다. 이에 앞서 1997년 의견수렴결과는 '시기상조'라는 의견이 다수였던 탓에 도입을 할 수 없는 실정이었다. 2000년은 그 논리 구조에서만 보더라도 여전히 '시기상조'라는 조건은 해소되지 않고 있었다. 정부는 이를 '전면도입은 시기상조이므로 시범운영의 형태로 도입'하고자 한 것으로 보인다. 시범운영 계획이 발표되자 자사고를 둘러싼 논란과 대립이 격화되었다. 결국 전국 30여 개교 지정계획은 큰 저항에 부딪혀 우여곡절 끝에 5개교(광양제철고, 민족사관고, 포항제철고, 해운대고, 현대청운고)가 2001년 10월 시범운영교로 지정되어 2002년부터 시범운영이 시작되었고, 이후 1개교(상산고)를 추가로 지정하여 총 6개의 시범학교를 운영하게 된다.

논란이 격화되던 2001년, 「자립형 사립고 시범운영 방안」(2001.8)에서는 "시범운영 기간이 종료된 시점인 2005년 시범운영 종합 평가를 통해 제도의 도입 여부를 결정하기로 명기"한 것이 근거가 되어 올해 제도협의회가 구성되어 평가가 진행되었다.

그러나 시범운영은 객관적 판단 지표를 확보함으로써 정책도입의 신중함을 기하기 위한 방책이라고 보아주기는 어렵다. 국민 정서 등 당시 상황에서 전면도입이 어렵게 되자 우회로로 택한 것이 시범실시였고 교육여건 개선 사업에 어물쩍 끼워 넣었다. 그러나 '시범실시는 도입의 우회로'라는 간파에 시범실시마저 큰 저항에 부딪힌 것이다. 큰 저항 앞에서도 시범학교 지정은 강행되었고 도입 자체를 포기하지는 않겠다는 뜻이었다. 시범운영 방안에서도 시범운영의 의미를 한편으로는 평가를 통해 제도 도입여부를 결정한다고 하면서도 다음과 같이 이중적으로 밝혔다.

"평준화 정책을 보완하고 고교체제의 다양화와 특성화를 유도할 수 있는 방안으로서 '자사고'제도를 도입하되 찬반 의견이 맞서는 상황이니만큼, 제도의 전면적인 도입에 앞서 제도의 효과 및 제약점을 평가해 볼 수 있는 3년간의 시범운영 기간을 둔다."

'도입여부 결정의 사전단계'와 '문제점 보완지점 찾기'는 그 의미가 서로 다르다. 양립할 수 없는 목적을 동시에 거론하는 것은 당장의 비난은 피하고 이후 시범운영기간이 만료되면 '보완하는 형태로' 제도화하는 길은 열어놓겠다는 뜻이다.

자사고 도입 추진의 당사자이고 논란을 불러일으킨 주범이 정부당국임에도 논란의 핵심에서 비껴있으려는 것도 기만이다. 교육부는 마치 '중립'적인 양 했지만 사태의 원인은 도입을 목표로 교육부가 무리하게 시범운영을 강행했기 때문이었다.

3) 시범운영을 통해 드러난 자사고의 실체

도입논의 초기부터 제기되어온 '부정적' 결론을 증명해준 것은 바로 시범운영이다. 도입의 우회적 방식으로 택한 것이 오히려 도입을 어렵게 하는 조건으로 작용하고 있는 것이다. 3년간의 시범운영에서 나타난 문제들을 요약하여 표현하면 이렇다.

자율권 행사의 전제인 재정자립은 현실적으로 충족 불가능한 조건이며 자사고는 '건학 이념에 따른 특성화된 교육'을 실시하는 학교가 아닌 경제력이 뒷받침되어야 갈 수 있는 '신종 입시 명문고'로서 전면 도입될 경우 평준화 해체의 기폭제 노릇을 할 것이다.

지난 9월, 민주노동당 최순영 의원실, 정책위원회, 전교조 참교육연구소가 공동 작업, 발표한 자립형사립고 시범운영 평가보고서는 객관적 자료들에 대한 분석을 토대로 다음과 같이 평가 영역별로 결론을 도출하였다.6)

○ 교육과정: 인문계고, 특목고와 다를 바 없는 입시위주 교육과정 구성, 운영

자립형 사립고는 학교간의 서열화가 아닌 교육의 다양화, 특성화에 기여하고 있는가? 자립형 사립 고등학교의 특성화 프로그램은 획일적인 입시 교육의 대안이 될 수 있는가? 자립형 사립 고등학교는 이미 특수목적과 전혀 관계없이 입시 명문고가 되어 버린 외국어고와 과학고와 달리 특성화된 교육과정을 운영하고 있는가?

이에 대해 시범운영과정에서 나타난 결과는 '결코 그렇지 않다'이다. 다시 말해, 자사고 도입의 취지와 전혀 부합하지 않는 결과가 나타난 것이다. 시범학교의 교육과정을 분석한 결과, 시범학교들의 교육과정은 특성화, 다양화와 관계가 없었으며, 부여된 교육과정에 대한 자율권을 '입시위주 교육'을 강도 높게 진행하는데 활용하고 있었다.

건학이념은 교육과정 구성, 운영과 아무 상관이 없었고 일반 인문계 고등학교와 다를 바 없는 교육과정이었다. 제출한 교육과정 편성 자료를 보면, 일반 인문계 고등학교와 상산고, 해운대고, 현대 청운고, 포항제철고, 광양제철고는 거의 차이가 없었다. 국민공통기본교과 56단위는 물론이고 선택과목(교육청지정, 학교지정, 학생선택)도 국어, 수학, 영어, 사회, 과학, 체육, 음악, 미술, 기술·가정, 제2외국어, 윤리, 교양 선택 등도 같았다. 또한 자립형 사립 고등학교의 교육과정 특성화 노력은 애초

---

6) 이하 내용은 민주노동당 등이 참여하여 연구, 발표한 자사고 시범운영 평가 보고서의 내용을 발췌, 요약한 것이다.

조건이었던 건학이념과의 부합성보다는 영재교육과 수월성 교육에 두고
있다. 자립형 사립 고등학교의 건학 이념은 공교육의 교육이념과 다를
필요도 없고, 다를 수도 없음을 의미한다. 시범학교들의 특성화 교육의
실체는 영어, 수학, 과학 교육의 강화였으며, 자사고의 특성화 교육은
입시교육의 한 형태일 뿐이었다. <표 2-1>은 자립형 사립고 시범학교의
교육목표와 특성화 프로그램을 정리한 것이다.

<표 2-1> 자립형 사립교의 교육목표와 특성화 프로그램

시범학교	교육목표	특성화 프로그램	특징
상산고	지성, 덕성, 야성이 조화된 사회 각 분야의 지도자 양성	수학교육중시(대학교수특강, 고급수학 심화프로그램), 영어회화 일상화 추구(원어민 강사 5명 초빙), 양서읽기, 개인연구(글쓰기), 태권도교육, 음악특강(성악교수 초빙특강) 등	수학교육 중시
해운대고	건강하고 창의적인 인간의 육성	원어민회화, 토플문법, 영어원서강독, 독서지도, 해외문화탐방, 수영·볼링·양궁 수업, 유명인사 초청강연, 컴퓨터 자격증 취득, 자매학교 방문, 해양레포츠, 봉사활동, 학생자치법원 운영 등	영어원서 강독
현대청운고	인간화, 세계화	영어회화, 토플, 고급수학·물리·생물·화학·지구과학·영어강독, 설립자 정신 계승교육(아산정신학), 태견, 사군자, 시조창, 독서인증, 정보소양인증, 영어·한자 능력인증제 등	수월성교육을 위한 전문교과 운영
포항제철고	자주적 애국인 창의적 지성인 실천적 도덕인	H·S·P반운영(수학, 물리, 화학분야 영재 육성프로그램, 포항공대교수와 연계), 각종 경시대회 입상을 위한 특별지도, 영어교육강화(원어민 교사지도, English Only Zone, 토익인증제), 1인1기교육, 정보화 교육 강화, 체조부 특별지도(러시아코치초빙) 등	영재육성프로그램 운영

광양 제철고	민주인, 지식인, 과학인, 건강인을 기름	영어·수학 수준별 수업, 영어특성화 교육, 독서인증제, 특기 및 취미반 운영, 스포츠 특기자 육성(클럽축구, 골프), 졸업페스티벌, 주제일기쓰기, 정보화교육, 5대사회과제교육(환경파괴, 안전불감증, 잘못된 장묘문화, 지역감정, 성비불균형) 등	영어 특성화 교육, 스포츠 특기자 육성
민족 사관고	민족주체성 교육 영재교육	다양한 선택교과(일반, 심화, 전문교과, 대학교과), 과학 영재교육(In-depth Class, Project Study, 발명반, 과학탐구반), 조기졸업제도(지적/학문적 분야의 특수 재능아 발굴 조기 진급 허용), AP(Advanced Placement)(대학과정 조기 이수), 자율연구학생제도(학업능력우수자 수업 면제 후 고급과정 학습), 개별탐구학습(개별 심화/보충/타 영역공부), 토론 및 독서교육, 3-Step Education, 민족 6품제(졸업인증제(독서-심신수련-영어-예술-봉사-한자))	영재교육 대학과정 조기 이수

이런 식의 교육 프로그램은 기존의 특수목적고를 통해서도 가능한 것들이다. 게다가 특수목적고 역시 정책취지를 살리지 못한 채 입시위주로 운영되고 있다는 비판에 직면한 지가 오래이다. 특수목적고도 재평가를 통해 향방을 다시 결정해야 하는 마당에 자립형 사립고를 도입한다면 실패를 확대재생산하는 꼴이다.

자사고에서 특성화 교육이 이루어지지 않는 이유는 대학입시에서 찾을 수 있겠다. 시범학교들은 자체 평가에서, 수학능력시험을 위주로 한 대학입시가 계속되는 한 교육과정의 다양화, 특성화를 하기 힘들다고 고백한다. 수시입학의 경우에도 교과 성적이 우수한 학생들을 위주로 선발하기 때문에 상대평가인 석차백분율을 적용하는 내신에서 불이익을 당할 수밖에 없다는 것이다. 결국 자립형 사립 고등학교 교육이 특성화하기 위해서는 대학의 신입생 선발 전형이 교과 성적 위주에서 벗어나 다양화 되어야 한다고 주장한다. 이것은 대학에서 학생들의 다양한 특기 적성을 고려한 전형을 하면 자립형 사립 고등학교도 교육과정을 특성화하겠다는 논리에 다름 아니다. 어느 것이 먼저인지 따지지 않더라도, 입시제도의 개선 없는 자립형 사립 고등학교의 확대는 결국 우수 학생들을 선발한 자립형 사립 고등학교가 입시명문고가 될 수밖에 없음은 분명한 사실이다.

○ 재정 자립: 재단의 교육투자 대신 수익성 보장을 위해 규제 대폭 완화 요구

자사고 재정, 교육비관련 지정요건은 다음과 같다.
- 법인전입금: 학생납입금대비 법인전입금 비율 8:2 부담
- 재정결함보조금: 자립형사립고(시범학교) 지정시 재정결함 보조금 제외
- 학생납입금: 당해지역 일반고교 기준의 300%이내 책정
- 장학금: 학생 15% 이상 장학금지급의무화[7]

현재 대부분의 사학재단은 기업의 후원을 받는 형태가 아니며 열악한 재정구조를 가지고 있다. 이런 상황에서 재벌 기업의 재정적 지원을 바탕으로 운영되는 현대청운, 광양제철, 포항제철, 민족사관고(초기)의

---

7) <자사고 시범운영 지침(안)>(교육부, 2001)에는 "시범학교는 학생 15% 이상에게 의무적으로 장학금을 지급하여야 하며, 장학금 지급시 빈곤가정학생 등 취약 계층을 특별히 배려하도록 함. 장학금은 외부, 내부 장학금을 포함하며, 장학금 지급시 전액면제로 환산하여 15% 이상 학생에게 지급이 되어야 함. 학생납입금 반액 면제의 경우에는 30% 이상의 학생에게 장학금을 지급하여야 함"이라고 지정요건 제시한 바 있음.

현황은 일반적인 사학재단에 적용해선 안 된다. 재정자립이라는 자사고의 가장 기본적인 전제의 실현가능성을 가늠하려면 일반적인 사학법인의 형태를 띠고 있는 상산고, 해운대고를 놓고 판단해야 하는데, 전체적으로 재단전입금 비율이 하락하고 있다(최저 2%~최고 38% 하락). 또한 기업의 재정지원을 받는 형태라는 사실 자체가 재정의 안정성을 보장해주지는 않는다. 학교 지원보다는 기업 사정이 우선이기 때문이다. 예컨대, 초기 기업의 재정지원을 받았던 민족사관고의 경우 기업의 부도이후 재단전입금 비율이 낮아졌다. 2004년 이후 재단전입금비율이 다시 높아지긴 하였는데, 그 이유는 수익사업 덕분이었다. 평생교육원 등의 부설기관의 수익사업에 의한 수입 확대로 재단전입금이 확대되었던 것이다. 이는 대부분 예비입학생들을 대상으로 한 캠프운영수익비로 사립학교 재산을 이용한 과도한 수익사업 운영의 결과였다. 달리 말해, 결국은 재단의 교육투자에 의해서가 아니라 자사고의 상품성을 이용해 학부모의 호주머니에서 재단전입금을 충당한 것이나 다름없다. 열악한 재정구조를 특징으로 하는 우리나라 사립학교의 현실을 감안한다면 시범운영보다도 규제가 완화된 형태로 자사고가 법제화될 경우 많은 사학들은 건학이념 실현을 위해서가 아니라 '재정적 수익'을 위해서 자사고로 전환을 시도할 가능성이 매우 높다.

평가 단계에서 시범학교들은 한결같이 재정결함보조금 지급을 강력히 요구했다. 이는 대단한 모순인데, 자사고는 '재정적 자립'을 기초로 운영되는 학교임을 알고 전환하였으면서도 전폭적인 학교운영의 자유를 누리되 재정은 책임지지 않겠다는 것이다.

동시에 법인전입금 비율완화와 등록금 책정 상한선 폐지, 나아가 각종 수익사업에 대한 규제 완화도 요구하고 있다. 따라서 자사고 확대에 따라서 재정요건을 고시하였을 경우 대부분의 사학법인의 경우에는 상산고와 해운대고와 같이 재단전입금 비율을 간신히 넘기거나 재정요건을 준수하지 못할 가능성이 매우 크고 상산고와 해운대고는 재단전입금비율 완화를 요청하고 있다. 운영은 자립형을 주장하면서 국고지원, 납입금 상한선 폐지 등을 주장하고 있는 것인데, 자사고를 확대했을 경우에는 필연적으로 부유층 자녀를 대상으로 할 수밖에 없게 된다.

○ 성적 위주의 학생 선발

자립형 사립고의 학생 선발의 전제는 '건학 이념 등 학교의 자율에 따라 학생을 선발'하는 것이지만 5개의 시범학교 모두 천편일률적으로 '교과 성적' 및 '수상 성적'이 절대적인 기준으로 작용한다. 입학전형에 있어서도 시범학교 모두 '국영수 위주 지필고사'를 금지하고 '소질·적성 및 창의성을 반영할 수 있는 다양하고 특성화된 입학 전형'을 실시한다는 교육부의 방침을 실질적으로 위배하고 있다. 무엇보다도 시범학교 모두 교과 성적 및 수상 성적이 가장 중요한 전형 요소로 자리 잡고 있다는 점에서 그러하다. 더욱이 상산고의 'TOEIC 성적 775점 이상', 포항제철고의 '영세주민자녀 중 내신 5%'라는 기준을 채택하고 있다. 자사고에서 입학예정자들을 대상으로 운영하는 이른바 영재교육은 입학전형 자격조건과 연계되며 사교육의 결정체[8]였다. 자립형 사립고가 사교육을 더욱

---

8) 자립형 사립고 입학전형에는 여러 종류의 경시대회 입상과 부설기관의 연수프로그램 이수를 자격 조건으로 안내되고 있다. 경시대회와 함께 특히 문제가 되는 것은 부설기관에서 운영하는 입학예정자를 대상으로 한 고액의 연수프로그램이다. 민족사관고등학교의 경우, 부설 평생교육원과 영재교육연구소에서 영어 영재프로그램인 Global Leadership Program for Students(GLPS)과 과학영재교실(GiSS), 여름토론캠프를 진행하고 있다(민족사관고 홈페이지 참조 http://www.minjok.hs.kr/). 영어 영재프로그램은 320명의 초등, 중등학생을 대상으로 여름방학 25일 동안 1인당 390만 원을 받고 교육시킨다. 과학영재프로그램은 중학생 중 민사고 진학예정자와, 과학 성적 우수자 중에서 우선 선발하며, 6일 동안(3주 동안

부추길 것이란 예상은 두 가지 측면에서 입증된 셈이다. 하나는 자사고를 가기 위한 경쟁의 과정에서, 또 하나는 자사고 자체의 수익사업이 사교육의 한 형태라는 점에서 그러하다.

○ 성적 위주의 장학금 지급

학생 15%이상에게 장학금 지급이 의무인데, 숫자는 그럭저럭 지켜지고 있었으나 문제는 내용이었다. 장학금 관련 지정 요건 중 내부, 외부 장학금을 모두 포함하는 것으로 되어 있고, 학교별로 처리기준이 달라서 일단은 종합적인 판단은 불가능했지만 외부장학금의 지나치게 넓게 잡아서 기준을 충족시키는 등, '저소득층에 대한 적극적 배려'의 태도보다는 그 나마의 규제도 편법을 동원해서 충족시키는 모양새를 띠고 있었다. 포항제철고는 회사원이 기업으로부터 받는 자녀학비보조비까지도 외부 장학금에 포함시켰고 개인의 활동이나 관련 제도에 의해서 받는 장학금도 포함되어 있어서 실질적으로 학교나 법인이 제공하는 장학금 규모는 지정 요건을 만족하지 않을 가능성 많다. 그나마 재단이 지급하는 장학금은 대부분 성적 위주였고 전체 수혜인원 중 저소득층은 1~5% 정도의 비율이었다.

3기로 진행) 1인당 60만 원을 받고 교육시킨다. 여름토론캠프는 민족사관고등학교의 입학자격 중 '민족사관고등학교 전국 중학생 논쟁식 토론대회 동상 이상 및 최우수·우수 토론자상 수상자'와 연계되어 있다. 민족사관고등학교를 희망하는 학생들은 입학을 위해 민족사관고 부설 캠프에 고액의 사교육비를 지불하고 참여해야 한다. 물론 고액에도 아랑곳 하지 않고 이미 캠프에 들어가기 위해 또 다른 사교육을 하고 있다. 각종 학원에서는 특목고 준비반에 이어 자립형 사립고 준비반도 등장하여 학생들을 모집하고 있다(특목고넷 참조 http://www.tukmokgo.net/). 결국 자립형 사립고 입학 자체가 또 하나의 고등학교 입시가 되어 한국 사회의 공교육에 문제로 존재를 하게 되는 것이다.

자립형 사립학교가 '귀족학교'라는 비판에서 벗어나기 위해 궁여지책으로 마련한 것이 '저소득층 자녀에 대한 배려'였다. 그러나 포항제철고의 특별전형에서의 '영세주민자녀 중 내신 5%'라는 것 외에는 어느 곳에서도 사회적 약자에 대한 배려책을 찾아 볼 수 없다. 오히려 '영세주민자녀 중 내신 5%'라는 기준은 역설적으로 철저하게 내신 성적 최상위권의 학생만이 자립형 사립고에 입학할 수 있다는 현실을 반영하고 있다.

○ 학부모의 절대다수가 전문직이나 부유층

조사 결과, 자립형 사립학교에 입학하는 학생들의 학부모는 절대다수가 전문직이나 부유층이었다. 연간 1,000만 원이 넘는 교육비 부담을 직접적인 원인으로 볼 수 있는데, 부모의 사회경제적 지위가 학생들의 학업성취에 직접적인 영향을 미친다는 세간의 통념 및 연구 결과를 뒷받침하는 것이기도 하다.

- 의료, 법조, 교육계, 공무원, 언론, 금융 등 전문직이나 부유층에 속하는 학부모 직업의 비율은 34.02%(노동부 발표 2003년 취업인구 비율에 비춰 봤을 때 약 3배 정도 높은 비율) 반면 농수산임광산업, 건설업, 유통업, 운송업, 제조업 등에 해당하는 학부모 직업의 비율은 4.51%에 불과(취업인구 비율의 1/10에 해당).
- 올해 민족사관고 입학생들의 학부모 직업 가운데 회사 대표, 교수, 연구원, 공무원 등 전문직, 관리직에 해당하는 비율은 60.4%. 반면 농림업이나 제조업 등에 종사하는 학부모는 거의 없음.
- 학부모 평균 소득은 537만 원, 월 400만 원 이상의 고소득층이 전체 학부모의 58.1%에 달함(참조: 2005년도 1사분기 도시근로소득자 월평균 가계소득 = 3,291,216원). 민족사관고 및 상산고의 경우 월 700만 원 이상의 소득층이 각각 35.4%, 21.6%

4. 자사고 정책은 '교육시장화'의 일환으로 추진된
   대국민사기극

　정부 당국은 자사고를 "재정적 자립이 그 전제로 건학이념에 부합되는 특색 있는 교육프로그램을 운영하면서, 학생선발권과 등록금 책정권을 자율적으로 행사하는 학교"로 개념 규정하였다. 하지만 개념 자체가 심각한 자기모순에 빠져있다. 시범운영 결과 자립형의 가장 중요한 전제개념인 재정적 자립은 가능하지도 않을 뿐더러 재단들은 이에 대한 의지도 가지고 있지 않았다. 도리어 시범학교들은 재정자립이라는 전제조건은 최대한 약화시키고 운영의 자유는 보장해줄 것을 요구했다. 사정이 이렇다면, 자사고라는 개념은 현실적으로 성립 불가능한 학교 형태라 하겠다.

　실제 운영과정에서 자사고의 '본색'이 완연히 드러났는데, 정부당국이 애초에 밝힌 도입취지는 시범운영 결과 하나도 구현되지 않은 반면 우려했던 점들이 대부분 현실화되었다. 도입이 거론된 시점부터 끊임없이 문제제기들이 있었고 그 문제제제기는 대부분 타당한 것이었음에도 이를 받아들이지 않은 것은 정책의 실제목적은 따로 정해져 있었기 때문이다. 실제 목적을 숨긴 채 미사여구를 앞세운 것은 국민들을 대상으로 백년지대계인 국가교육정책을 가지고 정부가 사기를 친 것이다. 교육현실에 대한 정확한 진단에서 방향을 올바로 설정하고 공교육정책답게 추진하였는데도 실패가 초래되었다면 그 원인을 규명하고 보완지점을 찾으면 될 일이지만 자사고는 단순히 실패로 봐줄 수 있는 성질의 정책이 아니다.

　첫째, 건학이념은 자립형을 강변하기 위한 '장식품'에 불과했다. 실제 교육과정은 철저히 국, 영, 수에 편중되어 편성, 운영하고 있었으며, 교육과정 운영의 자율성을 입시체제 구축에 활용했다.

　둘째, 재정자립이라는 기본 요건을 시범학교 스스로 부정하면서 운영의 자립만 요구하는 자기기만에 빠져있다. 소수의 부유층을 상대로 장사를 하는데 국민들이 지원해야 한다는 염치없는 주장을 거침없이 하는 지경에 이른 것은 그간 시장화를 위한 다각도의 이데올로기 공세가 '이런 요구를 해도 부끄러운 일이 아니'라는 인식을 정당화시켜준 탓이다.

셋째, 선택권 확대는 국민들의 선택에 대한 욕구를 자극하여 자사고 도입을 정당화하기 위한 그럴싸한 포장에 불과했다. 선발권을 행사할 수 있고 교육비가 비싼 자사고에 대한 선택권은 소수만이 누릴 수 있는 전유물임이 성적위주의 선발방식과 입학생들을 가정배경 분석을 통해 드러났다. 실상이 이렇다면 선택권 확대를 자립형 사립고를 정당화하는 근거로 더 이상 사용해선 안 된다. 소수의 특권보장을 위해 다수의 권리를 박탈하는 게 뭐가 잘못이냐고 차라리 염치없이 이야기하라. 차라리 자립형 사립고는 성적과 부의 상위 5%를 위한 정책임을 솔직히 밝히라. 그것은 염치없는 짓이기는 해도 사기는 아니므로.

넷째, 자사고 도입을 혹은 진학을 원한다면 그것은 다양화, 특성화의 매력 때문이 아니라 교육부가 극구 부정한 자사고의 부정적 특성 때문이다. 시범운영중인 학교에서 학생, 학부모들의 만족도는 비교적 높게 나왔는데 그 이유는 지극히 한국스러운 '입시' 덕이었다. 이 속에 숨겨진 또 하나의 욕구는 입시준비를 방해하는 요소들 — 이를테면 가난하고 공부 못하는 아이들과 억지로 섞여 지내야 하는 것 — 로부터 격리를 자처하여 끼리끼리 모일 수 있다는 '장점'이 있어서이다. 교육부는 자사고가 귀족형의 입시학교가 될 것이라는 비판에 대해 장학금 의무지급 등 소수자 배려책으로 완화할 수 있다고 했지만 시범학교들은 여기에 별 관심도 없었고 의무사항도 이행하는 시늉만 취했다.

다섯째, 자사고가 입시에서의 높은 성취를 이루는 이유는 '원래 공부 잘 하는 학생'들로 가려 뽑기 때문이지 학교의 특성화된 교육과정의 결과라고 보기 어렵다. 그런대도 이를 '학교효과'인 양 긍정적으로 평가하면서 자사고 도입의 근거로 삼는다면 국민들을 또 다시 속이는 짓이다.

여섯째, 자사고는 정부의 주장과 달리 교육의 다양성을 오히려 파괴한다. 자사고가 획일적 입시경쟁 구조에서 도입되어 그 수가 확대된다면 '입시에서의 성공'이라는 학부모들의 욕구를 충족시키기 위해 시범운영 단계와는 비할 수 없이 심각한 수준의 입시 올인 교육과정운영을 할수 밖에 없다. 결국 다양성을 핑계로 시범운영단계까지 진전된 자립형 사립고야말로 '운영 자율권'을 철저히 입시위주 교육의 확대 강화를 주도하면서 다양성 파괴의 주범이 될 것이다. 물론 입시경쟁 완화를 조건으로 등록금, 학생선발, 교육과정 운영을 맘대로 하는 학교형태가 도입을 용인해서는 안 될 일이다. 교육의 공공성과 동떨어진 개념의 학교이기 때문이다.

일곱째, 자사고는 사교육비 경감효과는커녕 사교육 수요를 유발한다. 자사고는 그동안 사교육 수요를 학교교육으로 감당하기에 학교 등록금은 비싸더라도 사교육비를 감안하면 그리 비싼 것은 아니라고 강변해 왔다. 그러나 공식적인 등록금 이외에 학교 내의 입시대비 교육활동들이 수익자 부담 원칙에 의해 추가 비용을 지불하고 진행되어 왔다. 나아가 방과후나 방학기간에 사교육은 여전히 진행되고 있는 것으로 밝혀졌다. 또한 자립형 사립고에 입학하기 위해서는 학교가 요구하는 여러 기준을 만족시켜야 한다. 이중에는 경시대회 입상이나 학교 관련기관의 연수프로그램 이수를 자격 조건으로 하고 있는 경우가 있다. 특히 문제가 되는 것은 부설기관에서 운영하는 입학예정자를 대상으로 한 고액의 연수프로그램이다. 민족사관고등학교의 경우, 영어 영재프로그램은 320명의 초등, 중등학생을 대상으로 여름방학 25일 동안 1인당 390만 원을 받고 진행하고 과학영재 프로그램은 중학생 중 민사고 진학예정자와, 과학 성적 우수자 중에서 우선 선발하며, 6일 동안(3주 동안 3기로 진행) 1인당 60만 원을 받고 진행하고 있다. 민족사관고등학교를 희망하는 학생들은 입학을 위해 민족사관고 부설 캠프에 고액의 사교육비를 지불하고 참여해야 한다. 물론

이 캠프에 들어가기 위해 또 다른 사교육도 필요하다. 결국 자립형 사립고의 존재 자체가 중층적으로 사교육 수요를 유발하고 있다.

올해 평가단 구성에서 교육부는 자사고 정책 평가책임을 자립형사립고 정책개발 주체인 한국교육개발원에 맡김으로써 평가 결과에 대한 신뢰를 스스로 떨어뜨렸다. 그럼에도 시범운영에서 나타난 문제점을 완전히 부정하지는 못했다. 다음은 평가 결과를 요약한 것이다.[9]

- 1995년 교육개혁 방안의 하나로 결정되어 2002년 이후 6개 학교에 대해 실시되어 온 자립형 사립학교의 시범운영은, 고등학교 체제의 다양화와 특성화를 유도하는데 가장 중요한 목표가 있었음.
- 이들 시범운영 학교들은 그동안 당초 설정했던 지정조건들을 충족해 왔고, 각 학교에서 제시했던 헌장 내용을 대부분 이행해 온 것으로 평가됨. 그 결과 학교 구성원들의 만족도도 비교적 높게 나타나고 있음. 반면 입시 위주의 교육 체계로부터 벗어나지 못하고 있고, 소외계층에 대한 배려가 부족했으며, 초등학교와 중학교 단계에 사교육을 강화시키고 있다는 한계 및 부작용도 존재하고 있음.
- 무엇보다도 시범운영 기간이 3년에 불과하였기 때문에, 이들 학교들이 새롭게 도입하였던 교육 프로그램들이 어느 정도의 효과를 가져왔는지를 평가하기는 매우 어려운 상황임.

그러나 제도협의회는 기만적으로 '3년만 시범운영해서는 정확한 효과를 알기 어려우니 시범운영을 연장할 것을 건의'하는 것으로 결론을 맺는다. 제도협의회의 최종회의 결과나 다름없는 "자립형 사립 고등학교 정책 방향에 대한 건의문"에서는 도입 여부에 대해 다음과 같이 기술하고 있다.

---

9) 2005년 11월 18일, 제도협의회, 자립형 사립 고등학교 정책 방향에 대한 건의문.

- 시범운영 학교를 확대할 필요가 있는지에 대해서는 위원들 사이에 다음 두 가지 의견이 엇갈렸음.
  ① 시범운영이 새로 연장되는 만큼 현재의 지정조건을 수용할 의사가 있는 사립 고등학교에 대해 문호를 개방할 필요가 있으며, 시범운영 효과를 정확하게 평가하기 위해서도 대상 학교를 확대할 필요가 있다는 의견.
  ② 2년이라는 짧은 기간 후에 제도화 여부가 결정되기로 한 만큼 시행상의 혼선을 줄일 필요가 있으며, 이번 시범운영의 연장이 새로운 교육과정이 두 사이클 정도 반복된 이후 효과를 살펴보자는 데 목표가 있으므로 시범운영 학교의 확대는 논리적으로 모순이라는 의견.

- 당시 회의 참석자들 사이에서는 ①의 의견이 ②의 의견보다 다소 우세한 것으로 조사되었음(투표 결과 8 대 5로 나타났음).

<소수 의견> 위원들 중에는 시범운영의 긍정적인 측면을 강조하여 자립형 사립 고등학교를 보다 확대하자는 주장과, 반대로 부정적인 측면을 강조하여 이를 폐지해야 한다는 주장이 있었음.

위의 의견서에 따르면 두 가지 의견 중 시범운영확대 쪽이 투표결과 우세했던 걸로 보고하고 있는데, 제도협의회 위원을 위촉한 것은 교육부였고 교육부는 중립적인 자세가 애초부터 아니었다. 따라서 평가 결과가 명백했음에도 시범운영 기간 연장과 학교수 확대 쪽이 우세했던 것은 협의회 구성10)에서 이미 예상된 결과였다. 애초부터 찬반양론이 치열하

---

10) 제도협의회의 구성은 다음과 같다. 위원장 김신일, 위원 함인희(이화여대교수), 박종렬(경북대 교수), 남기곤(한밭대 교수), 조난심(한국교육과정평가원), 목창수(한성과학고 교장), 이현진(한국사립중고등학교 법인협의회), 이명균(한국교

게 부딪히는 사안인 만큼 '중립적 인사'를 위촉한다는 명분을 내세워 교육부가 구성한 협의회가 갖는 근본적 '한계'였다. 이 점이 자사고 도입 여부 결정과 관련하여 교육부가 저지른 최근의 기만이다. 정책자체의 기만성에 더하여 앞으로도 이런 사기행각을 계속하겠다는 의사표현에 다름 아니다.

게다가 제도협의회는 2001년 자사고 시범운영 방안이 제시한 기준조차 멋대로 변경하려 하고 있다. 현재도 여전히 적용되고 있는 시범학교 지정조건 중에는 "매년 종합평가, 결과 발표회 개최하며 선정(지정)조건 위배시 선정(지정)을 해제한다"는 규정이 있다. 그런데, 시범운영 평가 결과 특성화는커녕 입시위주의 교육과정 편성, 운영이 명백한 사실로 입증되고 이것이 지정 해제 사유에 해당한다는 것을 알고 "입시위주의 교육을 할 경우 시범학교 지정을 해제한다는 규정은 현실적이지 못하다는 것이 대체적인 의견임. 해제 조건을 좀더 조정할 필요가 있음"을 제도협의 회의 의견으로 교육부에 제출하였다. 지금의 시범학교는 모두 지정이 해제되어야 한다는 것을 잘 알면서 내린 결론이며, 자립형사립고가 입시 위주 교육을 해도 어쩔 수 없다는 식의 태도로서 자사고의 도입취지 자체를 스스로 부정하면서도 자사고 정책을 포기하지는 않겠다는 이중적 태도이다.

총), 이철호(전국교직원노동조합), 이경자(인간교육실현학부모연대), 이인규 (아름다운학교운동본부), 이갑수(삼성경제연구소), 이하경(중앙일보), 박이선 (참교육을위한전국학부모회), 성기선(가톨릭대 교수), 김정명신(교육개혁시민 운동연대).

5. 자립형사립고 정책추진이 실제 노리는 효과:
   평준화의 점진적 해체와 계급적 울타리 구축

도입해선 안 된다는 객관적 사실들 앞에서도 포기하지 않는 이유는 표방한 취지 말고 숨겨진 의도 관철에 적합한 수단으로 자립형 사립고를 설정했기 때문이다. 자사고 찬성론자들의 대부분은 자사고를 통해 이익을 볼 소수에 불과한 사람들이지만 그들은 돈과 권력을 가지고 정부를 압박하고 있다. 그래서 자사고는 철저히 '계급적'인 정책이다. 이를 은폐하기 위해 총체적인 교육정책의 오류와 계급성의 폐해를 평준화 탓으로 돌렸고 시범운영기간에는 평준화 논란이 크게 증폭되었다. 교육부는 평준화 해체와 유지의 가운데에서 '보완'이라는 합리적으로 보이는 입장을 취하면서 평준화 보완 방안의 하나로 자사고를 거론하였다.

첫째, 보수언론이 중심이 되어 평준화공격을 대대적으로 벌이면서 교육부는 '해제는 불가하지만 보완은 필요하다'는 입장을 견지해왔는데, 이것이 바로 기만의 정점이다. 교육부가 제시한 평준화 보완의 방안들은 보완이 아니라 점진적 해체 방안들이다. 정식 도입도 되지 않았는데 자사고는 평준화논란 속에서 마치 보완방안인양 거론되면서 점진적 해체의 조건을 형성하는데 기여해온 것이다. 평준화 논란 속에서 현 정부는 '보완론'을 얘기하면서 동시에 점진적 해체 방안을 꾸준히 추진하고 있다. 다양한 고등학교의 설립 움직임을 보면 분명하다. 구체적으로 자립형 사립고가 시범실시 되고 있는 도중에 대한상공회의소가 조사한 보도자료[11]에 의하면 전국적으로 과학고·외국어고뿐 아니라 다양한 운영체제를 가진 학교들이 확산되는 추세를 보이고 있다. 이는 다양한 교육을 통해 인재를 양성한다는 명분을 겉으로 내세우고 있지만 기본적으로는

---

11) 2004. 2. 25. 대한상공회의소 보도자료.

침체된 부동산 경기를 활성화시키기 위한 경제적 이유가 더 근본적인 이유를 가지고 있다. 구체적으로 조사결과에 의하면 당시 전국적으로 신규설립이 추진되고 있는 외국어고·과학고와 자립형사립고가 53개에 달하는 것으로 조사되었다. 또한, 2005년 8월 시범실시 평가가 진행되고 있는 와중에 김진표 교육부장관은 평준화 지역 내에 5%의 선택형학교를 만들겠다는 발언을 하고 있다. 또한, 서울에서도 현재 중앙고, 이화여고 등이 자시고 도입을 준비 중에 있으며, 전국적으로 30여 개의 학교가 준비 중에 있다. 더하여 정부공공기관 이전을 위해 추진되고 있는 공영형 자율학교 또는 자립형 공립학교 도입방안이 가시화되고 있다. 특히 2005년 3월말 국회를 통과했으며, 시행령이 입법 예고될 외국교육기관특별법은 자사고와 더불어 고등학교 평준화 체제에 상당한 위해를 가할 것이다.

둘째, 자사고는 추상적 담론 차원에 있었던 초중등 교육의 상품화, 시장화 요구를 구체화하는 아이템 구실을 했다. 2004년부터 기업과 지자체들은 경제개발, 지역개발의 하위분야로 공교육을 편입시켜야 한다는 생각을 '자사고 전면 도입, 규제 대폭완화'라는 형태로 구체화하여 보수언론, 정치권과 함께 공세를 퍼부었다. 시범운영이 진행 중이었고 법제화 단계도 아니었는데 자사고 도입요구를 노골적으로 한 것은 도입을 대세화하기 위한 움직임에 다름 아니었다.

셋째, 사립학교법이 민주적으로 개정된다 해도 자립형사립고가 도입되면 그 효과는 크게 떨어진다. 시범운영과정에서 '규제를 없애 달라'는 요구는 끊임이 없었으며, 이는 단지 몇 개의 자립형 사립고의 문제로

과학고·외국어고 및 자립형사립고 신규설립 동향(단위: 개교)

구 분	과학고	외국어고	자립형사립고	합 계
2003년말 현재	17	19	6	42
신규추진	11	18	24(3)	53(3)

* 주: ( )은 민간이 추진 중.

끝나는 게 아니라 공교육의 절반을 차지하고 있는 다른 사립학교들로부터도 '우리도 저들처럼'이라는 이야기가 나올 것이 뻔하다. 이것이 기우가 아니라는 점은 최근 '영리법인화' 논의 등 학교를 기업화하려는 움직임이 있다는 점이다. 게다가 '경제자유구역및제주국제자유도시의외국교육기관설립운영에대한특별법'이 마련된 형편이다. 이렇게 되면 부유층은 공교육비를 세금의 형태로 부담하기를 거부하면서 자기 자식만을 위한 투자를 과감히 할 것이며 이것을 부추기는 제도의 핵심이 자립형사립고, 외국교육기관, 특수목적고가 될 것이라는 사실이다.

넷째, 공교육 내에 계급적 울타리를 구축하는 것이 실제 욕구이자 목표임에도 온갖 미사여구로 포장하여 계급분리욕구를 오히려 자극하는 구실을 자립형 사립고는 해왔다. 실업계/일반계 분리 + 부분적 평준화 시행 + 평준화 보완 명목으로 도입된 '다양한' 학교 정책으로 요약되는 복잡한 구조에는 불필요한 경쟁과 사회적 낭비와 위험을 유발하고 있다. 또한 누구든 경험하는 공통교육의 단계임에도 계열구분, 비평준화, 그리고 다수의 선택형 학교가 있음으로 인해 경험이 달라지고 사회적으로 통용되는 가치가 다른 탓에 경쟁이 생긴다. 이는 '공통의 경험'을 가질 기회를 봉쇄하는 구조이고 위화감을 조성한다. "나는 외고 나왔다" "나는 자사고 출신이다"와 "나는 실업계 출신"이라는 것이 동일하게 취급될 수 없는 현실인 것이다. 사회통합에 있어서도 이는 위험한 처사인데, 공통의 경험보다는 차이와 그에 따른 차별이 노골적이라면 이들이 기성세대가 되었을 때 '공동체의식, 연대의식'보다는 단절과 반목이 만연하게 된다. 특히, '엘리트'들의 의식형성에 이것은 큰 문제꺼리다. 다른 처지의 사람들과 친구가 되어본 경험 없이, 그들의 처지를 알 겨를조차 없이, 끼리끼리 '최상의 코스'만을 밟아 올라 부모의 기득권을 고스란히 대물림 받은 이들의 의식을 상상해보라. 이들에게는 공동체의식은커녕 피억압자에 대한 최소한의 연대의식조차 기대하기 어렵다.

중학생들에게조차 스트레스 지수를 높인다. 실업계라는 '나락'으로 안 떨어지려고, 나아가 특목고에 진학하려고, 명문고(비평준화 지역)에 들어가려고 내신 따기, 선발고사 점수 따기 용으로 사교육기관을 밤늦게까지 전전하면서 건강권조차 침해당한다. 이 상황에서 자립형사립고가 정식 운영되어 그 수가 확대되면 문제가 더 심각해지리라는 건 너무도 뻔하다.

6. 교육공공성에 입각한 중등교육개편 방향

우리 국민들은 교육 때문에 힘들다. 교육으로 인해 고통 받는 것이 아니라 교육을 권리로서 누릴 수 있도록 만드는 것이 모든 정책의 목표가 되어야 한다. 그런대도 시장주의자들은 국민들의 교육에 대한 불만의 화살을 엉뚱한 곳으로 돌리려 이데올로기 조작과 거짓말을 일삼아왔다. 자사고를 둘러싸고 진행되어온 대립과 논란은 한국 교육 시스템 전체로부터 분리하여 생각하기 어렵다. 자사고는 중등교육의 해법이 결코 아니다. 중등교육이 안고 있는 문제는 여러 형태의 학교가 존재하지 않아서가 아니라 대학에 철저히 종속되어 있기 때문이다. 또한 절반을 책임지는 사립학교는 부정과 비리, 비교육의 온상임에도 이에 대해 아무런 조치 없이 기나긴 세월을 허송하였기 때문이다. 선택권에 대한 욕구는 많은 국민들에게 있을 수 있다. 그러나 선택권을 주지도 못하면서 선택권을 줄듯이 얘기해서는 안 되며 보편 교육에서 선택권을 확대하는 일보다 더 중요한 게 무엇인지를 논의하지 않은 채 선택은 무조건 선이라고 국민들을 현혹해서는 안 된다. 중등교육은 공통보편교육의 단계이다. 따라서 보편성과 공통성이 강조되어야 하는 단계이다. 더 이상 평준화에 대한 논란, 학교 다양화 욕구 충족이라는 본질을 벗어난, 시장화를 위한 논의지형에 갇혀 있어선 안 된다.

교육을 '공공성'의 관점, '국민의 기본적 권리로서의 교육권'을 중심에 놓고 국가교육정책이 수립된다면 이런 쓸데없는 논란은 애초에 빛을 필요가 없었을 것이다. 이런 논란을 벗어나 보다 적극적인 교육권 확대, 공공성 강화 방안을 추진하기 위해서라도 다음을 방향으로 잡아야 한다.

평준화를 전국으로 확대하고 내실 있게 운영하고, 나아가 학제를 개편하되 중등교육의 정체성을 확립하는 통합중등학교체제로 전환해야 한다. 무엇보다도 중요한 것은 초중등 교육을 왜곡시키는 대학서열체제를 혁파하고 입시제도를 전면적으로 손질하는 것이다. 수능폐지, 대학평준화가 아니고서는 자사고 아니라 그 어떤 중등교육정책도 '입시위주'로 탈바꿈될 위험성을 안게 된다.

범국민교육연대 연구위원회가 2004년 발표한 「공교육새판짜기 - 공공성에 입각한 민중진영의 공교육개편 방안」에서는 중등교육 개편의 방향을 다음과 같이 제시하고 있다.

1) 평준화를 전국으로 확대하고 내실 있게 운영해야 한다.
- 방향 1: 평준화를 전국화하고 교육여건의 차이를 없앤다.
- 방향 2: '내신'으로 대학에 진학할 때라야 학교교육 정상화와 입시 경쟁구조의 완화가 가능하다. 내신이 '전형자료'로서 구실하려면 국공립대로 시작해서 '대학평준화' 중심의 대학개혁이 필요하다.
- 비평준화 지역은 평준화를 도입한다.
- 자립형사립고, 특성화고, 자율학교 정책을 폐기하고 기존의 학교는 실업계 혹은 일반계로 전환한다.
- 과학고, 예체능고는 연구를 거쳐 적정 수만 설립취지에 맞게 운영한다.
- 학제 개편 이전까지는 실업계 정상화 방안을 실시한다.

2) 나아가 학제를 개편해야 한다. 중등교육의 정체성을 확립하는 통합중등학교 체제로의 전환해야 한다.[12]

- 실업계와 일반계 등의 계열구조를 없애고 중·고등학교를 통합. '국민공통 보편교육'으로서 중등교육 단계에 맞는 교육목표를 설정하고 이에 맞게 교육과정을 설계한다.
- 전기와 후기 중등교육을 통합해야 하는 이유는 다음과 같다.

  첫째, 중등교육의 대학 종속 탈피가 그 이유이다.

  둘째, 전후기 중등교육의 연계성 강화로 중등교육 자체의 완결적 구조 확보를 확보해야 한다. 고등학교가 거의 완전취학 단계에 다다랐는데도 오로지 '계열 구분'을 위해 중학교→고등학교 단계에 선발장치를 유지하는 것은 교육적으로 무의미하다.

  셋째, 고등학교를 경제력이나 성적에 따라 선택하는 구조를 싹부터 잘라야 한다.

자립형 사립고 추진과 논란의 과정에서 또 하나 시급하게 떠오른 것은 교육부에 의한 '교육정책독점을 폐기'하지 않는 한 정부의 대국민 사기극 시리즈는 앞으로도 계속될 것이란 점이다. 주요한 정책을 보수언론이 주도하는 여론으로 정당화하고 거짓 정보로 국민들을 속이고 실제의도를

---

12) 독일의 계층 통합적 학교 모델로서 종합학교는 중등교육개편에 좋은 참고가 될 것이다. "종합학교의 정당성은 교육기회의 평등에 대한 요구에서 출발한다. 최근의 교육기회 평등을 촉진시키려는 교육개혁은 모든 학생들을 위한 보다 나은 학교의 건설로 이끌 것이다. 이에 종합학교의 시행은 전체 교육제도의 성취도를 높이고, 학습의 효과적인 개별화를 가능하게 하고, 우리 사회에서 학문 지향적인 교육을 받고자 하는 모든 사람들의 소망에 일치하는 것이다." Anweiler(1996: 43). 조상식(2004), "독일의 '평준화 교육'이 우리의 교육현실에 주는 시사점", 교육비평 2004년 봄 제15호.

감춘 채 미사여구로 포장하고 시범실시는 요식행위에 불과할 뿐 언제나 결과는 정해져 있는 기이한 정책결정구조로부터 탈피하지 못하는 한 어떤 권력이 들어서도 사기극의 유혹에서 벗어나지 못할 것이다.

제3장

EBS 수능강의

사교육비는 줄어들지 않았다

송경원

1. 머리말

2005년 11월 23일 언제나 그랬듯이 온 나라를 억지로 조용하게 만든 가운데 2006학년도 대학입학수학능력시험(이하 '수능고사')이 치러졌다. 그리고 다음 날인 24일 EBS는 수능고사 문제 중 80% 정도가 자신들의 <EBS 수능강의> 교재에서 출제되었다고 자랑스럽게 발표했다. 이 말이 사실이라면 가히 신의 경지가 아닐 수 없다. 80%라면, 100문제 중에 80문제를 미리 알려준다는 의미이기 때문이다. 그런 만큼 이제 수능고사 당일 절에 가서 불공드릴 필요가 없다. 단지 돗자리 깐 EBS 앞에 엎드려 칭송하면서 성심성의껏 교재를 사고 열심히 말씀을 따르면 된다.

하지만 한편에서는 아니란다. 80%가 아니란다. 세 가지 주장이 있다. 첫째는 비슷하면 다 자기 것이라고 우겼다는 견해이다. 문제 일부만 비슷한 경우까지 포함시켰다는 것이다. 둘째는 EBS 교재에서만 다루지 않았다는 지적이다. 수능고사 관련 참고서나 문제집은 많고 대부분의 내용이 중복되는 바, 딱히 EBS에만 있는 문제로 보기 어렵다는 것이다. 셋째는 수능고사를 본 학생들의 시각이다. 어떤 학생들은 도움되었다고 보는 반면, 다른 학생들은 그렇지 않다는 것이다.

"언어영역은 EBS에서 많이 봤던 지문들이 출제돼 시험이 한층 쉽게 느껴졌다."
"EBS에서는 30~40% 정도 출제된 것 같다. 별로 도움이 되지 않았다"

그래서 EBS의 80% 주장을 '논란'이라고 부른다. '사실'이나 '진실'이라고 칭하지 않는다. 그런데 이러한 논란은 한 번이 아니었다. 2004년에도 마찬가지였다. 2005학년도 수능고사가 있었던 2004년 11월 17일 저녁에 EBS는 <2005년 대학수학능력시험 출제경향 종합보고> 문서를 통해 84.6%의 문제가 적중했다고 발표했다. 물론 이에 대한 반응은 '긴가민가'였고, "80%가 넘는다"라는 주장과 "말도 안 된다"라는 주장이 서로 엇갈렸다.

EBS가 수능강의를 시작한 것은 2004년 4월 1일이다. 그 이후 2005년 12월 현재까지 모두 두 번의 수능고사가 치러졌다. 그리고 두 번 모두 적중률 논란이 벌어졌다. 이 쯤 되면, "또 그런다"라고 말할 수 있다.

더욱 재미있는 사실은 적중률 발표 그 자체에 있다. "수능고사에서 몇 % 적중했습니다(속말: 우리 대단하지 않습니까? 그러니 우리를 믿고 우리 말만 들으세요)."라는 표현은 주변에서 쉽게 찾아볼 수 있다. 웬만한 참고서나 문제집을 보자. EBS 수능교재가 아니어도 상관없다. 수능 대비든, 다른 국가고시 대비든 간에, 대부분의 사교육 교재는 "○○% 적중률!!"로 화려하게 표지를 장식하고 있지 않은가. 그런데 EBS도 같은 행태를 반복하고 있다. EBS의 명칭이 한국교육방송'공사'인데도 말이다.

2. 황금알을 낳는 거위, EBS 수능강의

EBS 수능강의는 2004년 2월 17일에 발표된 사교육비경감대책의 일환으로 시작되었다. 첫 방송은 2004년 4월 1일 공중파 채널과 인터넷을 통해 송출되었다. 이 사업을 위해 정부는 2004년에는 260억원, 2005년 137억원을 지원했다. 그리고 EBS는 한몫 단단히 챙겼다. <그림 3-1>은 최근 5년 동안의 EBS 당기순이익이다. 여기에서 알 수 있다시피, EBS는 2000년부터 2003년까지 순이익이 100억원을 넘지 못했으며, 그마저도 점차 줄어들고 있었다. 그런데 2004년 갑자기 180억 원을 남겼다. 바로 전년도인 2003년과 비교해보면, 44억 원의 4배가 넘는 수치이다. 경영진이 누구였는지 모르나, 대단한 수완이 아닐 수 없다.

비결이 뭘까. 불행히도 2000년이나 2003년이나 2004년 모두 크게 달라진 부분은 없다. 다만, 2004년 4월 1일부터 수능강의를 시작했을 뿐이고, 그 과정에서 단순하게 방송만 한 것이 아니라 방송교재를 함께 판매하였을 따름이다. 그리고 2004년에 교재판매액으로만 580억 원의 매출액을 기록했다. 이 중 452억 원은 공중파 방송용 교재의 매출액이며, 128억 원은 인터넷 교재이다.

그러니까 수능강의는 '황금알을 낳는 거위'였다. 580억 원을 팔고,

<그림 3-1> EBS 당기순이익

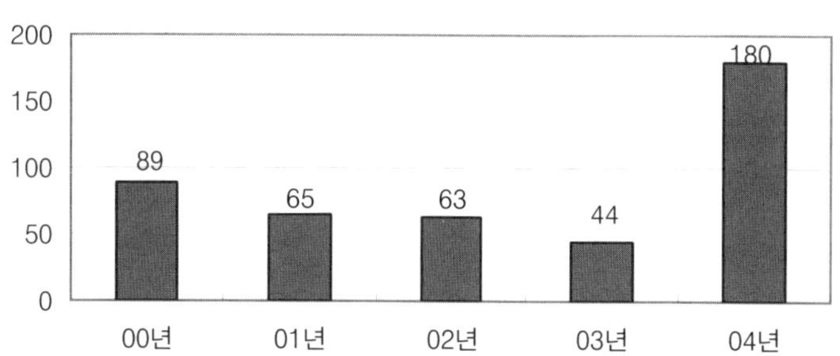

180억 원을 남기고, 별도로 정부가 397억 원을 지원하니, 이만한 장사가 어디 있겠는가. 물론 2005년 들어 EBS는 교재 단가를 줄이겠다고 발표했다. 하지만 모든 장사치들 또한 "싸요, 싸. 밑지고 파는 겁니다"라고 말해왔다. EBS 입장에서 보면, 그렇게 해서라도 장사는 계속되어야 한다.

3. EBS 수능강의 효과에 대한 평가

교육부와 EBS 왈, "사교육비는 줄었다!"

장사를 계속하기 위해서는 문을 열 때 한 약속이 지켜지고 있음을 가끔씩 확인해야 한다. EBS 수능강의는 교육부 사교육비경감대책의 일환으로 추진되었다. 즉, 사교육비를 줄이기 위해 장사가 시작되었던 것이다. 여기에 대해 교육부나 EBS는 틈만 나면 사교육비 경감이라는 목표가 실현되고 있다고 밝혀왔다. 그러면서 아래의 두 가지 자체 조사결과를 제시해왔다.

　ㅇ 1차 조사(교육부 의뢰)
- 리서치앤리서치에 의뢰. 2004년 5월 6~9일까지 전국 고교생 및 학부모 1,000명에게 실시.
- 2004년 5월 발표. 조사결과보고서 공개됨.
- EBS 수능강의 시청 후, 가구당 사교육비 평균 월 4만 7천 원 감소
　ㅇ 2차 조사(교육부 의뢰)
- 엠비존씨앤씨에 의뢰. 2004년 11월 2~9일까지 전국 고교생 및 학부모 1,000명에게 실시.
- 2004년 11월 발표. 조사결과보고서 비공개.
- EBS 수능강의 시청 후, 가구당 사교육비 평균 월 10만 9천 원 감소

두 번 조사했더니, 한 번은 매월 4만 7천 원이 줄었고, 한 번은 10만 9천 원이 감소했다는 것이다. 이것이 사실이라면, EBS 수능강의는 대성공이다. 정책 목표였던 사교육비 절감도 달성하고 있을 뿐만 아니라 앞서 말한 것처럼 수능고사 적중률도 상당하기 때문이다. 하지만 과연 그럴까.

사교육의 특성을 무시한 설문

두 차례 조사에서 사교육비의 변화에 대해 모두 똑같은 물음을 던진다. 먼저 "EBS 수능강의가 실시된 2004년 4월 1일 이전의 월평균 사교육비가 얼마입니까?"라고 질문하고, 바로 뒤이어 "4월 1일 이후의 사교육비는 얼마입니까?"라고 묻는다. 그러니까 4월 1일을 기점으로 전후의 사교육비를 알아본 후, 그 차이를 비교한 것이다. 이 결과 1차 조사에서는 4만 7천 원, 2차 조사에는 10만 9천 원이 줄어든 것으로 나왔다.

그럴싸하게 보인다. 하지만 전적으로 잘못된 방식이다. 사교육의 특성, 다시 말해 가정에서 사교육에 지출하는 패턴에 부합하지 않기 때문이다. 사교육비는 일년 내내 일정하게 지출되지 않는다. 계절변동요인이 많은 항목이라고 하는데, 사교육비는 어떤 경우에는 많이 나가고 어떤 경우에는 조금 나간다. 주로 방학이 있는 여름과 겨울에는 사교육비가 많이 드는 반면, 학기 중인 봄과 가을은 적다. 이는 자녀에게 사교육을 시키는 학부모라면 다 체험하고 있는 사실이다. 따라서 2월의 사교육비와 3월의 사교육비를 비교하면 안 된다. 그러면 어떻게 하는가. 전년도와 비교해야 한다. 즉, 4월의 사교육비라면, 2004년도 4월과 2005년도 4월을 비교해야 하는 것이다. 가끔씩 통계청에서 사교육비에 대한 조사결과를 발표하곤 하는데, 잘 들어보라. "전년 대비 어떻다"라고 말한다.

이제 교육부와 EBS의 조사로 돌아가 보자. 4월 1일 전후의 사교육비를 묻고 있다. 4월 1일이라면 1학기가 시작한지 얼마 되지 않은 시점이다. 따라서 4월 1일 이전의 사교육비에 대해서는 겨울방학 중의 사교육비로 대답할 가능성이 높으며, 4월 1일 이후의 사교육비는 학기 중의 사교육비로 응답할 여지가 많다. 하지만 4월 1일 이전의 사교육과 이후의 사교육은 다르다. 겨울방학 중에는 3~4개의 사교육을 시켰지만, 학기 중에는 몇 개를 정리할 수밖에 없기 때문이다. 당연히 사교육비는 줄어든다.

결국 교육부와 EBS가 내세우는 조사결과는 사교육비의 특성을 감안하지 않은 조사에서 도출된 결과이므로 믿을 수 없다. 그럼에도 불구하고 교육부와 EBS는 이 수치들을 여전히 제시하고 있다. 뭐, 그렇다 치자. 오죽 장사를 하고 싶었으면 그랬을까 하는 마음으로 이해하고 넘어가주자. 그런데 문제는 또 있다.

2004년 7월의 EBS 의뢰 조사: 사교육의 변화

교육부와 EBS가 자주 언급하는 조사는 2004년 5월의 리서치앤리서치 여론조사와 11월의 엠비존씨앤씨 여론조사이다. 하지만 교육부와 EBS가 의뢰·실시한 조사임에도 언급을 자제하거나 아예 자물쇠를 채운 것이 있는데, 2004년 7월의 조사와 12월에 완료된 정책연구이다.

2004년 7월의 조사는 EBS가 한길리서치에 의뢰한 것으로, 6월 29~7월 3일까지 전국의 고교생·학부모·교사·교육전문가 720명을 대상으로 하였다. 이 조사에서도 사교육비에 대해 물었는데, 앞서 언급한 조사들과는 달리 "지난 4월 1일 이후 EBS 수능방송 및 인터넷 강의를 시청한 이래 학생이 학원수강이나 과외를 받는데 변화가 있습니까?"라고 질문했다. 이에 대해 학생 255명과 학부모 196명이 응답한 수치를 나타낸 것이 <그림 3-2>다.

일단 "사교육을 줄이게 되었다"라는 요지의 보기가 3개(받지 않게 되었다, 일부 줄였다. 그대로 받지만 줄일 것 같다), "줄이지 않을 것이다"라는 보기가 1개로 균형이 맞지 않는 것은 그냥 넘어간다. 그리고 "사교육을 늘릴 것이다"라는 보기가 없는 것도 지나친다. 또한 EBS 수능강의를

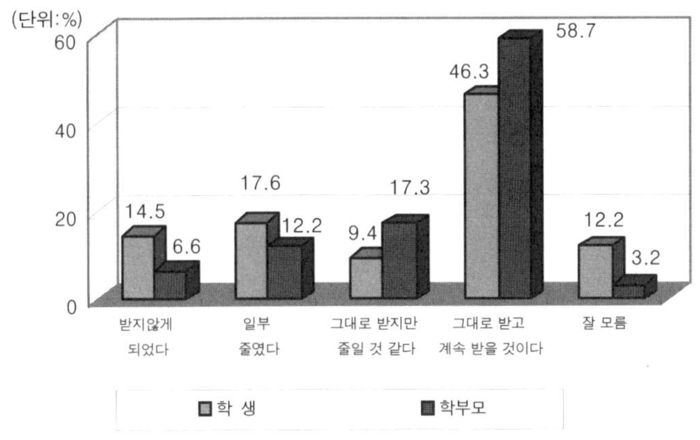

듣고 보는 사람들 위주로 조사한 것도 넘어간다. 설문지에는 설문을 만드는 사람의 의도가 녹아있기 마련이므로 민감하게 반응하지 말고 "그런가 보다"하고 이해해주고, 결과만 보자. "사교육을 줄였다"라고 응답한 학생은 32.1%이고, 학부모는 18.8%이다(받지 않게 되었다 + 일부 줄였다). "그대로 받지만 줄일 것 같다"라는 응답도 사교육 감소에 포함시키면, 학생은 41.5%, 학부모는 36.1%이다. 그런데 이에 반해 학생의 46.3%와 학부모의 58.7%가 "(사교육을) 그대로 받고 계속 받을 것이다"라고 응답했다.

이 결과를 어떻게 봐야 할까? 학생의 32.1%와 학부모의 18.8%가 사교육을 받지 않게 되었거나 일부 줄였으므로, 효과 있다고 봐야 하는가? 아니면 학생 46.3%와 학부모 58.7%가 사교육을 계속 받을 것이라고 했으므로, 효과 없다고 봐야 하는가?

여기서 염두에 두어야 할 것은 EBS 수능강의의 존재이다. 질문에는 학원수강이나 과외만 있다. 따라서 만약 학원수강이나 과외를 줄이는 대신 EBS 수능강의를 본다고 하더라도 "학원수강이나 과외가 줄었다"라고 답변할 수밖에 없다. 비용 또한 마찬가지이다. 학원비나 과외비를 줄이는 대신 EBS 수능교재 구입비 등이 지출되었다 하더라도 학원비나 과외비는 감소한 것이 된다. 이렇게 보면, 사교육을 그대로 받고 있는 46.3%의 학생과 58.7%의 학부모는 또 하나의 부담을 짊어진 격이 된다. 한편에서는 학원수강이나 과외는 여전히 받고 있고, 또 다른 한편에서는 EBS 수능을 봐야 하기 때문이다. 그런 만큼 EBS 수능강의로 인해 사교육이 감소했다고 단정 지을 수 없다.

34만 원 - 32만 원 - 2만 원 = ?

한편, 교육부나 EBS가 잠깐 발표했다가 어느 순간부터 아예 언급조차 하고 있지 않은 조사가 있다. 2004년 11월에 실시한 조사가 그것인데, 이것은 단순한 여론조사가 아니었다. 교육부가 연구비를 대고 2004년 12월에 완료된 정책 연구의 한 부분으로, 이 연구는 <e-learning 활성화를 통한 EBS 수능강의 사업의 중장기 발전방안 연구>라는 거창한 제목을 달고 있다. 제목에서 풍기고 있는 바, 연구는 EBS 수능강의의 단기적 성과 및 문제점을 점검하고 중장기적인 발전 방향의 모색을 목적으로 하였다. 이 때 '단기적'이라는 의미는 EBS 수능강의의 한 사이클이 지나갔다는 것을 말한다. 즉, EBS 수능강의는 2004년 4월 1일에 시작되었는데, 2004년 11월 17일에 수능고사가 실시되었으므로 맡은 임무를 한 차례 수행하였다는 것이다. 그러므로 정책연구는 한 사이클을 평가하고 다음 싸이클을 준비하는 성격이 강했다.

그런 연구인만큼, 다른 여론조사보다 방대하고 꼼꼼하게 조사가 진행되었다. 1000명 규모의 다른 조사와 달리 이 연구에서는 전국의 고3 학생, 학부모, 교사 7000명을 대상으로 2004년 11월에 조사가 이루어졌다. 사교육비의 변화와 관련하여서는 이렇게 질문했다.

<표 3-1> 월평균 사교육비

구 분	답변자 수	금액(평균)
EBS 수능강의 이전(4월 이전) 사교육비	2,611명	34.57만원
EBS 수능강의 이후(4월 이후) 사교육비	2,462명	32.62만원
EBS 수능강의 교재(4월 이후) 총 비용	3,478명	16.47만원

"EBS 수능강의 이전 월평균 사교육비는 얼마입니까?"

"EBS 수능강의 이후 월평균 사교육비는 얼마입니까?"(EBS 수능 교재구입비 제외)

"EBS 수능강의 이후 총 EBS 교재구입 비용은 얼마입니까?"

질문의 표현에서 알 수 있다시피, 사교육비 조사에서 EBS 수능 교재구입비는 제외된다. 그리고 교재구입비가 별도로 조사된다. 학생과 학부모의 응답을 정리한 것이 <표 3-1>이다.

결과를 놓고 보면, 사교육비는 약 2만 원 정도(34.57만 원 - 32.62만 원) 줄었다. 그런데 별도의 EBS 교재구입비가 약 16만 원이다. 그러면 어떻게 되는가. 16만 원은 총 구입비이다. 그러니까 EBS 수능강의가 시작된 4월부터 조사가 이루어진 11월까지 8개월 동안 16만 원어치 교재를 산 것이다. 매월 2만 원이 지출된 것이다. 그렇다면 계산이 나온다. EBS 수능강의 이전 사교육비 36만 원에서 EBS 수능강의 이후 사교육비를 빼면 2만 원이 남고, 따로 매월 2만원어치 EBS 수능강의 교재를 샀으니, 남은 돈은 0원이다.

따라서 이렇게 정리할 수 있다. EBS 수능강의로 인해 사교육비가 일부 줄어든 것처럼 보인다. 하지만 그만큼 EBS 교재를 구입하는데 썼다. 즉, 기존의 사교육이 'EBS 수능강의'라는 새로운 사교육으로 대체된 것에 불과하다.

그래서인지 EBS 수능강의의 사교육비 절감 효과에 대해 부정적인

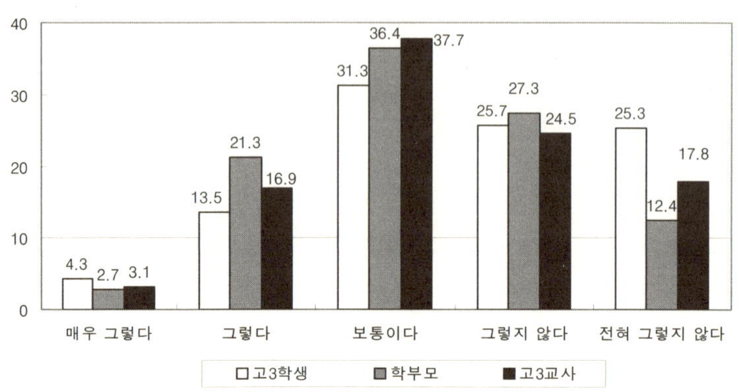

견해가 지배적이었다. EBS 수능강의의 사교육비 절감효과와 관련하여 고3 학생, 학부모, 고3 지도교사들은 다음과 같이 답변했다. 그림에서 볼 수 있다시피, '매우 그렇다'나 '그렇다'라는 긍정적인 답변보다 '그렇지 않다'와 '전혀 그렇지 않다'라는 부정적인 답변이 월등하다. 이는 고3 학생, 학부모, 고3 지도교사들 모두에게도 공통된다.

그럼, 적중률(또는 반영률)은 얼마일까

또한 EBS 수능강의의 내용이 2005학년도 수능고사(2004년 11월 17일 실시)에 얼마나 반영되었는지 물어봤다. 고3 학생 3,968명과 고3 지도교사 1,032명은 각각 31.61%와 41.14%라고 대답했다. 교육부가 397억 원을 지원한 EBS가 80% 이상이라고 밝힌 반면, 교육부가 약 3,000만 원의 연구비를 댄 정책연구에서는 30~40%로 나온 것이다. 정책연구 결과보고서가 비공개인 것을 보면, 교육부는 아마도 들인 돈이 많은 쪽의 손을 들어주고 있지 않은가 여겨진다.

그러면 EBS 수능강의는 과연 수능고사 준비에 도움이 되었을까? 이에

<그림 3-4> 수능시험 도움 정도

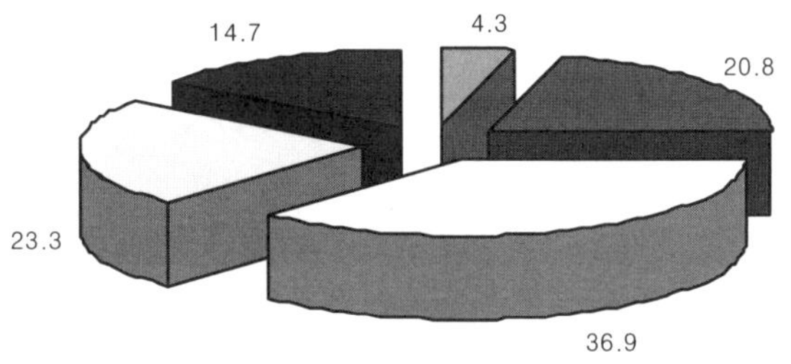

대해 3,756명의 학생들이 답했다. 결과를 보면, 많이 도움 되었거나 조금 도움 되었다는 학생은 25.1%인데 반해, 도움이 되지 않았거나 전혀 도움 되지 않았다는 학생은 38.0%였다. 그러니까 도움 되지 않았다는 학생이 많은 것이다.

그런데도 학생들은 왜 EBS 수능강의를 봐왔을까? 사교육비 경감에도, 수능준비에도 별 도움이 되지 않았는데도 어떤 이유로 봐야만 했을까? 이에 대해 학생 59.4%, 교사 75.6%, 학부모의 46.8%는 "수능시험의 높은 출제 가능성"이라고 답했으며, 이 수치는 다른 이유들에 비해 월등했다.

결국, EBS 수능강의를 평가하는 성격의 정책연구(2004년 12월 완료, 교육부 발주)가 의미하는 것은 이렇다. 첫째, EBS 수능강의는 목표로 내세웠던 '사교육비 경감'에 실패했다. 둘째, EBS 수능강의의 반영률은 EBS의 공언과는 달리 30~40% 정도였으며, 실제 수능고사를 준비하는 데에도 크게 도움 되지 않았다. 셋째, 사교육비 경감이나 수능고사 준비에 도움 되지 않았음에도 불구하고, 학생이나 학부모가 EBS 수능강의를 봐왔던 이유는 수능고사에 출제가 많이 된다고 교육부가 밝혀왔기 때문이다. 이럴 때 울며 겨자 먹기라고 부른다.

하지만 EBS 수능강의라는 장사는 계속 되어야 한다. 적어도 교육부나 EBS는 그렇게 믿고 있다. 그 때문인지 몰라도, 정책연구 결과보고서는 발표·공개되지 않고 있다. 심지어 교육학을 연구하는 학자들이 요구해도 주지 않는다. 어디에 숨어 있을까? 캐비닛일까? 책상 서랍일까? 몇 백억 원을 남기는 장사라서 구미에 당기긴 하나, 그래도 이렇게 해야 할까? 그리고 과연 EBS는 공공성을 추구하는 '공사'일까, 아니면 교재 판매 등으로 이익을 챙기고자 하는 사교육기관일까?

4. 사교육비 절감을 위한 두 가지 근본 처방

EBS 수능강의는 사교육비 경감을 위해 탄생했다. 하지만 EBS 수능강의로 사교육비가 줄어들지는 않는다. 하긴 정부가 나서서 사교육을 시킨다고 해서 사교육비가 줄어들겠는가. 만약 그랬다면, 사교육 열풍은 벌써 잡을 수 있었을 것이다. 정부가 실시하는 사교육은 단지 기존의 사교육을 대체할 뿐이다. 그러므로 사교육비는 감소하지 않는다. 이는 정책을 입안하고 실시하고 있는 교육부도 인정하고 있는 사안이다. 그래서 정책 시행 초기에 교육부총리가 나서서 '임시방편'이라고 누차 강조해왔다. 그런 만큼 근본적인 처방과 병행되어야 한다. 그렇다면 근본 처방은 무엇일까. 여기에는 두 가지 길이 있다.

흔히 공교육이 부실해서 사교육이 번창한다고들 한다. 그런 만큼, 공교육을 정상화하여 사교육을 잡자고 외친다. 하지만 얼핏 맞는 것처럼 보이는 이 말은 틀렸다. 만약 공교육이 정상화되어 괜찮은 교육을 받는다고 치자. 그러면 사교육을 시키지 않겠는가. 아니다. 그래도 시킨다. 곰곰이 사교육을 시키거나 받는 이유를 생각해보자. 공교육이 미덥지 못해서 그런가, 아니면 대학가고 싶어서 그런가. 사실은 대학가고 싶어서 사교육을 찾는다. 이처럼 공교육을 믿지 못하겠다는 지적은 합리화에 지나지 않는다. 즉, 공교육의 오늘과 사교육은 직접적인 관련이 없다.

사교육은 대학가고자 하는 욕구가 표현된 것이다. 그리고 대학은 잘 살아보자는 욕구가 찾은 해답이다. 즉, 사회에서 잘 살기 위해서나 남들보다 뒤쳐지지 않으려면 대학을 가야하고, 대학을 가기 위해서는 사교육을 받아야 하는 것이다. 물론 이 때 남은 중요하지 않다. 오히려 남은 뛰어넘어야 할 적이다. 그래서 친구도 없다.

그런데 중요한 것이 빠졌다. 대학에 가야 한다는 말이 잘못된 것이다. 또한 '대입경쟁'이라는 표현 또한 잘못되었다. 만약 대학 진학이 목표라면, 지금은 사교육이 필요 없다. 전국의 대학을 모두 합하면 매년 65만 명이 입학할 수 있는데, 수험생은 60만 명이다. 따라서 대입 경쟁률이 1:1이 되지 않는다. 그러므로 아무나 원하면 대학에 갈 수 있다. 당연히 사교육은 필요 없다. 하지만 경쟁은 여전히 치열하고 사교육은 계속 번창하고 있다. 이유가 뭘까. 비밀은 대학서열화에 있다. 수험생 60만명은 아무 대학이나 들어가고 싶어 하지 않는다. 이들이 원하는 대학은 서울대나 연고대, 아니면 서울 소재 상위권 대학이며, 그 중에서도 특정 학과를 희망한다. 이들이 원하는 문은 65만이 아니다. 적으면 400이고, 많아야 2만이다. 그러니 경쟁률 또한 약 0.9 대 1이 아니다. 물론 일명 SKY(서울대, 고대, 연대)의 특정 학과를 희망하는 이유는 간단하다. 앞으로 안정적으로 잘 살아야 하기 때문이다.

승천할 수 있는 기회는 적으면 400 많으면 2만인데, 승천하고자 하는 사람은 60만이다. 당연히 60만 모두 승천할 수 없다. 그러니 누군가를 눌러야 한다. 내가 승천하기 위해서는 남을 밟아야 한다. 그러자면 뭔가 특별한 필살기가 있어야 하며, 나만 가지고 있어야 한다. 그런데 학교가 필살기를 줄 수 있을까. 학교가 필살기를 주면 나에게만 주는 것은 아니다.

내가 눌러야 할 남에게도 준다. 학교는 공교육 아닌가. 이렇게 모두가 갖는 거라면, 그게 무슨 필살기인가. 공교육이 정상화된다 하더라도 학교가 주는 것은 필살기가 될 수 없다. 이런 연유로 사교육을 찾는다. 나만이 받을 수 있는 사교육에서 필살기를 연마해야 하는 것이다.

이런데도 교육열을 줄이기 위해 의식개혁하자고 떠드는 소위 학자들과 언론은 뭘 몰라도 한참 모른다. 아니, 어쩌면 이들은 이미 자신만의 필살기를 가지고 있기에 '가진 자의 여유'를 부리는 것인지도 모른다. 중요한 것은 의식개혁이 아니다. 잘 살기 위한 노력인데, 의식을 어떻게 개혁하자는 것인가. 잘 살지 않아도 된다는 의식을 가지자는 것인가. 중요한 것은 경쟁률이다. 대학입학 경쟁률이 아니라 승천 경쟁률이다. 그러니까 경쟁률을 완화해야 하는 것이다.

여기에 두 가지 방법이 있다. 하나는 문을 넓히는 것이다. 적으면 400, 많으면 2만인 문을 10만이나 20만이 되도록 넓히면 경쟁률은 줄어든다. 이 맥락에서 국공립대통합네트워크나 대학평준화라는 개념이 등장한다. 물론 여기에도 약점은 있다. 승천의 최종 목적지는 잘 사는 것인데, 사회에서 잘 사는 사람이 소수이고 나머지는 아등바등 힘겹게 산다면, 또한 학력이나 학벌만이 잘사는 사람들 틈에 끼일 수 있는 절대반지라면, 국공립대통합네트워크나 대학평준화는 학력 인플레이션이라는 뜻하지 않는 결과를 초래할 수 있다. 그러므로 최대한으로는 사회를 평등하게 만들어야 하며, 최소한으로는 학력이나 학벌이 사회에서 유통되는 것을 막아야 한다. 그래서 어쩌면 학교 담장 밖으로 개인정보가 나가지 못하도록 해야 할지도 모른다.

두 번째 방식은 승천하고자 하는 60만을 줄이면 된다. 60만의 학생을 어떻게 줄일까. 아이를 지금부터 낳지 말까. 아니다. 방법은 간단하다. 고등학교 3학년 때의 숫자만 줄이면 된다. 그러자면 어릴 때부터 철저하게 서열화된 교육을 시켜야 한다. 초등학교에 60만 명이 입학하여도

일류 중학교에는 30만 명만 넣어야 하고, 명문 고등학교에는 10만 명만 진학시켜야 한다. 아니 숫자는 적으면 적을수록 좋다. 물론 서열은 학교와 학교 사이에만 존재하지 않는다. 학교 안의 반 편성 과정에서도 서열을 둘 수 있으며, 수업 중에도 서열을 둘 수 있다. 그렇게 해서 될 성 싶은 나무는 어릴 때부터 엘리트 코스를 밟게 하고, 나머지는 알아서 대충 졸업이나 하라고 하면 된다. 뭐 상관없지 않은가. 사회엔 계급과 서열과 차별이 존재하고, 냉혹한 것이니까 말이다. 물론 여기에도 약점은 있다. 한편으로는 불평등이라는 비난을 어떻게 무마할 것인가 또는 어릴 때부터 불평등이나 차별을 어떻게 내면화시킬 것인가 라는 문제가 있으며, 또 다른 한편으로는 "자녀의 성적은 가정의 사회경제적 지위에 의해 좌우된다"는 교육학의 상식, 다시 말해 잘 사는 집 아이일수록 공부 잘할 확률이 높다는 점을 어떻게 비켜갈 수 있는가 라는 문제가 있다. 이때의 답은 그동안의 학교교육이 해왔던 의식개혁으로, '다 내 탓이야'와 '분수에 맞게 살자'를 받아들이게 하면 된다. 아니면 적절한 당근과 채찍으로 조용하게 만들면 된다. 역차별이라는 답이 있기는 한데, 이 흐름과는 배치되므로 쓸 수 없다.

2004년 2월 17일 EBS 수능강의가 포함된 사교육비 경감대책을 발표하면서 교육부는 수준별 보충수업 등을 제시하였고, 틈틈이 자립형 사립고나 교육개방의 필요성을 역설해왔다. 여기에 많은 정치권, 경제계, 언론 등이 호응했다. 물론 이 방법은 사교육비 절감의 두 가지 근본 처방 중 후자에 속하는 것이다.

어쩌면 선택의 시간이 다가온 것일지도 모른다. 아니 단순한 선택이 아니라 옳고 그름의 문제일지도 모른다. 자, 무엇을 택할 것인가? 무엇이 옳은가? 또는 공교육이나 사교육을 바라보는 것처럼 따져보자. 무엇이 당신에게 유리한가?

제4장

교원평가

학부모를 볼모로 한 사기극

하병수

1. 머리말

2005년 상반기 일진회와 내신등급제로 뜨거워진 교육문제 열기는 하반기에 들어 교원평가문제로 좀처럼 식을 줄 모른다. 사실 교원평가는 안병영 전 교육부장관이 사교육비경감대책으로 던져 놓은 것을 김진표 장관이 줍고 있는 셈이다. "교원들만 반대 한다" "국민의 80%가 찬성하고 있다"며 출처도 불분명한 언저리 여론조사와 정서적 분위기만 믿고 교육부가 교원평가제를 강하게 밀어붙이는 이유는 과연 무엇일까?

새로운 교원평가제기의 역사를 거슬러 가면, 95년 5·31교육개혁안에서 출발한다. "수요자중심교육"이라는 슬로를 내걸고 공교육시스템을 친시장 시스템으로 바꾸자는 것이 5·31교육개혁안의 핵심이다. 학교정책은 자립형사립고, 특목고 추진 등 반평준화 정책으로, 교육과정은 7차교육과정이라는 새 교육과정을 제시하며 봉건적 잔재인 우·열반을 합법화시키고, 학력 높이기를 명분으로 전국단위학업성취도 등 획일적인 평가를 확산시키고, 교원은 철밥통을 깨서 노동을 유연화시켜 신분 불안, 노동 강도를 높이는 것이 경쟁력 있는 교사를 키울 수 있는 것처럼 선전했던 것이 5·31교육개혁안의 주요내용이다. 이러한 경쟁논리에 입각한 교육개혁안을 만든 장본인들이 박세일 등 경제학자들이다. 경쟁력이라는 말에 길들여진 사람들에게 이러한 청사진은 봉건적 냄새가 배어있는 우리의 학교 모습에 비춰보았을 때, 진일보한 것으로 느껴질 수도 있겠다. 하지만, 5·31교육개혁이 실천되고 어느덧 10년이 지난 현재, 교육문제는 더욱 악화되고 있다. 사교육이 포함된 우리나라 교육비가 GDP 12%로 추정될 정도로 낭비되고 있고, 전기가 끊겨도 자식의 사교육비는 지출하면서까지 성공을 바라지만 대다수의 학생들이 실패자로 내몰리는 것이 현실이다. 공교육이 사회를 평등하게 만드는 것이 아니라 오히려 불평등을 고착화시키고 있다. 이것이 공교육의 친시장화의 결과이다.

교원평가를 교사자율에 맡기지 않고 정부차원에서 제도화하는 것은 그것이 목적하는 바가 분명하기 때문이다. 그것은 교원경쟁력을 높이기 위한 방편이라는 미명하에 교원능력을 수치화시키고 교사 간에 경쟁을 유도하는 것이다. 이러한 방식은 국가의 교육목표를 실현하기 위해 적은 예산이지만 더욱 강하게 교사노동에 대한 통제를 가능하게 한다. 공교육의 본질을 완전히 떠나 교육시장화를 더욱 앞당기기 위한 발판이 교원평가제다. 이런 목적을 정부는 애써 감추고 각종 보수언론과 보수단체를 총동원해 학부모들의 왜곡된 정서를 더욱 부채질하고 있다.

2. 교원평가제를 위한 총동원령

1) 관제 연구소 및 학회 동원

교육부는 2005년 교원평가방안을 마련하기 위해 한국교육개발원뿐만 아니라 교육관련 학회를 총동원시켰다. 이미 교육부의 프로젝트에 기생

하는 그들로써는 교육부의 주문에 자유로울 수 없다. 한국교육개발원은 교육부의 위탁으로 2003년 교장승진제도 개선 사업(약 2억 원짜리 위탁사업)을 진행하면서 새 교원평가제도입을 유도했다가 2004년 상반기 전교조의 공청회 저지로 차질을 빚기도 했으며 교육부는 2004년 하반기 교육학회, 교육평가학회, 교원교육학회 등 대표적인 교육 관련 학회를 동원해 4개월짜리 단기간 프로젝트비로 수천만 원을 제공하기도 했다. 이와 같은 사업과 프로젝트에 동원된 학자들이 교원평가 찬성 담론을 만들어내는 행동대원들이다. 학자로서의 일말의 양심이 있는 사람들이라면, 교원평가에 대한 자기연구나 깊은 성찰이 있어야 하는데 말이다.

연구용역을 떠맡은 사람들 또한 스스로를 교육학자라 칭하면서 교원평가가 주는 교육 통제적 성격과 수치화가 안고 있는 치명적 오류를 도외시한 채 교육부 관료들의 봉건적 발상과 발맞추고 있다. 그렇다 보니 관념속에 사로잡혀 시뮬레이션조차 제대로 그려내지 못한 채 외국자료 베끼기에 그치고 있다. 일본식 부적격교원퇴출방안과 영·미식 체크리스트 방식 및 교원평가관리기구 구성, 경쟁에 기초한 평가방식 등 이미 사형선고를 받은 외국의 실적위주의 교원평가방식체제를 그대로 답습하고 있다.

오래전부터 교사 간 실적경쟁체제를 요구해왔던 경제학자와 보수적 교육학자를 전면에 등장시키면서 단기간에 외국자료 재구성하기의 전형을 보여준 것이다. 그렇다 보니 외국 교원평가는 소개하면서 그것이 학교교육의 질을 어떻게 왜곡시켰는지 등 학교현장에 대한 임상적 평가는 전혀 제시하고 있지 못하고 있다. "외국에서 하더라"가 아니라 "했더니 어떠하더라"가 나와야 하는데 말이다.

2) 보수언론과 보수단체 동원

모처럼만에 국민 찬성이 높은 정책이라며 밀어붙이는 교원평가에 정책

당국자들은 진실을 가장한 수많은 속설을 만들어내고 있다. "교원평가 실시하면, 공교육의 질이 높아진다." "부적격 교원을 교단에서 쫓아낼 수 있다." "평가받지 않는 직업이 어디 있느냐?" 이에 물 만난 고기처럼 보수신문들이 함께 춤을 춘다. "평가거부는 밥그릇 지키기"(≪조선일보≫, 11.10), "전교조 초심으로 돌아가라"(≪중앙일보≫, 11.8), "무늬만 평가도 안 받겠다는 무능교사들"(≪동아일보≫, 11.5) 여기에 안티 전교조 세력들도 가세한다. "연가 투쟁하는 교사 퇴출시키겠다." 보수야당 한나라당까지 가세한다. "교원평가제 거부는 반교육의 상징"(한나라당 전여옥 대변인) 이렇듯 교원평가는 그 본질적인 논의가 거세된 채 색깔론과 마녀사냥의 형국으로 치달았다. 또한 한국사회에서 어느새 '전교조'는 자기 정체성을 드러내는 대명사가 되어 있다. 평준화 해체를 끝으로 공교육을 시장에 완전히 떠넘기려는 그들에게 교원평가제를 통한 교사 노동과 전교조에 대한 통제가 가장 절실한 문제임은 분명한 듯하다.

3) 학부모의 추억과 왜곡된 정서 끌어오기

어느새 교원평가는 학부모가 적극적으로 지지하고 교사는 반대하는 것으로 양분화 되어 있다. 학부모를 대표한다는 참교육학부모회와 인간교육학부모연대가 노골적으로 찬성을 표방하면서 모든 학부모가 찬성하는 것으로 선전되고 있고, 교사와의 완벽한 대립으로 몰아가고 있다. 교원평가제에 대해 많은 학부모들이 찬성하고 있다고 여긴다 하더라도 그것이 어떤 판단으로 교원평가를 찬성하고 있는지 곰곰이 따질 일이다.

'폭력·폭언·촌지교사'의 쓸쓸한 추억을 갖고 있는 우리네 학부모들은 "부도덕한 선생을 퇴출시켜라"고 주장하기 쉽다. 입시가 더욱 더 치열해지고, 사교육이 범람하고, 불신 받는 공교육의 풍조 속에 "무능한 선생을 쫓아내라!"는 이야기를 쉽게 던질 수 있다. 이것이 교원평가라는 이름으로 틀 지워질 수 있다면, 많은 학부모들이 정서적 동의를 던질 것이다. 교원은 양성되고 키워지는 것이며, 누구도 입시평가시스템에 자유로울 수 없다는 평범한 진리를 이해한다면 그 속에 허우적대는 학부모도, 시험을 앞두고 짝꿍의 노트를 숨기는 학생들도, 억압적으로 학생들을 다그치는 교사들 모두는 공동의 희생자이다. 우리들의 아련한 추억들을 규정짓고 양산해내고 있는 구조를 그냥 놔둔 채 못난 사과 골라내듯 이들을 끌어내린다고 해결될 일이 아니다. 잘못된 교육정책과 구조를 바꿔낼 때 온전히 교사, 학생, 학부모 모두가 해방될 수 있다. 교육의 기득권과 관료 그리고 얼치기 학자들로 인해 아직 한번도 정상적인 교육정책이 시도된 적이 없다. 이런 상황에서 교사가 학부모를 탓하고, 학생이 교사를 탓하고, 학부모가 교사를 탓한다고 해결될 수 있는가? 완전 헛다리 짚기다.

교육을 둘러싸고 교사-학생-학부모들의 관계에 있어서 어떤 단위가 어떤 단위를 평가하여 적절한 점수를 매겨 그에 따른 보상체계를 갖춘다는 것 자체가 이미 교육 공동체는 파괴되었다는 것을 의미한다. 평가는 평가자와 피 평가자 간의 불평등한 관계, 즉 통제를 가하는 이와 통제를 당하는 이 간의 권력관계가 형성되며, 나아가 학교 공동체, 교사-학생-학부모간의 관계조차도 권리가 아닌 권력관계로 만들 것임은 분명하다.

3. 교원평가, 확산된 이데올로기 활용하기

1) '노동시장의 불안정' 대세인가? 개혁의 대상인가?

IMF 사태 이후 사회전반적인 노동시장의 불안정은 상대적 안정성을 가진 집단을 기득권 집단으로 몰고 가는 풍조를 만들어냈다. 일명 '철밥통론'이 등장한 것이다. 너도 나도 '남의 밥그릇 깨기'가 하나의 유행이 되어 버렸다. 노동하는 사람의 관점에서 노동은 안정되어야 사명감도 가질 수 있고, 인간다운 삶을 최소한 보장받을 수 있는 것이다. 자본의 관점에서 신분보장은 이윤창출의 걸림돌로 여겨질 수 있다. 안정된 직장=철밥통=나태함의 등식은 철저히 자본이 유포한 이데올로기다. 철밥통은 모든 노동자가 생존의 조건으로 싸워야 할 목표이지 깨어져야 할 대상이 아니다. 어느새 교직을 철밥통의 상징물로 인식시키며, 깨어져야 할 대상으로 규정하고 있다. 기간제 교사와 시간강사가 담임교사가 되는 것을 부담스러워 하면서도[1] 철밥통 교직을 깨야한다는 이중적 사고는 노동의 안정성을 중시하면서도 노동시장의 불안정으로 인한 상대적 박탈감에서 비롯된 것이다.

2) '경쟁하는 자' 진정 아름다운가?

교육에 있어서 경쟁은 결코 미덕이 될 수 없다. 더구나, 우리나라의 경우 심한 경쟁이 교육의 본질을 망치고 있는 뿌리임에도 개인 간 경쟁, 학교 간 경쟁, 지역 간 경쟁, 국가 간 경쟁을 교육의 신화로 삼고 있다. 그리고 이러한 경쟁의 강조는 권리로서의 교육, 다수를 위한 교육보다 부에 바탕 한 소수를 위한 교육을 기본원리로 삼고 있다. 공교육의 존재를 총체적으로 망각한 태도다. "한 명의 천재가 백 명의 둔재를 먹여 살린다" 는 것은 영재교육의 개념에서 나왔음에도 모든 공교육의 틀을 효율성과 경쟁체제로 전환해 소수에 집중하는 교육으로 바꾸자는 말로 이데올로기

---

1) 기간제 교사와, 시간강사라고 해서 무능한 교사라는 말이 아니라, 불안정한 신분구조로 인해 가질 수밖에 없는 교육의 불안정성과 소신의 상대적 결여를 지적하는 것이다.

화 되고 있다.

교육노동뿐만 아니라 모든 노동은 지나친 경쟁에서보다 협력과 자율 속에서 보다 많은 생산성을 발휘할 수 있다. 평가하고 실적경쟁을 시키는 등 노동규제를 강화해야만 노동생산성이 높아진다는 말은 철저히 사용자의 관점에서나 가능한 것이다. 선의경쟁은 언제나 의미 있게 존재해야 하는 것이지만, 노동시장의 불안정이 당연시 되고 이를 위해 통제와 해고가 자유롭도록 평가와 경쟁을 강화되는 것은 어느 노동이든 좋은 결과를 가져오지 못한다. 사용자에 의한 노동통제가 일반화되고 왜곡된 경쟁이 아름답게 포장되어 있는 분위기에서 "교사도 평가의 성역이 될 수 없다." "무능한 교사는 퇴출되어야 한다." "경쟁력 있는 교사만 살아남아야 한다."는 말들은 확산되기가 쉬워 보인다.

4. 교육부의 사기주장

1) "교원을 평가하면 부적격 교원이 사라질 것이다."

교육부는 학부모들의 핵심요구라며 이것의 가능성을 강하게 주장하고 있다. 정부가 제기하고 있는 교원평가제는 실체가 분명한 제도이다. 교사 개인을 도마위에 놓고 교육주체가 점수를 매기는 행위다. 그 결과를 보수와 인사에 반영하든 안하든 이 자체로는 부적격교원을 선별할 수 없다. 이런 방식으로 부적격 교원을 골라내기 시작하면 부적격 교원 색출하기의 끝은 없다. 상대적으로 부족한 것처럼 보이는 사람은 늘 일상적으로 존재한다. 어디까지 색출해 낼 수 있는가? 이것을 제도화하고 법률화하는 것은 애초에 가능하지도 않다.

혹자는 교원평가제가 있으면 부적격 교원 예방 효과를 발휘할 수 있을 것이라 한다. "평가가 있으니 몸 사릴 거 아니냐?" "부적격교원이 사라질 것이다."라고 한다. 이는 빈대 잡으려다 초가삼간을 태우는 격이다. 일률적 평가기준에 자신의 교직패턴을 고정하는 것은 가장 경계해야할 모습이다. 일정한 평가틀에 교사를 가둬놓는 타율적 행위를 강화하고 성적향상 등 금방 드러나는 결과를 중시하고, 눈에 쉽게 보이는 표면화된 태도를 중심으로 평가를 할 수밖에 없다.[2]

그리고 현재의 근무평정 등 각종 평정제도에서 경험했듯이 대개 '부적격 교원'은 끈질기게 살아남고 오히려 양심적 교원에게는 재앙을 안겨주는 것으로 귀결될 것이 자명하다.

평가와 상관없는 별도의 퇴출구조를 마련하자고 주장하기도 하다. 학교장이나 민원에 의해 퇴출시키자는 주장은 너무나 터무니없다. 이것은 정상적인 교육행위에 심대한 해를 끼칠 것이라는 것은 너무도 쉽게 예상될 수 있다. 일본의 경우, 군국주의를 반대하고 관료주의에 대항하는 양심적 교원들이 주로 '부적격 교원'으로 지목되었다. 당장에 연가투쟁을 하는 교원을 퇴출시키겠다는 안티 전교조단체들을 보면 모르겠는가? 영국의 경우, 담당학생의 성적이 낮은 교사가 주로 '부적격 교원'으로

---

2) E-Lawler는 개별평가방식은 극히 예외적인 상황에 제한하지 않으면 무리함이 있다고 주장했다. 예외적인 상황은 다음과 같다. 첫째, '직무내용'이 지극히 단순하여 명확히 규정되며 용이하게 평가 가능한 것이고(예를 들면, 제품이 완성되어 높게 판매하는 일) 둘째, '조직의 성격'이 노동자의 자유재량과 협동을 필요로 하지 않는 경우다. 이것은 분명히 공교육에 있어 교사의 직무와 학교조직에 있어 온전한 것은 아니다. 미국 교육계에서는 새롭게 도입한 외적기준에 의한 능력평가가 다음과 같은 점에서 의문을 낳는다고 진단한다. 첫째, 교사의 전문성이 지적으로 복잡하고 다면적인 것이라면 일률적인 기준에 의해 교사의 전문적 역량과 실천의 질을 높이는 것은 용이하지는 않다. 둘째, 교사의 전문성을 기술주의적, 타율적으로 붙잡는 경향을 표시하는 것으로 결과적으로 교원평가를 통하여 교육실천통제의 가능성을 확대하는 일이 되는 것이다.

지목되는데 입시교육이 판치는 작금의 상황을 모른단 말인가? 교수 재임용제 또한 진보적인 교수들이 피해를 보고 있는 상황은 어떻게 설명할 것인가?

조직의 구성원을 잘라낼 때에는 합리적 기준과 절차가 마련되어야 한다. 기준은 사회적 합의를 통해 명확하게 표현되어야 하며, 절차는 엄격해야 한다. 학교의 경우는 교직원회, 학생회, 학부모회 등 공적인 조직의 집단적 소통을 통해 제기되어야 하며, 이에 대한 법률적 판단이 가능한 기구와 구제기구가 준비되어야 한다. 현재 결여된 것은 부적격교원을 양산하고 있는 관료체제와 비리사학, 그리고 부실하기 짝이 없는 교원양성구조에 일차적 개선이 필요하며, 학교 내 민주적 소통구조가 가능하도록 교직원회, 학생회, 학부모의 역할과 권리를 법으로 보장해주어야 한다. 이것이 아니면, 교직사회는 서로를 상처내고 교육의 소신을 사라지게 만들 것이다.

2) "교원을 평가하면 공교육의 질이 높아질 것이다."

어느 나라든 공교육의 질을 평가하는 일반적 잣대가 있다. 교원 1인당 학생수 등 교육환경에 대한 국가투자에 맞춰져 있다. 과밀학급과 GDP 4%대에 머물고 있는 한국교육의 질은 OECD 기준으로 볼 때 최하위다. 19세기 교육환경 속에 교원평가가 교육의 질을 높일 수 있다는 것은 일반화된 잣대를 왜곡하는 셈이다.

물론 교사의 질이 공교육의 질과 무관하지는 않다. 교사의 질을 통한 공교육의 질을 확보하고자 하는 것은 국가차원에서도 당연히 필요한 노력이다. 교사의 질을 규정하는 것이 교사를 전문적으로 양성해서 임용하는 것, 교사의 전문성을 계속 유지 발전시킬 수 있는 연수체제를 마련하는 것임은 일반화된 상식이다. 이러한 접근이 거세되고 평가를 들이미는 것은 교사의 질을 양성과 연수에서 찾기보다 통제와 경쟁방식에서 찾고자 하는 데서 비롯된 것이다.

더구나 우리나라의 경우 입시경쟁 하에서 '공교육의 질'은 오로지 상급학교 진학성적으로 평가되고 있는 상황이다. 그렇다 보니 입시학원과 학교, 학원 강사와 교원을 단순 비교하는 경향이 높아지고 있음이 작금의 현실이다. 교사의 질에 대한 평가는 입시를 중심에 놓게 되거나, 저마다의 잣대로 교사를 통제하려는 마음에서 시작된다. 이것은 교사의 질을 높이기보다 잣대를 쥔 자들의 목적에 맞게 교사의 행위를 틀지어 통제하려는 속성에서 비롯된다.

외국의 어떤 사례도 교원평가로 교육의 질이 높아졌다는 보고는 없다. 국가와 국민이 학업성취도를 높이고 싶다고 교원을 평가하겠다는 정도다. 이런 경우 영국의 경우 학교교육의 부작용을 양산해내고 있다. 평가 부담을 우려하여 '점수 올려주기', '쉽게 출제하기', '문제 알려주기', '공부 못하는 학생 결석시키기' 등 편법이 만연하게 되어 공교육 전반을 왜곡시키고 있다. 국가적으로 학생들의 학업성취도 점수가 올라갔다 하더라도 그것은 교사의 질이 높아져서 그렇다 보다 교사노동을 점수높이기에 맞춰 통제한 결과라 볼 수 있다. 영국의 이러한 왜곡된 방향이 교원의 이직률을 높이게 되고 중동/아프리카계 등 제3국에서 교원을 충당하게 만들고 있다.

3) "평가가 대세다"

수십 개의 평가지표로 나열된 체크리스트로 노동의 일거수일투족을 틀지워 평가하는 곳이 어디인가? 교수평가제는 비판적인 교수를 길들이기 위한 수단으로 전락, 득보다 실이 많았다. 교원평가가 제도화 된 나라는 많지 않다. 우리나라에서는 영국, 미국, 일본이 하면 다하는 것으로 여겨지기도 한다. 미국 대다수 주는 이전의 경쟁적 방식의 평가체제를 중단했으며, 영국은 공교육피해가 막심하다. 일본은 사회전반의 우경화가 교육을 지배하고 있으며 이시하라 도쿄도시장 등이 우익교과서 채택과 교원평가제 등에 강한 의욕을 보여 왔다.

평가에 대한 본질적 접근도 사장된 채 그저 평가만 받으면 상황이 나아질 것이라는 판단은 어디에서 비롯된 것일까? 온 나라가 수능, 내신 등 잘못된 평가체제에 시름하고 있음에도 수치화된 평가를 맹신하고 있는 상황이 안타까울 뿐이다. 자기성찰의 계기에 불과한 평가가 어느새 인간을 선별하고 분별하여 등급을 매기고 대다수를 실패자로 내모는 무기가 되어 있음을 안다면 설사 평가가 대세라 하더라도 평가만능주의가 가져오는 폐해쯤은 곱씹어 따져볼 일이다. 현재와 같이 수치화되고 서열화시키는 평가나 입시평가, 실적만을 중시하는 평가는 사라져야 더 좋은 일이다.

유한 킴벌리 기업의 경우 노동생산성을 노동자교육(교육의 90%를 차지하는 교양교육을 통해 상상력과 노동의욕을 높인다)을 통해 담보한다. 경쟁을 통한 실적경쟁만이 노동생산성을 높여줄 것이라는 것은 생산액 절감과 노동통제를 노린 자본의 논리일 뿐이다.

5. 교원평가를 도입하려는 교육부의 진정한 목적

1) 보수와 인사의 차별화를 통한 교사경쟁구조 마련

영·미·일 정부도 그랬고, 현재 교육부와 시장주의 학자들이 노리는 교원평가 도입의 목적은 과연 무엇일까? "보수와 인사에 반영하지 않고 자기반성의 계기로만 삼겠다는데 왜 반대하는가?" "외국은 보수와 인사에 반영하지만 우리는 하지 않겠다." "퇴출자료로 활용하지 않겠다." "교사들을 통제하려는 것이 아니다." 교육부가 교원들을 설득하기 위해 자주 쓰는 말들이다. 역으로 교원평가가 어떻게 활용될 수 있는지를 스스로 고백하는 표현이기도 하다. 이미 교원평가의 제도화가 의미하는 것은 수치화와 계량화다. 교원평가를 교사와 학교의 자발적인 비판과 소통으로 보지 못하고 틀 지워 제도화하겠다는 것은 그것의 목적이 "자기반성의 계기"로 삼겠다는 목표를 매우 구차하게 만든다.

더구나 새 교원평가의 기원이 되고 있는 5·31교육개혁안은 교원인사 시스템의 전면적 개편 속에 교원평가를 제기했고, 새 교원평가를 제기하고 주장해왔던 학자와 정책입안자들 입에서 성과급과 인사, 퇴출 등 교원의 경쟁력을 강화할 수 있는 수단으로 교원평가들을 제기해온 역사적 과정이 존재한다. 아무리 아름답게 교원평가를 바라보려고 해도 그건 눈 가리고 아웅일 뿐이다. 눈앞에서 초가삼간이 불타고 있는데 "저 불은 빈대를 잡기 위한 공익적 차원의 행위야"라고 포장할 수 있는가 말이다. 이미 제도화와 수치화된 교원평가는 그 실체가 분명한 것이다.

시범학교가 끝나고 교원평가가 제도화 단계로 본격화되면, 정책입안자 스스로 고백할 것이다. "평가결과를 자기반성의 계기로만 활용하다보니 교원평가가 형식적으로 흐르게 되고 유명무실한 정책으로 될 소지가 많다." 이에 질세라 조·중·동을 비롯한 보수언론들은 "능력 있는 교원에게 더 많은 보수와 승진을, 무능교원에게는 낮은 보수와 퇴출을" "교원평가 이대로는 안돼, 좀 더 강력한 장치가 마련되어야" 등의 기사들을 쏘아댈 것이며, 보수단체들의 기자회견이 줄줄이 사탕으로 엮일 것이 자명하다. 교육부는 또다시 언저리 여론을 등에 업고 교원평가가 의도한 바를 서서히 드러내며, 목적한 바를 실현시킬 것이다.

2) 투자보다는 평가를 통한 교원관리

1995년 5·31교육개혁안 발표 이후 법정정원확보율은 지속적으로 감소하고 있으며 상대적으로 비정규직 교원 비율은 급속도록 확대되고 있다. 사립학교의 경우는 전체교원의 20%가 기간제, 시간강사 등 소위 비정규직 교원으로 채워지고 있다. 또한 임용률을 줄이고 정규교원의 노동활용도를 높이기 위해 2과목 이상 가르치기가 가능하도록 복수전공제, 부전공제를 확대 실시했고 2개 학교 이상 순회하며 가르치는 순회교사제를 확산시켜왔다. 현재까지 진행되어 온 일련의 교원정책들은 다분히 투자를 기피하고 교원을 관리하는 방식으로 기조가 맞춰져 있다. 남은 것은 교사들의 보수체계를 성과급체제로 전환하고 정년제 대신 계약제 등으로 전환해 전체임금총액을 축소하면서 경쟁과 실적에 기초해 교원을 통제 하는 것이다. 이것이 가능하기 위해서는 교원평가 제도화가 반드시 필요하다. 이것은 정부가 말하는 교원평가를 통한 공교육의 질 확보책이다. 공교육의 질은 투자에서 비롯된다는 상식을 완전히 뒤엎는 것이다.

3) 전교조 무력화를 통한 보수적, 시장적 교육체제로 재편

영, 미, 일이 그러했듯이 교원평가 제도화는 교원노조를 무력화시킨다. 관료적 통제의 강화가 때로는 진보적 교원의 행동을 촉발시키고 교사들 간의 단결력을 높여주기도 했다. 하지만, 교원들 간 실적경쟁의 분위기가 조성되는 순간 교원 간 단결력은 급속히 이완되며 교원노조 활동자체가 무력화되기 십상이다. 사용자인 국가와 재단 입장에서 교원평가제는 교육에 대한 직접통제를 더욱 수월하게 만들게 된다. 자본의 입장에서도 고급화된 친시장적 노동인력을 발 빠르게 공급받고, 보수기득권층 입장에서는 사회전반의 보수화와 계급재생산이 더욱 수월해진다. 젊은 층의 보수화가 빠를수록 보수정당의 재집권과 장기집권은 더욱 수월할 수 있다. 이러한 계산으로 한국사회의 보수 세력들은 교원평가에 반대하는 교원의 대표성을 전교조에 주고 전교조에 대한 마녀사냥을 즐기고 있는 것이다. 전교조를 무력화하고 제일 먼저 추진할 것이 평준화 해체를 통한 공교육체제 재편임은 쉽게 예상할 수 있는 대목이다.

6. 맺음말: 평가는 민주적인 소통구조에서 이루어지는 비판적 성찰과정이다.

　잘못한 교사행위는 언제나 비판받을 수 있다. 상황에 따라서는 쫓겨날 수 있다. 당연한 상식이다. 이것은 개인을 일상적으로 도마 위에 올려놓고 숫자 놀음하는 것과는 다른 것이다. 적어도 평가에 대한 결론을 한 개인의 판단으로 가능하게 만들어서는 안 되며, 왜곡된 관념이 존재하는 상황에서 결론이 정당화 되서는 안 된다. 학생회가 교사의 잘못된 판단과 행위에 이의제기할 수 있어야 하며, 그것이 학생들끼리 충분한 소통의 기회가 보장되는 구조가 있다면 더욱 좋다. 현재와 같은 인터넷에 글 올리기, 건의함에 쪽지 넣기 등 개인적인 차원의 접근이 아니라 교사-학생 간, 학생 간 충분히 따지고 소통할 수 있는 일상적인 생활구조를 만드는 것이 중요하다. 지금으로서는 학생회의 법적권한 부여가 가장 절실하다. 때에 따라서는 강한 조치를 요구할 수도 있어야 한다. 동료교사들 간에도 마찬가지다. 평가는 비판적 소통이다. 누가 비판적 소통을 거부할 수 있겠는가? 더욱 장려되어야 한다. 교직원회의, 학년협의, 교과협의, 개인 간 언제나 이러한 것들이 생활의 주요영역이어야 한다. 그래서 민주적인 학교구조가 중요한 것이다. 이런 것들이 무슨 교원평가냐고 한다면, 굳이 교원평가라는 말을 붙이지 않아도 된다. 흔히 비판적 소통이 충분히 보장되는 '학교 민주화'라는 통상적인 표현을 써도 좋다. "교원평가를 하지 말자는 것 아니냐"고 물으면 "그렇다"고 답하면 될 일이다. 당신들이 이야기하는 형식화된 틀에 개인을 수치화하고 평가결과에 따라 반성을 종용하는 것이 교원평가라면 그것은 존재해서는 안 되는 것이라 말해야 한다. 머릿속에는 계속 "평가를 거부하면 이기적인 사람이 되는 것이야"라는 잔상이 남아 있다면, 아마 당신은 좋은 평가를 경험하지 못한 개인의 역사를 되돌아보고 깊이 있는 성찰을 해보라고 하고 싶다. 그리고 한국사회 교육문제의 본질이 어디에 있는지 고민하는 시간을 길게 가져달라고 부탁하고 싶다.

또한 고민이 쉽지 않다면 교원평가에 한정하지 말고 평가일반에 대한 본질적인 접근을 해보는 것도 좋은 방법이라 생각된다. 특히, 학생들에 대한 평가를 다시 곰곰이 생각해 보았으면 한다. "학생들도 평가받는데 교사라고 평가를 못 받겠는가?"라고 생각한다면, 학생들을 대상으로 한 평가 또한 제자리를 찾아야 한다고 말하고 싶다. 이를 위해 다음 질문에 대한 해답을 찾아보길 바란다.

첫째, 모든 것을 수치화할 수 있는가? 수치화된 결과는 어느 정도 신뢰해야 하는가? 예로 학생들의 봉사활동, 출결 등이 내신화되는 것은 비교육적이라고 생각하시지 않는지. 봉사활동은 자발성에 근거해 기회가 다양하게 보장되어야 하며, 출결은 생활지도의 문제라고 생각하시지 않는지. 수치화된 평가는 그 사람의 일부를 참고할 수 있을 뿐이라고 생각하지 않는지.

둘째, 평가가 지향하는 것이 무엇이어야 하는가? 현재로서는 평가의 객관성과 공정성이 핵심이다. 하지만 평가의 생명은 타당성이다. 평가는 피평가자의 자기반성의 계기를 주고 성장시켜야 한다. 내용의 반영일 뿐이다. 우리나라의 경우 수능 등 평가가 내용을 규정하고 있고(평가가 아니면 아이들은 안 움직인다. 학생은 내신반영이라면 다 한다) 서열화된 평가를 핵심으로 여기고 있기 때문에 부차적인 평가요소인 객관성과 공정성이 지나치게 강조되고 있는 것이다.

셋째, 평가자체는 주관적인 속성을 가지고 있는가? 아니면 객관적 속성을 가지고 있는가? "초등학교 시험문제에 눈이 녹으면 무엇이 될까요?"라는 질문에 "봄"이라고 쓴 학생이 있다면 정답으로 인정해야 할까? 평가는 본질적으로 평가자의 주관과 피드백에 의해 이루어지는 행위이다. 평가의 수치화 맹신, 객관성과 공정성을 신격화하고, 주관적 속성이 부정되는 것 모두는 한국의 평가제도의 목적이 거의 '자기반성'이 아닌, 선별과 분리를 목적으로 하고 있기 때문이다. 선별을 중심으로 한 평가와 경쟁이 한국교육을 망치고 있는 장본인이며, 아이들에게 평가와 경쟁으로부터 좀 더 자유로운 길을 찾게 해주는 것이 교육해방의 길임을 다시 한 번 생각해보았으면 한다.

<보론> 영·미·일 교원평가 비교 분석

<표 4-1> 영·미·일·한 교원평가 비교표

	평가 주체	평가 종류	평가활용	평가 의도	평가방법	현장평가	학생학부 모참여
영국	관리자, 감독관	·표준직무설 명서에 근거한 평가 ·학업성취도 활용평가	·성과급 등 보수차등지급 ·재임용, 퇴출 등	·구조조 정수단 ·교원경 쟁과 실적을 중심으 로 한 노동통 제	·평가관리기 구에 의한 평가 ·수업참관 ·면담	·노동통제 ·정책실패 전가 ·교원팀웍파괴 ·공교육왜곡 ·평가객관성담보 불가능	
미국	관리자	·자기평가 ·팀평가 ·학업성취도 활용평가	·성과급 등 보수차등지급 ·자격갱신 및 재임용, 퇴출 등		·자기평가서 작성 ·5단계평가	·노동통제 ·정책실패 전가 ·교원팀웍파괴 ·학업성취도평가 또한 객관성, 공정성 담보 불가능 ·공교육왜곡	·수요자 논리에 따라 학생, 학부모 참여 논의중
일본	관리자	·자기평가 ·업적평가 ·지도력부족 교원평가	·인사(특별승급, 특별연수, 전직, 면직 등), 퇴출이 지배적 ·차등보수 ·자격갱신(현재추 진시도 중)		·자기평가서 작성 ·면접(교장, 교감) ·5단계평가	·노동통제 ·정책실패 전가 ·교원팀웍 파괴	·참고의 견으로 수렴
한 국 (교 육 부안)	관리자 ＋동료 ＋학생 ＋학부 모	·자기평가 ·다면평가	·특별연수 ·인사(승진, 퇴출 등 평가 정착 후 시행예정) ·차등보수(2006 ～2007년도 예상) ·자격갱신(제도정 착 후 시행예정)		·자기평가서 작성 ·면접(교장, 교감) ·평소관찰, 수업참관 ·4단계평가	·노동통제 ·정책실패 전가 ·교원팀웍파괴 ·성적중심 평가 예상, 입시교육가중 ·공교육왜곡 심화	·참고의 견인지 동등한 평가인 지 애매함

<표 4-2> 영·미·일·한의 기존평가제와 새로운 평가제 비교표

	기존 평가제	새로운 평가제
영국	· 80년 대처정부 성과급, 부적격교원퇴출의 수단으로 근평도입 시도 - 교원노조 반발로 실패	· 성과급, 부적격교원퇴출 수단 · 학교장 책임경영제와 맞물려 진행 · 학업성취, 학교평가와 맞물려 진행
미국	· 상대평가에 의한 보수차등 · 실적 중심 개별평가제	· 성과급중심 체제 유지 · 20개주 학업성취를 중심으로 교원능력평가 · 일부 주 개별평가제 폐지 팀평가제로 전환
일본	· 근평에 따라 교장, 교감 지도 조언권 부여	· 평가자인 교장, 교감에게 급여와 인사권 부여 · 교원퇴출수단 · 성과급, 자격갱신제와 연계시도
한국	· 교장, 교감 승진 시 주요수단 · 교장, 교감의 중간관리자 양산	· 성과급, 자격갱신제, 교원퇴출수단 · 다면적 노동통제수단 · 정책방향인 학업성취향상, 학교평가, 학교장책임경영제와 맞물릴 공산이 큼

<표 4-3> 일본지도력 부족 교원 판정용 체크리스트 (60항목) 중 일부항목

학습지도 (15항목)	- 년간 지도계획, 학습계획(지도안)이 엉성하여 틀린 곳이 많다. (　) - 교과서를 다 끝내지 못한다. (　) - 아동생도로부터 "선생님이 말하는 것을 잘 알아들을 수가 없다"라는 목소리가 있다. (　) - 학습지도요령(교육과정지침)에 반하거나 벗어난 지도를 하고 있다. (　) - 아동생도의 이해나 반응을 확인해 보지도 않고 일방적으로 수업을 진행하고 있다. (　) - 아동 생도와의 대화를 회피하거나 질문이나 의견 등에 답하려고 하지 않는다. (　) - 아동생도의 흥미관심을 환기하려고 하는 자세나 의욕이 부족하다. (　) - 평가결과에 대해서 아동 생도나 학부모로부터 불만이 있다. (　) - 주관적인 평가를 한다. (　)
생활지도 (13항목)	- 아동생도가 규칙이나 매너를 지키지 않는 것을 보고도 못 본체하거나 지도를 하지 않는다.(　) - 임기응변으로 지도를 하여 아동생도의 불신을 사고 있다. (　) - 아동의 문제 행동을 보고도 못 본체한다. (　) - 아동생도에게 약점을 보여 지도의 효과가 나지 않는다. (　)
대인관계 (8항목)	- 관리직이나 동료로부터의 조언이나 주의에 귀를 기울이지 않는다. (　) - 관리직에 보고, 연락, 상담을 하지 않는다. (　) - 회의에 얼토당토 않는 토를 단다. (　)
교무 (12항목)	- 제출물 등의 기한을 잘 지키지 않는다. (　) - 출석부, 지도 요록 등 표부류의 기입 처리가 부적절하다. (　) - 담당교실, 특별교실, 체육관 등의 관리가 잘 되지 않는다. (　)
복무 (12항목)	- 수업 개시 시간에 늦거나 수업을 일찍 끝내는 등 수업시간을 확보하지 않는다. (　) - 연가, 특별휴가를 빈번하게 반복한다. (　) - 단정한 옷차림이 되지 않는다(언제나 간편복 등). (　) - 관리직의 지도나 명령에 따르지 않는다. (　)

<표 4-4> 교육부가 제시하고 있는 학생용 체크리스트 (시범학교 매뉴얼)

평 가 지 표	만족도				
	매우 만족	만족	보통	불 만족	매우 불만족
수업을 시작하면서 그 시간에 배울 내용을 자세하게 알려주십니까?					
수업 준비를 많이 해 오십니까?					
목소리·빠르기는 적당한가요?					
수업내용을 이해하기 쉽도록 자세히 설명해 주십니까?					
수업 중에 학생들의 질문에 친절히 대답해 주십니까?					
수업 중에 칭찬이나 격려를 자주 해 주십니까?					
배운 내용에서 시험문제를 출제하고, 틀린 문제를 자세히 설명해 주십니까?					
우리들을 편애하지 않고 공정하게 대하십니까?					
수업중 학생을 대할 때 인격적으로 대해 주십니까?					
수업은 학생들에게 도움이 되십니까?					
수업은 재미가 있습니까?					

영·미·일의 교원평가 비교 설명

<공통점>

첫째, 신자유주의 기조가 본격화되면서 교원개혁의 수단으로 위치 지움

둘째, 성과중심의 급여제도 변화를 위한 수단으로 위치 지움

셋째, 국가차원의 학력수준 향상을 위한 노동통제수단으로 위치 지움

넷째, 교원노조 파괴

1. 교원평가 도입 흐름 비교

• 영국

대처정부의 신자유주의 교원정책 본격화 → 모든 여론매체 학교교단의 황폐화 부각, 교사=비전문직 집단으로 지위 실추 → 학교장 책임경영제 도입(책임경영제 정당화를 보조하기 위한 수단으로 학교운영위원회 도입) → 노동당 학력수준 향상을 기본교육개혁목표로 설정하고 대규적인 교원제도개혁 진행 → 교원평가제 도입 → 학교장을 중심으로 교원채용, 해고, 임금결정, 구조조정 본격화

• 일본

자민당의 신자유주의 교육정책 본격화 → 임시교육심의회(1984년 수상의 교육자문위원회)에서 적격성결여교원에 대한 다양한 조치를 제안하면서 기존의 양성, 연수 등 교사교육중심 교원 질 논의에서 교원평가를 중심으로 교원의 질 논의기조 전환 → 1995년 인사원의 능력주의 중심의 공무원 급여정책 개선 촉구 → 도쿄도 교육위원회 새로운 교원평가 도입을 급여 등의 처우에 결합하겠다는 시책 발표(타 지역 영향) → 2000년 12월 신교원평가방안 수상업무보고를 통해 공식발표(교육개혁국민회의 제2분과회에서 내용마련-사립학교재단이사장, 교수, 일본청년회의소장등 7명) → 문부과학성, 지방교육위원회 구체적 시행 → PISSA 평가결과 일본학생 학력저하 논쟁 다시 시작, 영수국 강화, 교원개혁 강화, 부적격교원 퇴출 부추김 → 교원평가 실시지역 20개 이상 확산

• 한국의 경우

> YS정부의 신자유주의 교육정책 본격화 → 대통령자문기구 교개위의 신자유주
> 의 교육개혁안 대통령업무보고를 통해 공식 발표(1995.5.31) → 언론매체를
> 통해 학교교육붕괴 담론확산, 촌지, 체벌 등 교원문제 집중부각 → 98년 교원
> 정년단축 발표 → 99년 교육부, 5·31에 기초한 교직발전종합방안 발표(새로운
> 교원평가제 도입제시) → 2000년 중앙인사위 성과급을 중심으로 공무원의 급
> 여정책 개선안 발표 → 2001년 성과급 지급을 위한 교원평가제 진행(전교조
> 성과급반납투쟁으로 축소) → 2004년 새로운교원평가제 제기(시장적, 보수적
> 인사가 중심) → 2005년 공식발표

2. 교원평가 주요특징 비교

• 영국

"작지만 강한 정부, 평가시스템 전면화"

교육과학성(영국정부)의 권한을 지방과 단위학교장에게 대폭 이양하여 (인사와 급여책정권) 정부의 역할을 축소했으나 학교간, 학생간, 교사간 경쟁시스템을 통해 통제가 한층 더 강화되었다.

평가시스템은 학교와 학생, 교원에게 직접 가해지는 방식이다. 학교평가, 학업성취도평가, 교원평가제가 그것이다. 3가지 평가는 독립적으로 진행하되 유기적으로 연관되어 있다. 전국단위 학업성취도평가를 통해 영국학생들의 학력신장을 도모하고 이 결과를 바탕으로 학교평가가 진행된다. 학업성취결과는 일간지를 통해 학교서열이 매겨진다. 학교차원에서는 학업성취도를 높인 교사를 높이 평가하게 되고 평가결과에 따라 차등적인 보수가 지급된다.

- 미국

"학업성취도 향상은 전적으로 교사의 능력에 달렸다."

많은 주에서 이미 종결시킨 논란으로는 "교사간 경쟁을 중심으로 상대 평가, 개별평가방식은 교육의 생산성을 담보할 수 없다." 이러한 논란의 종결은 많은 주에서 상대적 차등에 의한 평가방식을 폐기하는 것으로 나타났다. 하지만 성과급제와 자격갱신제를 여전히 유지시키고 있으며, 더불어 학업성취도와의 연계 등으로 상황은 더욱 악화되고 있다는 것이 교육계의 반응이다.

미국의 경우 학생들의 학업성취도와 교사의 수업을 중심으로 평가하는 곳은 콜도라도, 오하이오, 펜실베이니아 등 20개주에서 채택 시험 중이다. 교원 간 상호의존성을 무시하고, 교사들의 수업활동을 시험으로 획일화 시키는 오류를 범할 수 있다며 다음과 같은 문제 제기를 하고 있다.

"일정한 학생집단의 성취도 향상치를 한 교원의 역량 및 노력 혹은 현재의 담당교원에게 전적으로 귀속시키는 발상은 학교 및 수업현장의 특성을 무시하는 것이다. 가령, 중등학교 수업의 경우, 각 과목별로 교원이 다르며, 학생들은 물리시간을 통해 수학을 학습하고 역사시간을 통해 작문교육을 받는다. 한편, 초등학교의 경우 3학년 과정의 성취도 향상치는 2학년 과정 담당교원의 지도결과에 따라 크게 좌우 될 수 있다." "표준평가에 상당 부분 의존해 교원을 평가하는 방식은 자칫 전 교과과정을 지필고사로 평가하려는 위험에 빠질 가능성이 있다. 이러한 평가방식은 이판사판 격의 평가방식으로 내용이 아니라 특정형태의 표준화된 평가절차를 지나치게 강조하고 있으므로 포괄적이고 모범적인 교과과정을 손상시키는 결과로 이어지고 있다."

- 일본

"우수교원에게는 특별승급, 성과급을 지도력부족교원에게는 퇴출을"

도쿄도를 중심으로 확산, 평가는 교장, 교두(감), 교육장이 하고, 방식은 절대평가와 상대평가를 함께 진행. 명시적으로 절대평가는 "업적을 평가해 교원의 지도육성에 활용하기 위하여 하는 것"이고 상대평가는 "교원의 업적을 당해 직원의 급여, 승임 그 이외의 인사관리에 적절히 반영하기 위해 하는 것"이다. 크게 평가는 '자기신고서'와 '업적평가서'로 이루어진다. 자기신고서는 "교장의 학교경영 방침을 근거로 하여 교직원이 스스로 직무상의 목표를 설정하고 그 목표를 어디까지 달성하였는가를 자기평가하는 것이다"(제2조2항). 자기신고서는 일종의 1년 자기평가서인데, 이는 주체성이 강조되어야 함에도 불구하고, 인사관리의 기초 자료로 활용됨으로써, 어디까지나 관리직의 학교경영목표의 한도 내에서 행하는 것으로 제한되는 측면이 강하다.

두 번째는 업적평가다. 평가내용은 자기신고서와 마찬가지로 학습지도, 생활지도 및 진로지도, 학급경영, 특별활동 및 기타로 이루어져 있으며, S(특별히 우수함), A(우수함), B(보통), C(약간 부족함), D(부족함)의 5단계로 이루어진다. 평가결과는 "급여, 승임 그 외의 인사관리에 적절히 반영한다"로 규정되어 있으며, 성적특별승급, 정기승급의 유무, 근면수당(성과급), 지도력부족 교원지도 등에 반영하도록 제시하고 있다. 이전 근평이 교장, 교감 등은 지도조언권만을 갖고 있었지만, 새로운 업적평가제는 교장, 교감이 평가자가 되어 급여와 인사에 반영하는 철저한 관리자로서의 역할로 규정되고 있다.

일본은 자기평가와 업적평가와 함께 '지도력 부족 교원' 판정제도가 실시되고 있다. 판정용 체크리스트 60항목을 관리자가 체크하고 "학생을 적절하게 지도하지 못한 교원"을 선별해 결과를 도교육청 인사부에 신고하면, 연말에 판정회의를 열어 지도력 부족교원을 최종 판정한다. 판정을 받으면 교장과 도 교육위원회의 지도를 받게 된다. 현재 전일본교직원노조(젠쿄)의 보고에 따르면, 부적격교원으로 지목된 교사 중 상당수가 학생

조회 때, 기미가요(군국주의가요)를 제대로 부르지 않은 교사, 히노마루(일장기)를 가르치지 않는 교사 등 비판적인 노조활동가들이라고 한다. 2003년의 경우 298명이 권고연수를 받았는데, 현장에 복귀한 교사는 97명밖에 되지 않는다.

지도력 부족교원 판정제도 운영 결과

구분	대상자	연수	현장복귀	퇴직	행정처분		
					면직	강임	휴직
2000년	65	52	18	22	0	0	0
2001년	149	119	39	38	0	1	7
2002년	289	226	94	56	3	1	15
2003년	481	298	97	144	5	3	9

3. 교육현장 반응 비교

● 영국

- 평가에 따른 성과급지급은 교사들 사이의 갈등을 발생시켰다.
- 교원평가는 타율적 노동행태가 일반화시켰다. 적극적, 창의적 노동을 차단하는 결과를 가져왔다.
- 학교평가와 교사평가의 정례화는 학교와 교사에 대한 모든 자료를 통계 처리하여 비치하고 언제든지 누구에게나 공개하도록 하였다. 이를 위해서 교사는 가르치는 일 이외에도 평가받기 위한 자료작업으로 너무도 많은 일을 해야 했다.
- 차등적 예산지원을 중심으로 한 학교평가는 학교 간 격차를 심화시켰고, 비교육적인 학교 간 경쟁을 부추겼다. 학교차원에서 학생들에게 시험문제를 가르쳐주는 사태가 발생했다.

※ "교사가 떠나고 있다. 교사 헌팅에 나선 영국교육계"

최근 영국은 러시아, 아프리카, 페루 등 55개에 이르는 세계 각국에 교사모집공고를 냈다. 주5일 수업을 해야 하는데도 교사가 부족하여 영국 공립학교 중 많은 학교가 주4일 수업을 하고 있는 형편이기 때문이다. 이런 현상은 지방이나 변두리의 낙후된 지역에서 먼저 발생 하였으나, 이제는 도심지역까지 확산되고 있다. 올해 7·8월 영국 주요 신문에 의하면 1만여 건의 교사이력서를 검토 중이라 한다. 그러나 이들 중 5천 건은 팩스로 5천 건은 우편으로 접수된 것이어서, 교사자격증이나 이력서가 가짜라는 게 드러나는 경우에도 인터뷰 등을 통한 확인이 어렵다 한다. 더 한심한 것은 사태가 이러함에도 영국정부나 교육계는 울며 겨자먹기식으로 자격미달 교사를 채용해야 할 형편이라고 한다.

"영국에서 교사는 3D업종, 자발적 비정규직교원 증가"

영국의 학교당국이나 정부가 여러 매체를 통해서 "전직교사들에게 제발 학교로 돌아오라", "파트타임 교사들은 정규직으로 전환해주겠다"며 설득하고 있으나, 계약직이나 파트타임 교사들조차 정규직으로의 전환을 거부하고 있다. 정규직으로 되었을 때 떠안게 되는 살인적 노동강도를 부담스럽게 여기는 탓이다. 영국에서는 제일 하기 싫어하는 직업 중 하나가 '교사'이며 파트타임(시간제) 교사가 20% 이상을 차지한다.

● 미국

- 외적기준에 의한 일률적 평가는 교사능력을 높이지 못하며 실천통제의 가능성만 확대시켰다.

"교사의 전문성이 지적으로 복잡하고 다면적인 것이라면 일률적인 기준에 의해 교사의 전문적 역량과 실천의 질을 높이는 것은 용이하지는 않는 것이며 교사의 전문성을 기술주의적, 타율적으로 붙잡는 경향을 표시하는 것으로 결과적으로 교원평가를 통하여 교육실천통제의 가능성을 확대하는 일이 되는 것이다."

 - 성과급은 교원 본인 스스로의 이익을 위하여 다른 교원을 희생시키는 기회주의적 행위를 부추겼다. "교원의 성과에 대한 평가는 매우 어렵고 객관성을 담보할 수 없다는 것이 공통된 반응이다. Mumane and Cohen(1986)는 사실 교장은 누가 우수한 교사이고 아닌지를 알 수 있을 수도 있다. 그러나 그 교장이 어떠한 객관적인 기준에서 그러한 판단을 하였는지에 대해 객관적인 기준을 제시하지 못할 것이다."

 - 학생성적과 교원평가를 연계 짓는 것조차 객관성을 담보할 수 없다. "교육을 잘 하고 있는 것을 성적으로 환산하는 것이 타당하지 않다. 학생성적에 대한 변인은 담당교사에게만 있는 것이 아니라 가정, 지역, 학교환경등 여러 가지가 있다. 교사변인만 한정짓는다 해도 담당교사이외 학생성적에 영향을 주는 교사는 관련교과 담당교사, 전년도 담당교사 등이다. 학생성적 영향에 대해 담당교사에게 절대화하는 것은 심각한 오류임. 즉, 가장 객관적이라고 하는 것조차 객관적일 수 없다는 것이다."

- 일본

- 새로운 교원평가제는 교원의 전문적 역량을 높이지 못한다.

동경도의 업적주의에 기초한 교원평가제 실시 이후 동경군 공립학교의 교장과 교사를 대상으로 2001년 12월~2002년 1월에 실시한 설문조사 결과는 다음과 같다.

〈동경도의 교원평가제의 효과〉

① 인사고과와 연계된 새로운 교사평가제에 의해 교원이 좀 더 굽히지 않고 주장하는 의욕이 높아졌다

	긍정적	어느 쪽도 말할 수 없다	부정적
교장	32.2%	42.2%	24.5%
교원	8.9%	15.7%	74.8%

② 인사고과와 연계된 새로운 교사평가제는 교원의 전문적 역량의 향상(직능성장)에 유용하게 되었다.

	긍정적	어느 쪽도 말할 수 없다	부정적
교장	38.1%	40.5%	20.7%
교원	9.4%	16.3%	73.5%

③ 인사고과와 연계된 새로운 교사평가제는 학교경영의 개선에 유용하게 되었다.

	긍정적	어느 쪽도 말할 수 없다	부정적
교장	62.3%	27.9%	9.2%
교원	12.5%	16.1%	69.6%

출처: 가쯔노 마사아끼, 『교원평가의 이념과 정책』, 에이데루 연구소.

- 업적주의, 성과급이 교원의 팀워크를 해친다.

"우선 현장의 교직원이 납득할 수 없는 제도의 도입은 의미가 없다. 교원의 성장과 평가는 충분한 시간을 가지고 신중하게 논의하기를 원한다. 교원에 순위를 매겨 급여를 차등지급에 반영하는 평가제도를 강하게 반대한다. 이유는 학교교육은 '학생들의 성장, 발달'을 목적으로 하여 그 활동을 다면적으로 실천하고 있는데 이는 교사 개개인의 활동을 포함한 공동의 활동이기 때문에 팀워크가 무엇보다도 중요하다고 지적하고, 이에 반해 교원평가제도는 이러한 팀워크를 해치고 마침내 교육현장을 황폐하게 한다(愛知현 고등학교 교직원조합 위원장).

제5장

대학구조개혁

책임 회피를 위한 안간힘

정진상

1. 머리말

현재 대학가에서는 '대학교육의 경쟁력 강화'를 기치로 한 교육인적자원부(이하 교육부)의 대학구조개혁이 추진되고 있다. 교육부는 2004년 12월 '대학구조개혁 방안'과 '대학자율화 추진계획'을 발표하고 2005년 초부터 정원감축과 국립대 통합을 중심으로 한 구조개혁 방안을 실행에 옮기고 있으며 국립대 독립법인화 방안을 모색하고 있다. 현 정부의 이러한 대학구조개혁 정책은 1995년 5·31교육개혁위원회 출범 이후 본격화된 신자유주의적 교육재편의 연장선상에 있다. 1995년 교육개혁 위원회가 '신교육체제'를 발표한 이후 김영삼 정부의 대학정책은 '대학경 쟁력 강화방안'으로 구체화되었는데, 여기에는 대학교육의 외국교육기 관에 개방, 국립대 법인화를 통한 국립대의 사영화, 학부제를 통한 대학 내 경쟁원리의 도입, 교수계약제와 연봉제를 통한 교수간 경쟁체제 등이 주요 정책으로 포함되었다. 김대중 정부는 김영삼 정부가 입안한 신자유 주의 대학정책을 계승하면서 공공부분 구조조정의 일환으로 '국립대학 구조조정 계획'을 추진하였다. 이전 정부의 연장선상에 있는 노무현 정부의 신자유주의 교육정책은 국제자유도시, 경제자유구역, 기업도시 건설 등과 같은 초국적 자본과 국내 독점자본의 요구에 부응하는 신자유주의 경제정책과 짝을 이루어 추진되고 있으며, 여기에는 비단 집권세력 뿐 아니라 한나라당과 민주당 등 보수정당들도 이해관계를 같이 하고 있다. 지배세력 내에서는 정파를 불문하고 신자유주의 노선에 대해서는 하나의 컨센서스가 형성되어 있는 것이다.

교육부의 대학구조개혁 방안은 겉포장을 벗겨 조금만 들여다보면 개혁의 진정성이 없기 때문에 이를 비판하는 것은 크게 어렵지 않다. 문제를 어렵게 만드는 것은 현재 한국 사회에서 대학교육을 둘러싼 이데올로기 지형이다. 그것은 바로 신자유주의 경쟁력 담론이 압도하고 있다는 것이다. 위로는 대통령부터 나서서 '대학도 산업'이라고 서슴없이 말하는가 하면 노골적으로 경제관료 출신을 교육부장관으로 앉혀 놓았다. 대학자치의 보루가 되어야 할, 그리고 교수 직선으로 뽑힌 국립대학의 총장들이 앞 다투어 교육부가 던지는 몇 푼 되지 않는 돈을 따내려고 혈안이 되어 있다. 교수들 중에도 신자유주의자들이 유포한 경쟁력 담론에 말려든 경우가 많다. 한 번도 대학교육이 공교육이라고 생각해 볼 기회를 가질 수 없었던 국민 대중 또한 대부분 학벌주의의 포로가 되어, 대학은 계층상 승의 통로 내지 취업준비기관쯤으로 생각하고 교육부가 주도하는 대학구 조개혁에 대해 무감각한 것이 현실이다.

그러나 교육을 자본의 논리에 종속시키는 신자유주의 교육정책은 만약 성공할 경우 초중등 교육의 황폐화를 심화시킬 뿐 아니라 대학교육의 최소한의 공공성과 사회적 생산성마저도 해체시킬 것이다. 이 때문에 교육운동진영에서는 신자유주의 교육정책에 반대하는 운동을 전개해 왔다. 그러나 지금까지의 신자유주의 반대운동은 교육개방 저지, 고교평 준화 해체 저지 등 부분적이고 수세적인 투쟁에 머물러 왔으며 대학정책 에 대해서는 반대운동의 전선조차 형성되지 못하고 있다. 신자유주의가

대세라고 인정하고 여기에 수세적으로 대응하는 것으로는 정부의 신자유
주의 교육재편 기도를 막을 수 없다. 왜냐하면 신자유주의 대학정책은
기본적으로 대학 내부가 아니라 대학 바깥의 거대한 자본의 논리와 힘에
서 비롯된 것이기 때문이다. 따라서 노무현 정부와 교육부관료가 신자유
주의를 대세라고 생각하는 한, 그들을 설득하여 부분적인 양보를 받아낼
것이 없다는 것을 깨닫는 것이 중요하다. 이 글에서는 대학교육의 공공성
과 사회적 생산성이라는 관점에서 교육부가 추진하고 있는 대학구조개혁
방안의 허구성을 폭로하고 대안적 대학구조개혁의 방향과 과제를 모색하
고자 한다.

2. 교육부의 대학구조개혁 방안 비판

1) 교육부의 '국립대 구조개혁 방안' 개요

교육부의 대학구조개혁은 국립대 구조개혁을 통해 사립대학의 구조개
혁을 유도하는 방식으로 추진되고 있다. 현재까지 드러난 교육인적자원
부의 대학구조개혁 방안을 국립대 구조개혁을 중심으로 요약하면 다음과
같다.

> 1) 배경과 목표: 양적 성장에 치우친 고등교육의 교육여건 부실화됨에
> 따라 과감한 구조개혁을 통한 질적 도약의 계기를 마련한다. 구조개혁
> 을 통한 고등교육 투자의 효율성을 제고한다. 특성화된 전문점식
> 대학으로 전환하여 사회수요에 부응하는 인력양성체계를 구축한다.
> 세계 수준의 경쟁력을 갖춘 대학으로의 발전을 지원한다.
> 2) 핵심 내용: 2007년까지 국립대학을 현재 50개교에서 35개로 통폐합한

다. 국립대 입학정원을 2007년까지 10%, 2009년까지 15%를 감축한
다. 2005년 하반기에 '국립대학운영에관한특별법' 제정을 추진하여
국립대학 회계제도와 국립대학 운영체제를 개편한다. 권역별 '국립대
학 구조개혁추진위원회'를 구성 운영한다.

3) 추진 전략: 교육부의 추진 전략은 국립대학의 정원 감축 및 통폐합을
통해 사립대학의 구조개혁을 유도하는 전략이다. 그리고 구조개혁의
구체적인 전술은 각 대학을 재정지원 사업에 참여시키는 방식이다
(2005년에는 구조개혁 예산 800억 원, 2006년 이후에는 매년 3천억
씩 투자예정).

위에서 보는 바와 같이 교육부의 국립대 구조개혁 방안은 크게 두
수준에 걸쳐 있다. 하나는 정원감축과 통폐합으로 국립대의 몸집을 줄여
교육의 내실화를 기하겠다는 것이고, 다른 하나는 국립대 독립법인화를
목표로 회계제도와 운영체제를 개편하여 대학 간 경쟁의 틀을 만들겠다는
것이다. 국립대 독립법인화에 대해서는 다음 장에서 따로 다룰 것이므로
여기서는 '대학구조조정'이라고 불리는 정원감축과 국립대통폐합을 중
심으로 교육부의 대학구조개혁 방안이 '대학경쟁력 강화'라고 하는 목표
를 달성할 수 있는 방안인지에 초점을 맞추어 검토하기로 한다.

2) 정원감축에 대하여

교육부의 국립대 정원감축은 부실한 대학교육 여건을 개선하려는 의도
에서 나온 것이라고 읽을 수 있다. 현재의 부실한 대학교육 여건은 역대
정부의 대학정책의 실패에 기인한다. 아래로부터의 계층상승의 욕구와
학력, 학벌주의가 사학재단의 치부욕과 맞물리면서 무분별한 대학 팽창
이 일어났다. 1980년까지 정부는 대학정원 정책으로 대학교육의 확대를

일정 정도 통제하였으나 전두환 정권은 이른바 7·30 교육개혁조치로 대학입학 정원을 대폭 확대했다.1) 이후로 꾸준하게 대학의 규모가 증가하다 1990년대 중반에 또 한 차례의 계기를 맞았다. 1995년 5·31 교육개혁조치의 일환으로 대학설립준칙주의가 도입되면서 대학정원과 대학수가 다시 빠른 속도로 증가했는데 <그림 5-1>에서 보는 바와 같이 사립대학이 증가를 주도했다.

<그림 5-1> 설립유형별 대학 학생수 변동 추이

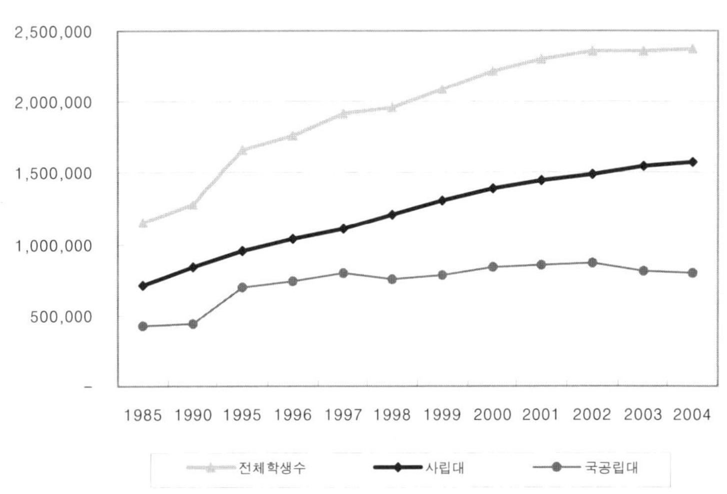

주: 학생수는 전문대학을 제외한 대학, 교육대학, 산업대학, 기술대학, 방송통신대학, 각종학교, 원격대학의 재적학생수임.
출처: 배태섭, 「국립대 통폐합, 무엇이 문제인가?」(최순영 이야기 나누기 10 자료집, 2005).
자료 교육통계연보 각 연도

---

1) 1980년 7·30교육개혁은 군부쿠데타로 집권한 전두환정권이 정치적 위기를 타개하기 위해 대중의 교육열을 적극 활용하여 고등교육의 문호를 개방하고자 한 조치였다. 이 조치에 따라 대학본고사 폐지, 과외금지, 대학 졸업정원제, 대학 정원 확대 등이 실시되어 대학교육이 급격히 확대되었다.

<표 5-1> OECD 주요국의 고등교육 교원 1인당 학생 수(2001)

(단위: 명)

구분	한국(04)	스웨덴	일본	독일	미국	캐나다	영국	프랑스	OECD 평균
교원 1인당 학생 수	39.2	9.3	11.3	12.3	13.7	16.2	17.6	18.1	16.5

출처: 국회 교육위원회 열린우리당 국회의원, 『사립대학의 실태와 개선방안』
(열린우리당 교육위원 공동자료집 1, 2004), 16쪽.
자료: OECD, 「2003 OECD 지표」[한국(2004)은 교육부 국정감사 제출 자료], 2004.

이처럼 대학교육은 단기간에 급속한 양적 팽창이 이루어졌지만 그에 따른 투자가 이루어지지 않아 여러 지표에서 교육여건이 대단히 부실하다. 고등교육기관 진학률은 2004년 81.3%로 세계 최상위 수준이며 1970년에 비해 대학생수는 약 18배, 대학원생수는 41배 증가했다. 교육의 질을 담보할 수 있는 가장 중요한 지표인 교원 1인당 학생수가 39.2명이나 되어 초등학교 26명, 중학교 19명, 고등학교 15명과 비교해 볼 때 대학의 교육여건은 열악하기 짝이 없다. 교원 1인당 학생수를 OECD 주요국들과 비교하면 <표 5-1>에서 보는 바와 같이 OECD 평균의 2배 이상이나 된다.

한편 무분별한 대학 설립과 학령 인구의 감소로 인해 입학정원이 초과하여 대학 신입생 미충원 사태가 지방대학을 중심으로 벌어지고 있다. <표 5-2>에서 보는 바와 같이 전체 충원율은 93.5%인데, 수도권 대학은 113.5%로 정원 초과인 반면 비수도권은 82.5%로 심각한 미충원율을 보이고 있다. 또한 2004년도 신입생 등록율이 80%가 안 되는 곳이 4년제 대학은 213개교 가운데 26%인 55개교에 이르고, 전문대의 경우 158개교 중 44%인 70개교로 나타났다. 지방소재 대학의 경우는 등록률이 50%도 채 안 되는 곳이 4년제 대학이 7.5%인 16개, 전문대학은 5.7%인 9개 대학으로 사태가 자못 심각하다.

<표 5-2> 대학, 전문대학 지역별 충원율(2004)

(단위: 명, %)

구분		대학			전문대학		
		입학정원	입학자	충원율	입학정원	입학자	충원율
전체		327,740	329,509	100.5	277,223	259,182	93.5
수도권	계	114,908	122,022	106.2	98,442	111,750	113.5
	서울	73,593	78,613	106.8	18,094	21,852	120.8
	인천	5,850	6,202	106.0	11,136	12,872	115.6
	경기	35,465	37,207	104.9	69,212	77,026	111.3
비수도권	계	212,832	207,487	97.5	178,781	147,432	82.5
	부산	31,087	32,344	104.0	21,974	19,482	88.7
	대구	9,735	10,350	106.3	18,990	17,031	89.7
	광주	16,235	14,512	89.4	12,544	11,513	91.8
	대전	15,580	15,349	98.5	12,308	10,853	88.2
	울산	3,000	3,158	105.3	3,404	3,543	104.1
	강원	16,863	15,151	89.8	11,160	7,652	68.6
	충북	15,234	15,118	99.2	10,968	7,935	72.3
	충남	30,310	31,261	103.1	11,564	10,355	89.5
	전북	19,280	16,385	85.0	13,310	9,793	73.6
	전남	10,267	9,325	90.8	14,500	12,790	88.2
	경북	29,202	28,352	97.1	29,489	19,429	65.9
	경남	13,135	13,470	102.6	13,366	12,782	95.6
	제주	2,904	2,712	93.4	5,204	4,274	82.1

주: 충원율 = 입학자수/입학정원×100

출처: 이철호, 「한국 사립대학의 현실과 공공성강화 방안 제안」(최순영 이야기 나누기 11 자료집, 2005).

자료: 교육인적자원부·한국교육개발원(각 연도), 교육통계연보.

신입생 미충원 사태는 오늘 갑자기 벌어진 문제가 아니라 90년대 중반부터 교육부 당국도 이미 예측했던 사항이다.[2] 그럼에도 불구하고 교육부는 '대학설립 준칙주의'를 도입하는 한편 정원 자율화 정책을 시행함으로써 사태를 악화시켰다. 그 결과 1996년 대비 2004년까지 43개 대학이

---

2) 김영삼 정부의 교육개혁위원회가 1996년 내놓은 '신교육체제 수립을 위한 교육개혁보고서'에 따르면 2003년부터 대학신입생이 미달할 것이란 사실을 밝히고 있다. 대통령자문교육개혁위원회, 「신교육체제 수립을 위한 교육개혁 보고서 제1집」(1996), 445쪽.

증가했고, 82만여 명의 학생이 증가했다. 결국 미충원 문제는 교육부가 이미 예상한 사태를 자초한 것이고 전형적인 교육정책의 실패 사례이다. 그러나 교육부는 이러한 정책 실패에 대해 일언반구의 반성도 없이 그 효과가 의심스러운 정원감축 정책을 밀어붙이고 있다.

교육부는 정책 시행이 쉬운 국립대 정원감축을 통해 사립대학의 정원 감축을 유도하는 전술을 채택하고 있다. 국립대 총장들이 교육부가 던진 구조개혁 지원금(고작 200억 원 정도이다)이라는 미끼를 서로 차지하기 위해 경쟁적으로 정원감축 계획을 마련하고 있는데다가 교수들도 특별히 반대할 이유가 없는 상황이어서 국립대 정원감축은 교육부의 의도대로 이루어질 전망이다. 그러나 사립대학이 국립대를 따라 정원감축을 실제로 하리라고 기대하는 것은 섣부른 판단이다. 충원율이 100%를 넘는 수도권 사립대학의 경우 정원감축은 곧바로 재정악화를 가져오기 때문에 몇 푼 안 되는 교육부의 지원금에 선뜻 응하기가 힘들다. 만약 교육부의 정원감축 정책에 호응하는 사립대학이 있다면 아마 이미 미충원 사태가 심각한 지방의 사립대학들일 것이다. 이 경우에는 시장 논리에 따라 이미 자연적으로 정원이 감축되고 있고 각 사립대학들이 스스로 교수들을 희생해 가면서 이미 강도 높은 구조조정을 하고 있기 때문에 굳이 교육부가 정책 수단을 동원할 필요도 없다(나중에 보겠지만 이 경우에 교육부는 정원감축 정책을 쓸 것이 아니라 미충원 대학에 대한 사후 대처방안을 마련해야 마땅하다).

결국 교육부의 '대학교육의 질적 도약'을 위한 정원감축 정책은 국립대의 정원을 약간 감축하는 것에 그치고, 감축된 정원만큼 미충원 사립대학의 정원을 채우는 것으로 끝날 것이다. 국립대 정원이 15% 감축되면 국립대의 교육여건이 다소 나아질지 모르지만 대학교육의 질적 도약은커녕 '교육경쟁력'이 그만큼 강화되리라고 기대하는 것은 순진한 생각이다. 나중에 보겠지만 대학교육의 경쟁력을 약화시키는 가장 결정적인 요인은 대학서열체제에 있기 때문이다. 정원감축 정책은 교육부가 대학의 위기에 대처하여 무언가 하고 있다는 모습을 국민들에게 보여주기 위한 전시용 정책이며, 그 숨은 의도는 '사학청산법'과 함께 사학법인들의 이익을 반영해 온 저간의 교육부의 여러 정책들 중의 하나라는 의혹으로부터 자유로울 수 없다.

3) 국립대통합에 대하여

교육부의 국립대통합 정책은 국립대의 숫자를 줄여 투자효율성을 높이는 한편, 각 권역별로 유사·중복 학과 통합, 정원 감축 등을 추진하고 특성화 분야를 중심으로 학과 개편, 정원 조정, 교수 재배치 등을 추진하는 것을 주요 내용으로 하고 있다. 교육부는 대학-대학간, 대학-전문대학간, 대학-산업대학간, 대학-교육대학간 통합 등 다양한 유형의 통합 형태를 제시하고 있다. 이에 따라 각 대학에서는 대학본부를 중심으로 교육부가 내건 800억이라는 특별 지원금에 매료되어 권역별로 다양한 형태의 통합 논의가 있었다. 그러나 주목을 받았던 충남대-충북대나 경상대-창원대 등 거점 국립대학간의 통합은 교수와 학생의 저항을 받아 실패했고, 통합 절차에 들어간 대학은 전남대-여수대, 부산대-밀양대, 공주대-천안공과대학, 충주대-청주과학대학, 강원대-삼척대 등이다. 그러나 이들 대학 통합의 경우는 대규모 대학이 소규모 대학을 흡수 통합하는 방식이기 때문에 교육부가 기대하는 통합의 시너지 효과를 기대하기 힘들다.[3]

---

3) 수년 전에 경상대와 통영수산대가 통합하였지만 통합의 효과보다는 오히려 부작용이 큰 것으로 나타났다. 통영수산대 총장이 경상대 해양과학대 학장으로 된 것은 구조조정의 효과라고 할 수 있겠지만, 통영에 근무하던 교양학부 교수들이 진주로 자리를 옮겨 통영에서는 교양과정이 위축되었으며, 상당한 수의 학생들이 입학성적이 상대적으로 낮은 해양대학에 먼저 입학한 다음 경상대의 여러

교육부가 말하는 '특성화'나 '교육·연구의 유기적인 상호협력'을 위해서
는 거점 국립대학간 통합이 이루어져 유사학과가 통합되어 단과대학
및 학부가 재배치되어야 하는데 이는 현실적으로 거의 불가능해 보인다.
거점 대학들은 지리적으로 떨어져 있어 통합이 된다면 교수들과 학생들의
이동이 불가피한데 이를 위해 치러야 할 비용이 만만치 않다. 교육부가
강압적 수단을 동원할 수 없는 조건 속에서 내놓고 있는 유인책은 통합
대학에 200억을 지원하는 것이 고작이다. 그러나 작년부터 시작된 경상대
-창원대 통합이나 충북대-충남대 통합 논의과정에서 이러한 유인책이
효과가 없다는 사실이 이미 드러났다. 각 대학 총장들은 각 대학 총장들은
실적을 올리기 위해 200억이라는 미끼에 매력을 느끼고 서둘러 '양해각
서'를 체결하는 등 통합에 열을 올리지만, 지방 국립대 교수들에게는
지리적 이동을 위해 치러야 할 비용도 그렇거니와 통합이 대학의 내실화
를 가져올 것이라는 확신을 가질 수도 없다(나중에 보겠지만 지방 국립대
교육이 황폐화된 진짜 이유는 대학서열체제에 있기 때문이다). 사정이 이와
같으므로 교수들이 반발하는 것은 당연하다.

　　교육부는 '대학구조개혁' 방안을 발표하면서 외국의 사례를 들면서
맥락을 무시한 채 사실을 왜곡하기도 하였다. 교육부는 "일본은 국립대학
재편성 및 통합을 통해 101개 대학을 89개 대학으로 12개 줄였고, 중국
역시 1992년부터 '02년까지 총 733개 대학을 288개 대학으로 합병"했다
고 구조조정이 대세인양 호도하며 대학의 통·폐합 당위성을 설파했다.
그러나 일본과 중국의 대학체제와 한국의 대학체제가 다르다는 사실에
대해서는 언급하지 않았다. 일본과 중국의 경우에는 단과대학체제가 주
를 이루고 있지만 우리나라의 경우는 이미 종합대학체제이기 때문에

단과대학으로 편입을 하는 바람에 해양대학은 교육의 안정성이 크게 떨어지는
등 부작용이 한두 가지가 아니다.

이들 두 나라와 단순 비교할 수는 없다. 일본과 중국의 대학통합은 이미 특성화가 완료된 단과대학을 흡수 또는 통합하는 방식으로 대학 규모를 키우거나 특성화를 더욱 강화하는 방향으로 진행되고 있는 것이다. 때문에 거의 모든 대학이 종합대학인 우리나라 대학과는 전혀 상황이 다르다. 더욱이 일본과 중국의 경우 대학에 투자하는 재정운영의 효율성을 고려하고는 있지만 우리나라처럼 대학이 많기 때문에 이를 줄이기 위한 방안으로 추진되고 있는 것이 아니다.4)

통합이 이루진다고 해도 효과가 없고 십중팔구 실패가 예정되어 있는 국립대 통합 정책을 추진하는 교육부의 진정한 의도는 무엇일까? 혹 여기에 숨은 의도가 있지 않을까? 노무현 정부는 대학을 개혁해야 한다는 국민 대중의 요구에 어떤 식으로든 '정책'을 내놓지 않으면 안 되는 상황이다. 그래서 '대학구조개혁'이라는 그럴듯한 방안을 제시한다. 그러나 결국 대학 통합은 대학 주체들의 반대로 실패할 것이다. 정부는 개혁을 하려고 했으나 교수들의 반발로 어쩔 수 없었다고 변명하며 책임을 회피하려고 할 것이 분명하다. 이러한 수법은 그간 수십 차례 바뀌어온 대학입시제도 개선 정책에서 써 먹었던 전형적인 수법이다. 작년에 국가보안법 폐지와 사립학교법 개정을 두고 보인 정부와 열린우리당의 태도도 이와 비슷했다. 자신들은 국가보안법을 폐지하려고 했는데 한나라당이 반대해서 못했다는 것이다. 노무현 정부와 열린우리당이 노린 것은 자신들이 국가보안법을 폐지할 의사가 있다는 것을 국민 대중에게 보여주는 것이었을 뿐이었다. 마찬가지로 교육부의 '대학구조개혁' 방안은 진정으로 대학개혁을 하려는 것이 아니라 정부가 대학개혁을 하려는 의사가 있다는 것을 국민들에게 보여주는 것일 뿐이다. 이는 일종의 대국민 사기극이다.

---

4) 한정이, 「대학구조조정이 아닌 대학개혁을 위하여」(최순영 이야기 나누기 11 자료집, 2005), 27~28쪽.

4) 예상되는 결과

이처럼 교육부의 '대학구조개혁 방안'은 그 자체의 모순으로 인해 성과를 거두기도 힘들거니와 만약에 성공한다면 더욱 불행한 일이 될 것이다. 교육부는 대학운영의 효율성, 자율성 및 경쟁력 강화를 내세우고 있지만 현재의 대학이 안고 있는 모순을 더욱 심화시킬 것이 분명하다.

첫째, 정부의 대학구조개혁의 방향은 그나마 부족한 국립대학을 줄이는 방향으로 잡혀 있어 대학교육의 공공성을 해체할 것이다. 또한 대학구조개혁 방안은 대학을 시장 경쟁의 논리에 맡겨 국가의 재정부담을 줄이는 방향이어서 대학의 시장화를 촉진할 것이다.

둘째, 대학구조개혁 방안은 대학의 원래 기능인 연구와 교육을 발전시키기 위한 대책이 아니라 기업의 이익에 복무하는 대학구조 재편의 방향으로 잡혀 있어 대학의 바람직한 연구능력과 학문 발전에 심각한 장애가 될 것이다. 특히 돈 안 되는 기초학문을 설 자리를 잃게 되어 다양성에 기초한 건전한 학문경쟁력은 치명적인 상처를 받을 것이다.

셋째, 대학구조개혁 방안은 대학의 지역 불균형을 더욱 심화시킬 것이다. 정원 감축을 목표로 하는 대학구조개혁은 전체 대학의 양적 축소를 통한 교육여건의 내실화에 다소간 기여할지는 모르나 결과적으로 지방 국립대 정원을 줄이는 결과를 가져와 지방대학의 왜곡을 심화시킬 것이다.

3. 대안적 대학구조개혁의 방향과 과제

역대 정부의 정책 실패로 인해 야기된 현재의 대학교육의 모순을 노무현 정부가 바람직한 방향으로 개혁할 의지도 능력도 없음이 드러났다. 노무현 정부가 신자유주의 교육재편 기도를 중단하지 않는 한, 더 이상

교육부의 정책 하나하나를 놓고 비판을 통해 개선을 촉구하는 것은 허망한 일이다. 정부의 '대학구조개혁 방안'은 이미 황폐화된 대학교육을 더욱 악화시켜 구제불능의 상황으로 빠뜨릴 것이 분명하다. 지금부터라도 교육부의 대학구조개혁 방안의 허구성을 국민 대중에게 폭로하는 한편, 대안적인 대학구조개혁 방안을 모색해야 한다.

1) 대학서열체제 혁파가 대학교육 개혁의 선결과제이다.

우리 교육이 앓고 있는 고질병이 무한 입시경쟁에서 비롯된다는 사실은 이제 알 만한 사람들은 다 안다. 입시경쟁은 초중등 교육을 입시위주 교육으로 전락시켜 초중등 교육개혁의 발목을 잡고 있는 결정적인 요인이다. 지금까지 정부의 교육정책이 대학입시제도 개선에 집중되어 왔고 국민 대중의 관심이 온통 입시제도와 입시요강에 쏠려 있다. 그러나 지금의 무한 입시경쟁의 본질은 입시 방법을 바꾸는 입시제도에 있는 것이 아니라 대학서열체제에 있다. 현재의 대학은 서울대를 정점으로 하여 연고대-수도권대-지방대-전문대 순으로 서열체제로 이루어져 있는데 이는 무한입시경쟁을 초래하여 초중등교육을 황폐화시키고 있는 것이다. 대학서열체제와 무한입시경쟁은 현재의 교육모순의 핵심고리이다. 나아가 대학서열체제는 대학교육의 공공성을 약화하고 경쟁력을 떨어뜨리는 주범이다.

첫째, 대학서열체제로 인한 학벌사회에서 대학은 공공성에 기여하는 학문 기관이 아니라 사적인 계층상승 욕구를 충족하는 권력기구로 전락하여 그 본연의 사회적 기능을 상실한 것이 현실이다. 대학서열체제에서 대학은 전공 학문을 공부하기 위해서가 아니라 졸업장을 따기 위해 들어가는 곳이다. 대학의 간판이 찍힌 졸업장은 단순한 학력이수증이 아니라 부와 권력을 보증하는 신분증명서이다. 이와 같은 상황에서 공공의 목적에 기여하는 학문이나 교육이 들어설 자리는 없다. 대학이 최소한의 공공성을 가지기 위해서는 대학서열체제의 혁파가 선결요건이다.

둘째, 대학서열체제는 대학교육의 경쟁력을 약화하는 주범이다. 대학 간의 경쟁 구조가 있어야 경쟁력이 올라갈 터인데 획일적인 대학서열체제는 대학간 학문과 교육의 경쟁을 가로막고 있기 때문이다. 대학서열체제가 대학의 학문적인 능력이나 교육여건에 의해서가 아니라 입학생의 성적이나 졸업생의 권력 획득 순과 같은 요인에 의해 형성되어 있고 서열이 고착화되어 가변성이 거의 없다. 서열이 고착화되었다는 것은 대학들의 교육 활동에 어떤 변화가 일어나든 관계없이 일정한 지위가 보장된다는 것을 의미한다. 이렇게 되면 상위 대학은 상위 대학대로 하위 대학은 하위 대학대로 더 나은 교육을 하려는 동기가 없어진다. 대학들 사이에 학문과 교육의 질을 높이기 위한 선의의 경쟁을 기대할 수 없는 것이다. 대학의 서열이 사실상 입학생의 성적에 따른 사회적 평가에 좌우되기 때문에 대학 당국은 교육 여건에는 그다지 관심을 기울이지 않고 우수 학생 유치에 혈안이 되어 있다. 이런 상황에서 대학교육의 경쟁력을 기대할 수 없다.

셋째, 대학서열체제는 대학의 특성화를 가로막고 있는 주범이다. 오늘날 대학에서 연구하고 교육해야 할 학문 분야는 헤아릴 수 없을 정도로 다양하며 이들 다양한 학문 분야가 균형적으로 발전하는 것이 바람직하다. 그러나 현재의 대학서열체제에서는 서울대가 모든 학문 분야에서 최고가 되도록 되어 있다. 대학은 그 자체가 학문과 교육을 하는 것이 아니라, 교수가 가르치고 학생이 배우는 장소일 뿐이다. 그런데 대학서열체제에서는 마치 대학이 행위자인 것 같은 환상이 벌어진다. 서울대 교수들이 모든 분야에서 최고가 아님이 분명함에도 불구하고 학문 분야를 불문하고 전국에서 수재들이 집결한다. 반대로 서울대가 아닌 하위 대학의 어떤 교수가 탁월한 연구 성과를 내어 그것을 전수하려고 해도 대학서열체제로 인해 학생들은 거들떠보지도 않는다. 이 때문에 한국의 학문과 교육은 결코 서울대를 능가할 수 없다. 인구가 4천만이 넘고 경제규모가 세계 12위를 자랑하는 한국에서 대학은 서울대밖에 없는 셈이다. 대학서열체제를 그대로 둔 채 대학의 특성화를 기대하는 것은 숲에서 물고기를 구하는 것과 같다.

넷째, 대학서열체제는 학문 간의 바람직한 분업을 가로막고 있는 주범이다. 과거의 대학은 좁은 의미의 학문을 연구하고 교육하는 곳이었으나 현대사회에서 대학은 좁은 의미의 학문뿐만 아니라 기술과 예술을 교육하는 기능을 맡고 있다. 학술, 기술, 예술 등의 분야는 인간이 가진 재능의 구별이 있을 뿐 각자의 고유성이 동등하게 실현되어야 할 터이다. 그런데 한국의 대학은 4년제 일반대학과 2년제 전문대학으로 구분되어 이들 사이에 엄격한 서열이 형성되어 있다. 일반대학이 전문대학보다 서열의 상위에 위치하여 학생들은 자신의 재능이나 소질과 관계없이 일반대학으로만 몰리고 전문대학은 일반대학 낙방자들이 몰리는 곳으로 되어 있다. 뿐만 아니라 일반대학이 전문대학에 설치되어야 마땅한, 취업이 잘되는 학과를 다투어 설치함으로써 일반대학과 전문대학의 구별이 사라지고 전문대학은 원래의 기능을 상실하고 열등한 대학이 되어 있다. 일반대학과 전문대학의 이러한 서열은 어떠한 전문대학 육성책으로도 해소할 수 없다. 왜냐하면 일반대학들의 서열체제가 반영된 것이기 때문이다. 따라서 전문대학을 원래의 제 기능으로 돌려놓아 고등교육에서 학술, 기술, 예술 간의 바람직한 분업체계를 형성할 수 있는 선결과제 또한 대학서열체제를 혁파하는 일이다.

다섯째, 대학서열체제는 기초학문의 발전을 가로막는 주범이다. 대학의 서열에는 간판서열만 있는 것이 아니라 이른바 인기학과를 중심으로 형성되어 있는 학문 혹은 학과 서열이라는 것이 있다. 자연계열의 경우는 우수한 학생들이 의대, 치대, 한의대, 약대, 수의대 등에 집중되고, 인문사회계열의 경우는 법대, 경영대, 사범대 등에 우수한 학생들이 집중되어 이들 학과가 서열의 상위를 차지한다. 이처럼 실용 학문을 중심으로 인기학과가 형성되는 것은 대학이 노동시장의 압력에 직접적으로 노출되어 있기 때문이다. 대학이 학문과 교육이라는 본래의 기능을 제대로 수행하기 위해서는 다양한 학문이 균형 있게 성장해야 할 것이다. 그러나 학문서열로 인해 대학의 정상적인 발전은 심각하게 왜곡되고 특히 인문학 등 기초학문은 제대로 설 자리가 없다. 노동시장의 압력을 근본적으로 차단할 수 없는 한, 그리고 이들 인기 학과를 대학과정에 두는 한 학문서열을 해소할 수 없다. 학문 서열을 해소하고 대학에서 기초학문을 발전시키기 위한 유일한 방법은 이들 인기 학과를 학부과정에서 폐지하고 전문대학원 체제로 개편하는 것이다.

여섯째, 대학서열체제는 지역불균형을 재생산하는 중요한 기제가 되고 있다. 상위권 서열의 대학이 수도권에 집중되어 있기 때문에 지방의 우수한 학생들이 서울로 몰려들어 지방에서는 인재의 유출이 극심하다. 서울은 이처럼 지방의 인재를 빨아들일 뿐 아니라 물질적 자원도 흡수한다. 수도권 대학에 입학하는 학생들 중 약 50%가 지방 출신인데, 이들이 서울에서 하숙비나 주거비로 지출하는 비용이 막대하다. 심지어 지방에서는 '우수학생 서울보내기 운동'이 나타나고 이 학생들의 편의를 위해 서울에 기숙사를 짓기도 한다. 이로 인해 서울은 주택가격 및 임대료의 인상으로 서민들의 삶이 어려워진다. 서울에 거주하는 학생들은 성적이 매우 우수하지 않으면 사정이 더 딱하다. 지방에서 성적이 우수한 학생들이 서울에 있는 대학에 몰려오기 때문에 서울 학생들은 지방으로 밀려날 수밖에 없다. 이로 인해 서울 출신 학생들이 지방으로 통학을 하거나 하숙을 해야 하는데 학부모들이 치르는 교통비용도 만만한 수준이 아니며 교통체증을 가중시키고 있다. 국가적으로 엄청난 자원의 낭비가 초래되고 있는 것이다. 대학이 꼭 서울에 있어야 하는 것은 아닐 터이다. 대학서열체제를 혁파함으로써 불필요한 이동을 줄인다면 절약되는 자원으로 기숙사를 확충하는 등 대학교육의 공적 기반을 마련할 수 있을 것이다.

이처럼 대학서열체제는 초중등 교육뿐 아니라 현재의 대학교육의 모순이 응결되어 있는 지점이며 해결책을 찾을 수 있는 핵심 고리이다. 대학서열체제를 재생산하는 결정적 요인은 학벌주의라는 대학 외부의 힘이다. 학벌주의는 대학을 학문의 장이 아니라 권력 획득의 장으로 변질시킨다. 그리하여 대학은 계급재생산의 수단으로 기능한다. 현재의 대학서열체제를 혁파하기 위해서는 학벌주의를 타파해야 한다. 그런데 학벌주의는 정치, 경제, 사회, 문화 등 우리 사회의 모든 분야에서 지배 이데올로기로 군림하고 있기 때문에 사람들은 학벌주의의 포로가 되어 학벌을 추구할 수밖에 없게 되어 있다. 따라서 의식개혁운동 같은 방식으로 학벌주의를 타파하는 것을 불가능하다. 학벌주의는 그 물질적 기초인 학벌을 없애지 않는 한 타파될 수 없다. 화폐에 물질적 기반을 두고 있는 황금만능주의를, 자본주의적 생산관계와 화폐 자체의 폐지 없이 타파하기 힘든 것과 마찬가지다. 학벌주의가 재생산되는 물질적 토대에 눈을 돌려야 한다. 학벌주의는 대학서열체제를 재생산하는 결정적인 원인이지만, 거꾸로 학벌과 학벌주의를 생산하는 기제 내지 공장이 바로 대학서열체제이다. 학벌과 학벌주의를 타파할 수 있는 가장 확실하고 유일한 방법은 그것을 생산하는 공장인 대학서열체제를 혁파하는 것이다.

대학서열체제의 모순이 깊어지자 교육부도 장기적인 대책으로 '대학서열체제 완화'를 제시하고 있기는 하다. 그러나 현재의 정책 방향으로 볼 때 이것은 새빨간 거짓말이라고 볼 수밖에 없다. 왜냐하면 장기 대책이 설득력을 가지려면 중단기 대책 속에서 그 조짐이라도 있어야 할 터인데 중단기 대책은 잘나가는 대학에 지원을 하는 등으로 대학서열체제를 완화하기는커녕 오히려 강화하는 방향으로 잡혀있기 때문이다. 또한 대학서열체제를 '완화'하는 것은 기존의 고착화된 서열체제로 인해 대학평준화를 통한 대학서열체제 '혁파'보다 더 엄청난 사회경제적 비용이 들 것이므로 사실상 불가능하다. 교육운동 진영에서도 이제 더 이상 대학서열체제 '완화'가 아니라 '혁파'로 슬로건을 바꿀 때가 되었다.

대학서열체제를 혁파할 수 있는 유일한 방법은 대학평준화인데 그 구체적 대안이 필자가 교육운동진영의 논의를 구체화시킨 '국립대 통합네트워크'이다.5) '국립대 통합네트워크'는 민주노동당이 핵심적인 대학개혁 정책대안으로 채택했으며 '범국민교육연대'도 이 방안을 골격으로 삼아 2004년 5월에 '공교육 새판짜기'라는 공교육종합개편안을 내놓았다.

노무현 정부는 대학서열체제의 모순이 대학입시 문제로 폭발하고 있음에도 불구하고 이를 애써 외면하고 앞에서 본 바와 같이 엉뚱한 정책들만 쏟아내어 모순을 가중시키고 있다. 대학서열체제는 초중등교육을 지배하고 있는 만큼 교사와 학생 및 학부모들의 이해에 직접 걸려 있고, 대학의 학문과 교육을 왜곡하고 있는 만큼 교수와 대학생들의 이해에 직접 걸려 있으며, 그것이 학벌주의와 짝을 이루고 있는 만큼 평등사회를 원하는 민중의 이해에 직접 걸려 있는 문제다. 따라서 대학평준화 과제는 모든 교육주체들이 자신의 이해에서 출발하여 해결에 나설 수 있는 과제이며, 현재의 총체적 교육모순의 핵심고리이다.

2) 대학구조개혁은 교육 공공성의 관점에서 이루어져야 한다

일제 식민지 치하에서 엘리트 교육으로 시작한 한국의 대학교육은 '교육열'의 폭발에 힘입어 해방 직후, 1981년 졸업정원제 시행, 1996년

---

5) 자세한 해설과 실천전략에 대해서는 정진상, 『국립대 통합네트워크 - 입시지옥과 학벌사회를 넘어』(책세상, 2004) 참조.

대학설립준칙주의 도입 등의 고비를 거치면서 급속하게 팽창하여 지금은 이미 대중교육으로 자리 잡았다. 그러나 국가는 급증하는 고등교육 수요를 주로 사적 시장에 맡김으로서 공적 책임을 방기해 왔다. GDP 대비 고등교육비는 공공재원이 OECD 평균 1%의 절반도 안 되는 0.4%에 불과한 반면 민간재원이 2.3%에 달한다(전체 고등교육비 중 공공재원의 비중이 14.8%, 민간재원의 비중이 85.2%이다). 대학교육의 공공성이 확보되기 위한 전제조건은 국가가 재정을 통해 국민의 교육받을 권리를 실질적으로 보장하는 것인데 현재의 상황은 대학교육의 공공성이 매우 취약하다. 경제규모에 걸맞은 교육재정, 특히 대학교육 재정의 확보를 더 이상 미룰 수 없다.

더 중요한 문제는 대학교육의 공공성에 대한 이데올로기 지형이다. 정부는 중등교육까지는 보통교육으로서 공교육이지만, 대학교육은 기본적으로 교육비를 지불할 능력이 있는 계층을 위한 선택적 교육으로 보고 있다. 그래서 교육부는 한편으로 초중등 교육의 공공성 강화를 내세우면서도 대학교육의 경우는 '경쟁력 강화'를 정책 목표로 설정하고 있다. 이러한 담론에 대한 국민 대중의 저항 담론은 매우 취약하다. 대학교육에 대한 국민 대중의 관념은 대학이 개인들의 계층상승 욕구를 충족시켜 주는 장이고, 대학졸업장은 취직을 위한 수단쯤으로 인식하는 데 머물고 있다. 그리하여 정부의 대학교육에 대한 책임방기에 대한 저항담론으로서 대학교육의 공공성 담론이 제대로 형성되지 못하고 경쟁력 담론이 압도하고 있다. 이는 대학교육의 공공성이 확립되어 있지 않은 현재의 교육제도의 조건과 계급간 힘관계를 직접적으로 반영하는 것이다. 경쟁력 담론을 교육 공공성 담론으로 대체하는 것이 중요하다. 대중의 의식은 기본적으로 제도의 산물이기 때문에 공공성 담론을 형성하기 위해서는 대학제도를 공교육 체계로 바꾸지 않으면 안 된다.

대학교육의 공공성 확립을 위한 선결 과제는 국가가 재정적 책임을 지는 무상교육의 원칙을 세우는 일이다. 교육이 계급재생산의 장치가 아니라 국민 기본권으로서 자리 잡기 위해서는 모든 국민에게 최소한 무상교육으로서 기회균등이 보장되어야 한다. 물론 사립대학 비중이 80%가 넘는 현재의 상황에서 당장 모든 대학을 국립화하는 것은 어려운 일이다. 그러나 현재 추진되고 있는 대학구조개혁의 방향을 부실 사립대학의 국립화로 잡는 것은 당장이라도 가능하다.

앞에서 본 바와 같이 교육부는 신입생 미충원 사태에 대하여 국립대 정원을 감축함으로써 사립대 정원 감축을 유도하고 있으나 이러한 정책 방향은 가뜩이나 낮은 국립대 비중을 더 낮추어 대학교육의 공교육화에 역행하는 방향이다. 정책의 방향을 바꾸어야 한다. 하위권의 사립대학들은 학령인구와 대학입학정원의 괴리로 인해 신입생 미충원으로 급속하게 부실화가 진행될 터이므로 이들 사립대학들을 국립화하는 방향으로 정책을 펴야 한다. 부실 사립대학들이 문을 닫게 될 때 사학법인 소유의 시설은 국유로 귀속하고 교직원과 학생들을 국립대학에 편입시키는 방법으로 구조개혁이 이루어져야 한다. 교직원과 학생들의 국립대 편입이 보장된다면 국립대에 부실 사립대학들을 편입할 때 발생할 수 있는 저항을 누를 수 있는 사회적 힘이 충분할 것이다. 교육부가 추진하고 있는 국립대간 통합은 실현 가능성도 없을 뿐 아니라 실현되더라도 효과가 거의 없을 것이므로 즉각 중단되어야 되어야 한다. 국립대간 통합이 아니라 네트워크화하는 방향으로 정책을 전환해야 한다. 생활권을 단위로 기존의 국립대를 중심으로 부실 사립대학부터 네트워크로 편입할 수 있을 것이다.

'대학도 산업이다'라는 현 정부의 대학관은 대학의 공공성과 근본적으로 배치된다. 자본주의 사회에서 대학이 노동시장의 압력으로부터 완전히 자유로울 수 없는 한 대학의 학문과 교육에 자본의 논리가 작용하기 마련이다. 대학이 시장의 논리에 제한 없이 노출되면 돈 되는 학문만

발전하고 돈이 안 되는 기초학문은 설 자리를 완전히 잃고 말 것이다. 국가가 공공의 이익에 복무해야 한다면 대학정책의 기본 방향은 대학이 자본으로부터 독립성을 가질 수 있도록 해야 할 것이다. 그러나 현 정부는 그렇지 않아도 자본의 논리에 종속되어 있는 대학을 '산학협력' 등의 미사여구를 동원하여 대학을 자본의 지배 하로 몰아가는 데 앞장서고 있다. 각 대학에 설치된 산학협력단이나 NURI(지방대 혁신역량강화사업) 등이 대표적인 사례이다. 국가는 자본의 이익에 직접적으로 봉사하는 정책 방향을 전환하여 사회적으로 꼭 필요하면서도 시장에서 외면 받는 학문을 보호할 수 있는 방안을 강구해야 마땅하다. 기초학문을 보호하기 위한 유력한 정책 중의 하나가 공공부문 일자리 창출이다.

4. 맺음말

　해방 60년을 맞는 지금 한국의 대학은 허약한 비만아처럼 몸집만 컸지 내실이 없다. 이점은 노무현 정부도 인정하는 바이다. 교육부의 '대학구조 개혁 방안'은 우선 몸집을 줄여야 한다고 한다. 그러나 몸집을 줄인다고 해서 반드시 건강해지는 것은 아닐 터이다. 게다가 일부러 몸집을 줄이지 않더라도 학령인구의 감소로 인해 어떻게든 살은 빠지게 되어 있다. 문제는 내실화다. 대학의 내실화를 기하려면 우선 부실의 원인을 정확하게 진단해야 할 것이다. 한국의 대학은 그저 몸이 부실한 정도가 아니다. 심각한 질병을 앓고 있다. 그러나 교육부는 대학의 몸집이 커다는 것 외에 부실의 원인을 찾으려고 하지 않는다. 한국 교육의 고질병인 대학서 열체제를 애써 외면하고 있는 것이다.

　대학이라는 환자는 아직 한 번도 제대로 치료를 받은 적이 없다. 오히려 여러 돌팔이 의사들이 이곳저곳 손을 대어 병이 깊어만 갔다. 10년 전에 모습을 드러낸 '신자유주의'라는 돌팔이는 병도 고치지 못하면서 자기가 아니면 안 된다고 우긴다. 환자가 치료를 거부하려고 해도 막무가내로 성형수술이라도 하겠다고 얼음장을 놓고 있다. 그러나 성형수술은 원래 치료가 목적이 아니라 눈가림일 뿐이다. 대학을 돌팔이 의사의 실험 대상으로 더 이상 맡겨놓아서는 안 된다.

현재 대학이 앓고 있는 고질병을 고치기 위해서는 일대 수술이 필요한 것이 사실이다. 어떤 수술을 해야 할까? 군사독재정권이 하듯 대학을 정권의 시녀로 만들어서는 안 된다는 것은 이제 누구나 인정한다. 그렇다면 신자유주의 돌팔이 의사가 '경쟁력'이라는 주문을 외면서 대학을 자본의 종복으로 만드는 것은 어떤가? '경쟁력'에 혼이 빠진 돌팔이 의사가 자신이 대학을 자본의 종복으로 만든다는 사실을 알고 있기나 할까? 수술을 구경하는 민중들이 수술의 결과가 어떨지 짐작이나 할까? 대학이 한 사회의 공공의 목적에 복무하는 학문과 교육의 기지가 되도록 만들 수 있는 명의는 없을까?

그러나 비유는 여기까지다. 고질병에 앓고 있는 대학은 침상에 누워 명의의 수술을 기다리는 환자가 아니라 살아 움직이는 사회적 관계이기 때문이다. 대학은 캠퍼스도, 총장도, 교수도, 학생도 아니다. 그것은 교수와 학생, 총장과 교수, 교육부와 총장, 민중과 국가, 나아가 노동과 자본의 관계를 포함하는 사회적 관계이다. 따라서 대학의 질병을 치료한다는 비유는 그릇된 사회적 관계를 바람직한 사회적 관계로 바꾸는 것을 뜻한다. 앞에서 제시한 대학서열체제 혁파, 대학교육의 공교육화, 대학자치 등 세 가지 바람직한 사회적 관계는 어떤 명의의 머릿속에서 나온 처방전이 아니라 그 동안의 실천 속에서 도출된 것이다. 사회적 관계의 핵심은 현실에서 충돌하는 사회세력들 간의 힘관계이며 사회적 관계를 바꾼다는 것은 그러한 힘관계를 바꾸는 것을 말한다. 따라서 사회적 관계를 바꾸기 위해서는 현재 대학을 둘러싼 사회적 힘관계를 정확하게 읽는 것이 우선이다.

대학(초중등 교육도 대학입시를 매개로 대학에 종속되어 있기 때문에 사정은 크게 다르지 않다)이라는 사회적 관계의 주 대치선은 신자유주의적 교육재편에 의한 교육의 시장화를 한편으로 하고 민중교육권을 쟁취할 수 있는 교육의 공공성 강화를 다른 한편으로 하는 전선이다. 교육 시장화 진영에서는 '경쟁력' 담론으로 무장한 자본이 버티고 있고 노무현 정부가 그 대리인으로 '대학구조개혁'이라는 공세를 펴고 있다. 교육공공성 강화 진영은 극히 최근에야 '범국민교육연대'로 집결한 교육운동단체들이 '공교육의 전면적 개편'을 기치로 내걸었지만 아직 힘겨운 수세적 대응을 하고 있다. 전선의 양쪽은 상반되는 교육철학을 가지고 있기 때문에 서로 화해할 수 없다. 한쪽은 물질적, 법적, 이데올로기적 자원을 독점하고 있는 반면, 다른 한쪽은 정당성과 잠재적 대중들 밖에 가진 것이 없다. 민중의 객관적 이해관계로 볼 때 이들은 교육공공성 강화의 진영에 속할 수밖에 없다. 그런데 일반 민중들은 물론이고 교수, 교사, 학생, 학부모 등 교육주체들도 아직 대부분 경쟁력 담론에서 벗어나지 못한 채 자본과 국가에 포섭되어 있다. 자본과 국가에 포섭되어 있는 대중들을 어떻게 교육공공성 강화 진영으로 끌어낼 것인가?

희망이 없는 것은 아니다. 비록 현재의 전선은 한 쪽이 다른 쪽을 압도하고 있는 것처럼 보이지만 그것은 사회적 모순 속에 있기 때문에 항상 변화의 가능성을 가지고 있는 불안정한 전선이다. 모순이 격화되면 변화의 가능성은 그만큼 커진다. 위기는 운동의 기회이기도 하다. 지금까지 공교육의 모순은 주로 무한 입시경쟁으로 인한 중등교육의 황폐화로 나타났다. 그 동안의 신자유주의 교육재편으로 한국 교육의 모순은 더욱 심화되고 있다. 최근 들어 2008학년도 대학입시제도를 둘러싸고 터져 나온 고교생 자살과 집회, 서울대 입시안의 대학본고사 부활 등의 사태에 교육부도 당황한 기색을 감추지 못하고 있다. 무한입시경쟁 배후에 버티고 있는 대학서열체제의 모순이 발현되고 있는 것이다. 한편 대학교육의 대중화로 인해 그 동안 계층상승의 통로로 기능한다고 믿었던 대학교육의 보상체계가 무너지고 대학이 계급재생산의 보루가 되고 있다. 아직까지는 대중들의 허위의식으로 인해 대학서열체제의 상위로 올라가려는 경쟁이 더욱 치열해지고 있지만, 소수만이 성공할 수 있고 다수는 배제될 수밖에 없다는 사실이 점점 명확하게 드러날 것이다. 낭비적인 무한입시경쟁 구조와 대학서열체제의 계급재생산에 대한 학생, 학부모, 교사들의 인내가 거의 한계점에 도달하고 있다. 여기가 희망의 지점이다. 수세적 대응에서 공세적 투쟁으로 전환하는 것이 관건이다. 교사, 교수, 학생, 학부모 등 교육운동의 주체들은 현재의 교육정세의 주 대치선을 정확하게 읽고 공세적 슬로건을 내걸고 결집해야 한다. 정부의 신자유주의 교육정책의 허구성을 대중들에게 폭로하는 한편, 민중의 삶터인 지역의 대중과 결합해야 한다.

제6장

국립대 독립법인화

공교육 포기로 가는 길

임재홍

1. 국립대 법인화 논의의 역사

국립대 법인화 논의가 나오게 처음 나온 것은 1987년 교육개혁심의회의 "교육개혁 종합구상" 보고서인데, 여기서 장기적으로 모든 국립대학을 특수법인화 할 것을 권장했다.

우리 신교육체제에 대한 종합적 구상이 나온 것은 1995년 소위 5·31교육개혁방안에서는 소위 세계화시대의 도래로 국경이라는 보호막 속에서 더 이상 안주할 수 없기에 신교육체제를 수립해야 한다는 하면서 대학에 대한 이미지를 바꿀 것을 제안했다. 여기서 대학은 과학, 기술과 학문, 문화 창조의 산실로 전환될 것을 권고한다. 더불어 대학의 다양화와 특성화가 한 방법으로 제시된다. 그리고 그 구체적인 수단으로 준칙에 따른 학교설립의 필요성을 강조했다. 동 보고서의 학제다양화란 제목 하에 일부 국립대의 특수법인화가 논해지고 있고 내용은 단지 자율적 운영이라는 표현에 그치고 있다.[1]

---

1) 대통령자문 교육개혁위원회, 「세계화·정보화를 주도하는 신교육체제수립을 위

국립대 특수법인화는 그 이후에도 간헐적으로 논의되다, 국립대학 발전계획(2000년 12월)에서 보다 구체화된 내용이 소개된다. 동 계획에 의하면 국립대 구조조정은 공공부문 개혁의 일환으로 추진되는데, 국립대학의 역할과 기능을 강화해야 하는 것은 지식기반사회에 입각한 국가경쟁력을 강화시키기 위함이라고 한다. 그리고 그 과제로 제시된 것이 대학 의사결정구조(Governance System)의 개편이며, 여기서 국공립대학의 책임기관화, 일반회계와 기성회계를 통합한 특별회계 도입, 대학의 주요한 사업을 심의·의결하는 기구로 재정위원회 설치, 총장선출방법의 개선 및 경영계약제 실시 등이 거론되었다.2) 이 당시까지만 하더라도 공공부문의 하나인 국립대학을 구조조정의 대상으로 설정했고 과거보다 구체화된 것은 있어도 그 내용이 법인화라는 것은 명확히 설정되지 않았었다.

2002년에 국립대학운영에 관한 특별법(가칭) 제정이 추진되면서 기획예산처가 대학회계제도의 전환보다 법인화를 요구했고, 이 내용은 일본대학의 법인화가 법제화되면서 우리나라에도 영향을 주게 된다. 교육부가 지난 2004년 8월과 12월에 발표한 대학구조개혁방안에서는 모범적인 외국의 사례로서 일본을 들고 있다.

일본은 국제경쟁력을 갖춘 국립대학 재건과 국립대학의 책무성 제고를 위해 구조개혁 추진(도야마 플랜, 2001~)을 통하여 ··· 대학운영의 자율성을 확대하기 위해 국립대학을 전면 법인화(2004.4.1)한 것을 지적하고 있다.3) 이 때 교육부가 내놓은 국립대학의 자율화 방안의 내용으로는

한 교육개혁방안」(1995.5.31), 신교육체제 수립을 위한 교육개혁보고서, 1996.2, 52~53쪽, 80쪽, 124쪽.

2) 교육부, 「국립대학 발전계획」(2000.12), 1쪽, 6쪽, 17쪽 이하 참조.

3) 교육인적자원부, 「대학경쟁력강화를 위한 대학구조개혁방안」(2004.8.31), 교육인적자원부, 「경쟁력 강화를 위한 대학 구조개혁 방안 - 대학이 살아야 나라가

각종 법령에 근거한 국립대 관련 규제 완화 및 ·총액배분 예산제의 도입으로 세부예산편성지침 폐지한다는 것 등이었다. 그러다 금년 5월 대통령 주재 인적자원개발회의4)에서 국립대학의 법인화 방침이 확정되기에 이르렀다. 금년 8월 교육인적자원부는 "국립대학운영체제에 관한 특별법 제정 추진 - 국립대학 특수법인화와 대학회계 제도 -"(이하 '특별법안'으로 약칭)라는 것을 의견수렴 자료로 내놓았다.

2. 국립대법인화의 논거

특별법안은 교육부가 생각하는 국립대학 사영화의 기본적인 골격을 담고 있다. 그러나 보다 세부적인 내용은 위 자료만으로는 알 수 없으며, 이 부분은 교육부가 모델로 제시하고 있는 일본의 법인화를 참고하여 교육부가 어떠한 생각을 하고 있는지 간접적으로 판단하여 볼 수 있다.

교육부는 특별법 제정의 배경으로 국가 행정조직이 갖는 경직성을 완화시켜 대학운영의 자율성을 확대시킬 필요성을 언급하고 있다.5) 그리고 자율성의 한 내용으로 다양한 이해관계자의 참여보장을 통한 민주적 대학운영체계를 구축하겠다고 한다.6) 과거에 교육부가 민주적 의사결정

산다」(2004.12) 참조.

4) 「특성화를 위한 대학혁신방안」

5) 종래 실정법제에 의하면 대학은 국가시설의 일부이기 때문에 이러한 판단은 긍정적인 측면이 있다고 판단할 수 있다. 영조물은 국가의 조직 내지 시설의 일부이기에 독립성이 없다. 따라서 국가는 언제든지 행정적 감독권을 갖는다. 따라서 법인화한다는 것은 적어도 이러한 행정적 감독으로부터 보다 자유로워질 수 있는 측면이 있다.

6) 교육부가 제시하고 있는 것은 크게 둘로 나뉜다. 하나는 '다양한 이해관계자의

참여보장'이고 다른 하나는 '민주적 대학운영체계의 구축'이다. 전자는 수단개념이고 후자는 목적개념이다. 종래에 대학행정에 이해관계를 갖고 참여할 수 있는 것은 철저히 단선적이고 상향식이었다. 대통령, 교육부 관료, 위로부터 임명된 총·학장, 총·학장에 의하여 임명된 실·처장들이었다. 진정한 대학의 주체인 평교수와 학생들은 단지대학지배구조의 아니 대학행정의 객체에 불과했다. 이러한 지배구조에 대한 반성으로서 민주적 대학운영체계를 구축하겠다는 것은 상당히 반가운 일이다. 그런데 교육부는 "대학발전에 중요한 역할을 수행하는 주요 이해당사자의 참여를 통한 국가와 지역사회의 요구를 반영한 대학발전"을 도모하면서 주요 이해당사자로서 지역사회, 지자체, 동창회 등을 들었다. 특히 특수법인화되는 국립대학에서 가장 중요한 의사결정권은 이사회에 부여된다. 그런데 이 이사회에 필수적으로 참여하는 자에 국립대학 법인 총·학장, 교육인적자원부 장관 추천자, 법인 소재 광역자치단체장, 총동창회 대표 등이 포함되고 있다. 확대되는 이해관계인의 접촉지점을 살려본다. 먼저 지자체와 지역사회이다. 교육부는 "국립대학의 경우 재정수입을 정부 재정에 의존하기 때문에 대학 - 산업계 - 지역간의 유기적인 연계가 부족"하다고 평가하고 있다. 그래서 "지역혁신 주체로서의 역할 강화와 지역산업 수요에 부응하는 인력양성을 위해" 지방자치단체의 참여를 제기한다. 지방자치단체는 그 참여의 대가로 국립대학의 재정에 기여한다. 산학관연의 연계를 더 강화하겠다는 의미이다. 국립대학 소재지역의 산업에 대한 관할이 지자체에 있다는 것을 감안한 것인데, 문제는 국가가 면하려고 노력하는 재정책임을 재정자립도도 낮은 지자체가 부담해야 할 이해관계가 있는가? 내용 중에 다음과 같은 표현 즉 "지역사회의 요구반영", "지역산업수용에 부응하는 인력양성"이 있는데, 이 부분이 참여의 실제적 의도일 것이다. 이를 달리 다음과 같이 표현할 수도 있다. 대학을 지역사회의 산업 기업의 이윤창출 욕구의 수단으로 전락시키는 것, 더불어 국가와 지역사회의 요구에 따라 이들이 요구하는 인력을 양성하는 대학, 이것이 교육부의 대학교육정책이다. 그러면 국가와 지방자치단체의 이해관계는 어떤 방법으로 관철되는가? 반영기구가 대학이사회이다. 법률안에 의하면 대학이사회는 내·외부인사로 구성되는데, 그 원리를 교육부는 책임경영과 민주성의 조화로 규정짓고 있다. 그런데 이 양자가 조화가 잘 될 수가 있는 지는 의문이다. 책임경영은 이사회가 예·결산에 대한 책임을 져야 하는 만큼, 교육부의 의도에 따라 불가피하게 작동하게 될 것이다. 그런데 이 작동의 원리는 기본적으로 기업적인 마인드

체계를 만들려고 하는 대학에 대해서 과도한 개입 및 감독을 해왔다. 이런 점에서 긍정적인 측면도 일견 발견할 수도 있다. 그러나 이러한 정책은 국립대학의 법적 지위를 영조물에서 영조물법인으로 전환시키는 데서 오는 불가피한 측면으로 보아야 할 것 같다.

교육부가 국립대학에 자율성을 부여하겠다는 것은 아마도 특성화를 할 수 있는 여건을 조성해 준다는 의미로 파악하고 있는 것 같다. 특성화개념은 교육부가 신자유주의 정책을 펴면서 강조해 온 개념 중의 하나이다. 이 개념은 우리나라 대학들이 별 특징 없이 백화점식으로 학과를 개설하고 있는 현상에 대한 비판적 개념으로 사용되고 있다.

교육부는 이러한 자율화 및 특성화의 과정을 통해 세계적인 경쟁력을 갖춘 대학이 육성될 것으로 기대하고 있다. 대부분의 대학들이 유사한 학과 체제와 교육과정을 운영함으로써 각 대학들 간 차별성이 없는데 대학 특성화를 통해 향후 사회적 수요가 예상되는 분야의 핵심 인력을 양성하여 세계적인 수준의 대학이 나올 것이라는 것이다.

이상의 내용을 재정리하면 다음과 같다. 국립대학 구조개혁의 목적은 경쟁력 있는 세계적 대학을 육성하는 것이며, 그 수단이 대학별 특성화라는 것이다. 그리고 그 특성화를 이루어내기 위해서는 대학에 자율성을 부여해야 한다는 것이다. 즉 의도하는 목적은 세계적 수준의 대학이며,

---

에 의하여 지배될 것이다. 법인화되는 대학의 경우에는 "일반회계, 기성회계, 연구비회계를 통합하여 법인회계로 일원화"하고, 현행 국립대학 체제 유지하는 대학의 경우에도 '국고와 기성회계를 통합하는 대학회계 제도'가 도입(2007학년도)되면, 국가의 지원을 받는 부분이 감소함에 따라 종래의 기성회계나 연구비회계 부분이 증가해야만 대학운영이 가능해질 것이다. 따라서 학교기업을 잘 운영해서 이익을 많이 내든가, 기부금을 받든지 아니면 학생등록금을 인상하든지 그 어떤 조처가 불가피해진다. 대학이사회이든, 총·장이든 아니면 대학재정위원회이든 이들 조직들이 해야 할 기본적인 사업은 돈을 벌어오는 일이다.

그 수단이 특성화인데 특성화를 이루는 수단이 다시 자율이라는 것이고, 그 자율화의 핵심이 바로 국립대학을 법인화하는 것이다.

목적-수단의 연결은 최종적으로 법인화로 귀착된다. 반대의 과정을 거치면 교육부가 의도하는 결과가 나와야 한다. 따라서 국립대학을 법인화하면, 법률로 정해진 바에 따라 이사회가 만들어지고, 이사회가 정관을 통해 정한 방식에 따라 총장후보자를 추천하면 교육부는 총장후보자가 제시하는 중장기발전계획을 보고 타당성이 있다고 판단되면 경영계약을 통해 총장을 임명한다. 총장은 임기 4년 동안 발전계획을 달성하기 위하여 온갖 수단과 방법을 동원할 것이고, 교육부는 총장이 얼마나 경영을 잘했는지 평가하여 결과가 좋으면 재계약을 하고, 성과가 없으면 해임하거나 재계약을 하지 않는 등의 방법을 통해서 관리를 한다는 것이다. 이렇게 교육부가 강도를 높여 해당 대학의 총장을 압박하면, 총장은 다시 학내 구성원인 교수의 노동강도를 높이든 아니면 교비를 재원으로 한 학교기업을 잘 운영하여 이윤을 남기든, 이도저도 아니면 재정책임을 학생에게 등록금으로 전가시키는 등의 방법을 사용할 것이고, 여기서 가시적인 성과가 나올 것이고 잘하면 세계적 수준의 대학도 나타날 것이다. 이런 식으로 전개된다면 대학경영의 내용적 측면은 무시될 것이고 교육부는 일단 교육정책의 성공이라고 평가하여 자화자찬 할 것이다.

3. 교육부 주장의 허구성

교육부가 주장하는 국립대학 법인화라는 수단을 통해 경쟁력 있는 대학이 나올지는 정말 미지수이다. 법인화 → 자율화 → 특성화 → 경쟁력 강화라는 단선적 논리의 중간 중간에 너무나도 많은 변수가 있다.

이러한 사례는 이미 교육부의 자율화정책의 하나인 대학설립준칙주의의 파탄에서도 단선적 논리의 허구성을 본 바가 있다. 5·31교육개혁안에 의하면, 대학의 다양화와 특성화를 유도하기 위해서 "대학설립, 정원 및 학사운영을 자율화"했고, 그 구체적인 수단으로 대학설립을 종래 인가 주의에서 준칙주의로 바꾸었다. 또한 "대학정원과 학사운영을 자율화"시 켰다.[7]

대학설립준칙주의란 일정기준을 충족하면 학교를 자유롭게 설립할 수 있도록 하는 제도이다. 대학사업참여의 진입장벽을 허물면 많은 법인 들이 쉽게 대학을 설립할 수 있고, 이를 통해 대학의 다양화·특성화를 유도하고, 그 결과로서 세계수준의 대학이 나올 것이라는 가정 하에 대학설립준칙주의는 시도된 것이다. 여기에도 소위 설립자율화 → 대학 의 다양화·특성화 → 세계수준의 대학이라는 단선논리가 숨겨져 있다.

대학설립준칙주의의 이면에는 대학설립을 자본주의적인 시장원리에 맡기고 정부의 간섭은 최소화하겠다는 신자유주의원리를 근간으로 한다. 그러나 설립의 자유를 통해 다양하고 특성화된 많은 대학이 만들어지고 대학들 간 경쟁을 통해 경쟁력 있는 대학이 나오리라는 예상은 정반대의 결과를 낳았다. 부실한 대학, 부실한 대학원의 양산으로 끝났고, 이 때 설립된 많은 사립대학은 설립부터 부정과 부패의 온상이 되어 버렸다.[8] 그리고 이들 대학들은 학생수의 감소라는 현재 상황에서 퇴출의 위기에 놓여 있다. 대학설립준칙주의는 고등교육정책의 전반적인 기조를 바꾸지 않을 수 없는 한계상황을 만들어 놓았다. 문제가 심각해지면서 교육부는 대학설립준칙주의 실패에 대한 단 한번의 반성도 없이 대학의 설립 요건 을 강화시켰다.[9]

---

7) 대통령자문 교육개혁위원회, 앞의 보고서, 82~83쪽.

8) 일례로 아시아대학교에서는 총장 등이 2002년 6월~2003년 12월까지 교수 채용 명목으로 42명에게서 무려 39억 8천만 원을 받은 혐의가 적발됐다. http://www.hani.co.kr/kisa/section -002001000/

여기서 무엇이 문제된 것일까? 대학설립을 자유화했을 때 교육부는 교육이념을 가진 교육자들이 종래의 대학을 비판하면서 교육이념에 따라 다수 진입하여 경쟁체제가 형성될 것이라고 보았다. 그러나 우리 사립대학의 현실을 보면 누구 교육사업에 주로 진입하는지 교육부가 모를 리는 없었다. 또한 우리나라의 대학들은 이미 서열화된 구조 하에 있기 때문에 경쟁체제가 쉽게 형성되지 않는다. 이 점을 교육부는 간과한 것이다. 아니 간과한 것인지 알면서 다른 의도가 있었는지 정확하지는 않다. 다만 이 과정에서 진입한 대학들과 교육부의 관계를 보아 추정은 가능할 것이다.

교육부가 특별법 제정을 통해서 법인화는 가능할지 몰라도 법인화를 자율화로 바로 등식화할 수는 없다. 왜냐하면 자율이란 개념은 과거와 같이 교육부의 과도한 개입이라는 타율운영의 반대개념으로 이해해야 하기 때문이다. 그러나 교육부가 말하는 자율이란 국가의 재정적 책임의 전가라는 의미를 담고 있다.[10] 따라서 자율개념을 잘못 이해하고 있다.

자율이란 헌법상의 교육의 자주성, 대학의 자치를 말하는 것으로서 국가의 재정지원의무와 연결시켜서는 안 된다. 교육자치나 대학자치란 인적 구성원 즉 주체가 있다는 의미로 이들이 교육에 관한 결정권을 행사하여야 한다는 의미이다. 반면 국가의 재정적 책임의무는 헌법상의 교육권으로부터 파생되는 것이다. 따라서 국가는 공공성을 확보하기 위

---

9) 대학설립·운영규정 일부개정령[대통령령 제19095호, 공포일자 2005년 10월 25일].

10) 이러한 논의의 이면에는 다음과 같은 사고방식이 전제되고 있다. 과거에는 충분한 재정적 지원을 한 만큼 개입의 권한이 있었다는 것이며, 앞으로는 국립대학이 재원을 스스로 확보하는 정도에 맞추어 자율을 부여하겠다는 것이다. "민간발상의 경영기법 도입", "산학협력, 학교기업 활성화"의 표현 등에서 재정책임의 전가가 읽혀진다.

해서 재정적 책임은 부담하되, 학교운영에서는 교육주체들에게 자율성을
부여하여야 한다는 의미로 받아들여야 한다.

교육부식 자율화에 따른 법인화는 대학자치를 원하는 대학구성원들의
반대에 직면할 것이다. 또한 공교육 재정의 국가책임을 당연시하는 일반
국민들의 희망에도 반하기 때문에 또한 저항에 직면할 것이다. 이런
징후는 이미 현실이 되어 버렸다.[11]

이사회의 구성이나 총장임명 역시 교육부의 생각처럼 쉽게 되지는
않을 것이다. 종래 대학민주화의 상징이 총장직선제이었고, 나아가 교수
평의회 내지 대학평의회의 법제화라는 것은 너무 당연한 일이다. 그런데
위로부터 이사회와 총장을 임면하는 것은 종래 쟁취된 대학민주화를
부정하는 것이므로 마찬가지로 저항에 직면할 것이다.[12]

설령 법인화=교육부식 자율화의 등식을 인정한다고 하더라도 자율화
로 인해 바로 특성화가 이루어진다는 것도 논리비약이다. 교육부의 대학
구조개혁정책 역시 무엇이 특성화인지에 대해서 전혀 언급이 없다. 단지
교육여건개선, 대학간 통합, 정원 감축 등이며 이런 정책들은 특성화를
유도하는 정책인지 대학설립준칙주의의 폐해를 은폐하기 위한 대학정원
감축정책인지 구별이 안 될 정도이다. 대부분의 사립대학들이 추진하는

---

11) 지난 2005년 9월 24일 교육부의 국립대학 특수법인화 정책에 반대하여 1,500
여 명의 국립대학교수들의 반대집회가 있었고 국립대 총학생회도 반대집회를
열어 교육부의 정책 허구성을 질타한 바 있다. 10월 15일에도 교수노조, 민주노
총, 공무원노조, 대학노조 등 교육기관에 몸을 담고 있는 노동자 4,500여
명이 국립대 법인화 반대와 교육의 공공성 강화를 위한 대규모 집회를 가지고,
전체 대학구성원을 비롯한 전민중의 연대로 '교육의 시장화, 사영화 저지'에
나설 것을 결의했다.

12) 국회에서 교육공무원법을 개정하여 국립대 총장선거를 선관위에 위탁하였을
때에도 국립대학의 교수들은 대학자치 침해라고 하여 반대한 바 있다. 직선제
를 간선제로 변화시키는 것에 대한 반대는 더욱 심할 것이다.

자체 구조조정안도 교육부가 의도하는 특성화보다는 사실 생존전략에
가깝다.

사영화된 국립대학 역시 사립대학과 비슷한 특성화를 시도할 것이다.
교육부식 특성화란 경쟁과 이윤창출과 연관이 강한 개념이다. 특성화는
경쟁관계에서 우위를 확보하는 수단개념이다. 즉 국가의 재정부담의무의
전가에 대해서 대학이 스스로 찾아야 할 자구책개념이며 필연적으로
경쟁에서 진 대학은 청산절차를 밟게 될 것이다. 따라서 특성화의 방식이
수요자중심 교육논리, 즉 기업이 요구하는 학과통폐합, 선택과 집중에
의한 재정지원 등으로 나아갈 가능성이 농후하다. 이 역시 특성화가
아닌 생존전략이며 그 결과는 세계적 수준의 대학이 아닌 공교육의 파괴
와 교육기회의 불평등으로 이어질 것이다.

4. 교육부 주장의 실제 의도 내지는 결과

교육을 통상 공교육이라고 부른다. 즉 교육의 공공성이 보장되어야
한다는 말이다. 교육의 공공성이라고 할 때 핵심이 되는 것은 국민의
교육을 받을 권리와 이에 대한 국가의 보장의무이다.

반면 교육부 대학정책의 모토는 구조조정 내지 구조개혁이다. 이러한
구조전환의 최상위 개념은 국가의 경쟁력강화이다. 국가의 경쟁력 강화
를 위해서는 먼저 인적 경쟁력이 앞서야 하고 인적 경쟁력을 강화시키기
위해서는 대학의 경쟁력이 증진되어야 한다고 국가관료들은 보고 있
다.[13]

---

13) 2004년 12월 교육부가 내놓은 대학정책 즉 "경쟁력 강화를 위한 대학 구조개혁
　　방안 — 대학이 살아야 나라가 산다"의 제목만을 보아도 이러한 관계를 바로

교육부는 국가경쟁력을 강화시키기 위해서 교육의 이념을 전환하는 작업을 하고 있다. 그 방향은 종래의 (파시즘적 통제수단이 포함된 그래서 규정짓기 어렵지만, 적어도 최소한의 공적 성격은 인정할 수 있는) 공교육체계를 경쟁력 있는 신자유주의 교육체계로 바꾸자는 것이다. 이러한 구조의 전환은 세계화에 대한 대응으로서 공공부문의 구조조정에 불과한 것이다. 세계적 수준의 대학은 이러한 구조조정을 가능하게 하기 위한 장미빛 환상이며 이데올로기에 불과하다. 따라서 교육부가 내걸은 목적은 수단을 합리화시키기 위한 것이다. 따라서 목적 달성을 위해 제시한 수단 즉 국립대학법인화가 교육부가 실제 달성하려고 했던 의도라고 보아야 할 것이다.14)

교육부의 자율화정책이 교육의 자치 및 대학자치를 위한 것이라면 교육공무원법, 고등교육법과 사립학교법의 개정이 필수적이다. 대학의 장 임용을 중앙행정기관의 권한으로 하고 있는 교육공무원법 제24조, 대학 내부 의사결정권을 총장 1인에게 귀속시키고 있는 고등교육법 제6

알 수 있다. 교육부는 이를 단지 이데올로기 수준이 아니라 법제화를 추진하였다. 이 변질된 교육논리가 입법화과정으로 거쳐 규범으로서 등장한 것이 인적자원개발기본법이다. 간단히 말하면 경제발전을 위해 필요한 인적 자원을 교육이 배출하여야 한다는 것이다.

14) 비슷한 논리를 사립대학에도 적용시킬 수 있다. 교육부의 사립대학 구조개혁의 목표는 국립대학과 마찬가지로 특성화를 통한 세계적 수준의 대학이며 그 수단으로 자율화를 부여하겠다고 한다. 그런데 목표는 실종되고 자율화만 남게 되는데 이 자율의 향유 주체로 사립대학법인을 설정하고 있다. 즉 이사회 운영의 자율성을 강화시키겠다는 것으로 구체화된 것이 학교법인 정관준칙의 폐지이다. 사립학교법인에 대한 규제철폐의 결과가 어떻게 나타날 것인지는 불을 보듯 뻔하다. 법인이사회의 권한이 강할수록 그 남용과 비리도 심해질 것이다. 이를 막기 위해 사립학교법 개정안이 국회에 상정된 상황에서 벌어지는 이러한 자율화 방안은 시대역행적인 결과만 낳을 것이다.

조, 학교의 장은 당해 학교를 설치·경영하는 학교법인 또는 사립학교경영자가 임면한다고 규정하고 있는 사립학교법 제53조의 개정이 논의의 출발점이 되어야 타당하다. 그러나 교육부의 정책에는 이러한 본질적이고 핵심적인 내용은 거의 피해가고 있다. 이것은 교육부의 실제 의도를 보면 너무 당연한 일이다.

신자유주의대학정책은 원래 대학자치와는 거리가 먼 것이다. 신자유주의대학정책은 "급속하게 변화된 지식기반사회를 기반으로" 하고 있고, "지식 자체 즉 교육받은 사람들과 그들의 지식이 가장 중요한 전략자원으로 전제"하고 있다. "지식이 주도하는 경제의 노동시장은 선진화된 교육과 훈련이라는 새로운 필요를 창출"하고 있으며 대학에 이 역할에 부응해야 한다고 보고 있다. 따라서 "교수중심에서 학습자중심의 교육의 교육시스템으로 변화할" 필요가 있으며, "학생들이 전통적인 정형화된 교육에서 직장경력에 필요할 때마다 비학위과정으로 제공되는 현실교육 또는 학생들의 요구에 부응하기 위해서 학생들의 주문에 충실한 맞춤형교육으로 변화되어야" 한다는 것이다. 이러한 변화는 고등교육에 대한 변화를 요구하고 있다. 무엇보다 대학의 지배구조를 효율적으로 변경시키는 것이다.15)

이러한 논의는 결국 교수들의 참여 나아가 대학의 이해관계자들이 참여하는 방식을 피하고, 현대의 대학에서는 효율적인 관료적 의사결정

---

15) "대부분의 대학에서 교수들은 학문정책과 관련된 핵심적인 역할을 수행하고 있지만 세부적인 대학운영에 직접 관여하고 있는 교수들의 능력은 이미 오래전부터 사라졌다. 왜냐하면 대학과 관련된 이슈들이 더 복잡해졌고 의사결정속도가 매우 빨라졌기 때문이다." 그래서 "교수가 대학운영에 폭넓게 참여하는 것은 부적절한 정보와 권한의 불균형 등으로 빈번히 좌절되고 있으며, 현재의 대학의 운영방식 즉 교수들이 공동으로 참여하는 복잡한 대학운영은 거북스러울 뿐만 아니라 결단력 있는 일처리를 어렵게 만들고 있다"고 보고 있다.

방식이 보다 효율적이라는 것이다. 특히 대학의 재정과 관련해서는 종래의 의사결정방식이 현대의 국가에는 적당하지 않다고 주장한다. 특히 앞으로의 대학은 스스로 재원을 확보해야 하는 상황에 직면해 있기 때문에 효율적이고 적극적인 대학운영이 필요하다고 보는 것이다.[16]

교육부의 특별법안의 실제 의도는 국립대학이 스스로 재원책임을 지라는 것이며, 이를 가능하게 하는 법적 형태가 법인화인 것이다. 이 법인의 책임주체를 이사회로 상정하고, 이사회가 대학의 발전계획을 수립하고 자율적으로 재원을 마련하여 이를 실행하라는 것이었다. 재원마련의 한 방법으로 교비에 의한 수익사업도 인정해 줄 것이니 적극적으로 활용하라는 것도 예시되고 있다. 즉 자율성 보장이라는 미명하에 국립대학을 준사유화하고 기업식 이윤추구의 단초를 가능하게 해주는 것이다. 장기적으로는 국립대학을 완전 사유화하여 고등교육개방의 대상으로 하겠다는 것도 암시되고 있다.

교육부가 특히 참고하는 모델인 일본이 2004년 4월 도야마플랜을 통해 이미 국립대학을 전면 법인화시키면서 이를 자율성의 확대로 평가하는 것도 같은 맥락이다. 일본 문부과학성은 국립대학의 재편·통합과 독립행정법인화를 축으로 대학구조개혁을 진행시켜 왔다. 그래서 '국립대학법인법'(2003.7.9)을 만들어 작년 4월에 89개의 국립대학법인을 탄생시켰다. 이를 통해 일본정부는 국립대학 재편성·통합으로 국립대학 수를 12개 감축했다. 또한 민간 경영기법의 도입, 전문가·민간인이 참가하는 제3자 평가시스템의 도입(대학평가·학위수여기구), 평가결과의 대외적인 공개, 평가를 근거로 하는 자금배분시스템을 설계했다.

그런데 이러한 제도설계에서 중요한 것이 독립행정법인의 법적 성격문

---

16) 이러한 신자유주의적 정책이 관철된다면, 대학내부의 의사결정구조 등에서 대학의 민주화가 현재보다 현저한 후퇴할 것이다.

제이다. 일본 국립대학의 법적 지위인 독립 행정법인은 일본정부가 중앙 정부조직 개혁의 일환으로 1999년에 도입한 것이었다. 그 모델이 된 것은 영국의 대처 수상이 채택한 외청(外廳)제도로서, 사영화의 차선책으로 채택된 것으로 행정기구와 민간기업의 중간적 성격을 지니는 제3sector로 볼 수 있다.17) 이 독립행정법인은 우리 법제에 의하면 법률로 설립된 공기업과 법적 구조가 유사하다. 법률로 설립된 공기업은 법인격을 갖는 영조물 즉 특수법인공기업으로서 영조물법인으로 이해된다. 행정법학의 다수설에 의하면 이러한 특수법인공기업은 그 성격이 기업이고, 공공복리라는 공익적 성격으로 그 활동에 일정한 규제와 감독 및 보호를 받는다.

공기업은 공공재를 생산하고 제공하지만, 수익을 고려하지 않는 공적 사업18)과 달리, 수익성이 경영의 중요한 요소로 고려되고, 경영자의 경영 능력이 중요시된다. 이러한 기업관은 특수법인공기업의 조직과 이에 대한 행정적 통제방식이나 예산회계제도를 볼 때 분명해진다.19)

---

17) 독립 행정법인은 주무행정관청이 정한 중기목표를 바탕으로 중기계획을 작성해 업무를 수행하고 주무행정관청에 설치된 평가위원회로부터 업적을 평가받는다. 회계도 민간의 경우와 같이 기업감사인의 감사를 바탕으로 투명성을 확보한다.

18) 공적 사업의 가장 대표적인 것이 교육사업이다.

19) 특수법인공기업은 의결기관으로서의 이사회와 경영자인 사장 및 감사로 조직된다(정부투자기관관리기본법 제9조 및 제11조). 사장과 감사는 대통령이 임명하고 상임이사는 주무부장관이 비상임이사는 기획예산처장관이 임면한다(정부투자기관관리기본법 제13조의2). 특수법인공기업의 사장이 임명되는 경우 사장은 다음 연도의 경영목표를 설정하여 기획예산처장관과 주무부장관에게 제출하여야 한다(정부투자기관관리기본법 제5조). 또한 사장은 매년 당해연도의 경영실적보고서를 국회·기획예산처장관 및 주무부장관에게 제출하며, 기획예산처장관은 이 보고서에 기하여 공기업의 경영실적을 평가한다(정부투자기관관리기본법 제6조 및 제7조).

따라서 교육부의 대학구조개혁이 일본식으로 가게 되면, 대학의 법적 지위는 종래의 공적 사업[20]에서 영조물법인으로서의 공기업으로 바뀌게 된다. 이러한 전환으로 대학은 기업이라는 것이 법적으로 확정된다.[21] 기업으로서의 대학은 당연히 높은 수익을 올려야 좋은 평가를 받게 된다. 시장원리에 의해서 지배되는 대학은 국가감독에서 자유롭지 못할 뿐 아니라, 이제는 자본과 기업의 이해관계에서도 자유롭지 못하게 된다.

이러한 제도설계 틀에서 대학자치는 불가능하다.[22] 교육부의 개혁안중에 대학평의원회, 교수회, 학생회, 직원회의 법제화를 추진하든,[23] 교수대의회의 형태이든,[24] 이 조직들은 대학참여의 주체가 아니라 학교장의

---

20) 법적 지위는 법인격 없는 영조물로 이해되어 왔다.

21) 교육을 산업화하고 대학을 기업화하는 것은 이미 교육개방과 사전개방으로 인해 어느 정도 인정된 바 있다.

22) 대학을 영조물로 보고 이에 대해서 법인격을 부여하면 법률상 설립주체로부터 독립한 것이라 할 수는 있다. 그렇다고 법인격이 있다고 하여 바로 영조물법인에 구성원의 자치와 참여가 인정되는지는 법논리상 분명하지 않다. 공법상 단체와는 달리 영조물은 구성원이 없는 존재이기에 자치행정을 인정하는 경우 누가 주체인지 분명하지 않고 오히려 영조물에는 자치가 개념논리상 인정될 수 없다는 주장이 더 설득력을 갖는 것 같다.

23) 2004년 10월 20일 지병문 의원 외 150인이 제안한 「고등교육법개정안」의 주요 내용 중에 포함되어 있다. 가. 교수회·학생회 및 직원회 구성(안 제27조의2). 나. 학교자치기구로서 교수회·학생회·직원회 대표, 동문 및 지역 대표로 대학평의원회 구성(안 제27조의2). 다. 대학평의원회에서 학칙의 제정·개정, 학교의 예산안 및 결산에 관한 사항, 대학교육과정의 운영에 관한 사항 또는 학생정원의 증감 및 학과 또는 학부의 개폐에 관한 사항에 대하여 심의(안 제27조의4). 교육부가 작년 12월에 발표한 「경쟁력 강화를 위한 대학구조개혁 방안 - 대학이 살아야 나라가 산다」에서도 "대학운영의 객관성·투명성·민주성 보장을 위해 대학평의원회, 교수회, 학생회, 직원회의 법제화 추진"의 내용이 실려 있었다.

24) 금년 8월의 특별법안에서는 학사에 관한 중요 사항을 심의·의결하는 교수대의

의사결정과정에 아무런 영향력 없는 단순 보조자에 불과하게 된다.[25] 왜냐하면 이들 조직의 지위를 법적으로 인정한다고 하더라도 대학에서의 중요 의사결정권은 이사회와 영조물기관의 장인 총장에게 있기 때문이다. 이들 조직의 법제화는 소위 정부가 말하는 대학의 자율성을 그럴듯하게 보이기 위한 들러리에 불과한 것이다.[26] 특별법이 만들어지면 총장은 대학자치의 대표자라기보다는 대학의 교수들을 고용자로 하여 수익을 최대한 올려야 하는 고용사장이 된다. 나아가 1980년대 대학민주화운동 의 최대 성과가 직선에 의한 총학장의 선출이었다면 특별법안은 이러한 성과에 대한 전면 부정이기도 하다.

이러한 독립법인화 정책은 공교육을 위협할 뿐만 아니라 대학자치에 결정적 위기를 초래할 것이다. 교육부의 대학자율화란 교육에 대한 국가 책임의 포기이거나 아니면 평가시스템을 통한 간접적 지배이며, 재정통 제를 매개로 한 보다 세련된 국가관리를 염두에 둔 것이다.[27]

회를 인정하겠다고 하고 있다.

25) 교육부의 시안은 2003년 11월 대학재정위원회가 몇몇 대표들이 참여하는 교수평의회 및 교수대의회와 유사한 구조를 띠고 있을 뿐 아니라, 교수회의 역할이 대학재정위원회의 위원을 추천하는 역할로 축소될 수 있어, 전국국공립 대학교수(협의)회의 반대에 부딪힌 바 있다. 교육부가 말하는 교수회는 교수들 이 희망하는 직접민주주의의 실현기구로서의 교수회와 거리가 멀기 때문이다. 이런 맥락에서 국교협은 "교육부의 안은 대학 총장의 자율성을 높이는 방안으 로, 총장의 권한을 견제할 수 있는 교수회의 위상에 심각한 타격을 주고 있다"라 고 주장하고 있어, 첨예한 논쟁이 벌어질 전망이다. ≪교수신문≫(2004.9.6).

26) 일본대학법인화법의 문제점으로 자주 지적되는 것이 교육·연구까지 정부가 통제할 수 있다는 부분이다. 일본의 국립대법인화법 제30조는 문부과학성의 중기목표가 설정되면, 국립대학법인은 그에 따라 중기계획을 세워 문부과학대 신의 인가를 받도록 하고 있다. 이는 곧 교육·연구 전체를 중앙정부와 관리한다 는 것을 의미한다. 초중등교육에서의 교과서 검정제의 변형이 대학에도 행해질 수 있다. ≪교수신문≫(2003.6.13).

5. 교육부의 목적대로 우수대학을 만들려면 어떻게 해야 하는가?

　대학구조전환정책에서 우리가 보다 면밀히 검토해야 할 점은 대학구조개혁의 목적보다는 대학구조개혁이 교육부의 의도대로 이루어졌을 때 실제 나타나게 될 결과이다. 교육부가 내걸은 목적 즉 특성화된 세계적 수준의 대학은 출현할 것 같지가 않다.

　오히려 예상되는 결과는 세계적 수준의 대학이 아니라(물론 몇몇 가능성을 전혀 부정하는 것은 아니지만), 다음과 같은 것이다. 먼저 재정책임의 전가로 인한 공교육의 포기,[28] 국립대학과 사립대학간의 무한경쟁, 대학자치의 축소와 세련된 대학지배방식의 관철, 교원으로서 누려야 할 법적 지위의 부정으로서 비정규직화[29] 내지는 노동강도의 강화[30]가 될 것이다.

---

27) 국립대학은 의무적으로 구조개혁을 추진하고, 사립대학은 가이드라인 설정 등으로 자율적으로 추진하되 행·재정 지원과 연계하겠다는 교육부의 발상은 자율성과는 전혀 거리가 먼 것이다. 교육인적자원부, 「대학경쟁력강화를 위한 대학구조개혁방안」(2004.8.31) 참조.

28) 문제는 이러한 국립대학의 사영화가 야기할 대학교육비용의 증가가 중등교육 단계에서의 자립형사립고, 그리고 공교교육비용의 대폭적 증가를 전제로 한 전문대학원 과정과 결합되면 재산에 따른 교육기회의 사회적 차별이 일반화된다는 점이다. 그 결과 사회적인 불평등체계가 교육을 통해 더욱 강화되는 상황이 도래할 것이라는 점이다.

29) 교수계약제와 연봉제 실시의 의도는 탄력적인 인사관리에 있었다. 탄력적인 인사관리를 위해서 제일 필요한 것은 교원지위법률주의를 제거하는 것일지 모른다. 이것이 가능해야 시장원리를 적용하기 쉬운 인사관리의 유연성을 높일 수 있기 때문이다. 일본에서는 1997년 6월 6일에 교수 등을 대상으로 하는 "대학 교원 등의 임기에 관한 법률"(법률 제82호)이 참의원을 통과하였다. 이 법률 제2조 제4항에 의하면 임기가 끝났을 때 국가(지방) 공무원인 교원이 현직이나 다른 국가(지방) 공무원직에 계속하여 임용되지 않거나, 사립대학의 교원이 학교법인과 노동계약을 다시 체결하지 않으면, 퇴직으로 처리된다.

국립대학의 사영화는 대학교육비용의 증가를 야기한다.[31] 따라서 그 자체도 문제이지만, 이것이 중등교육단계에서의 자립형사립고, 그리고 공교교육비용의 대폭적 증가를 전제로 한 전문대학원 신설이라는 다른 정책들과 결합되면 재산에 따른 교육기회의 사회적 차별이 일반화 된다는 점에 심각함이 더해진다.

이 경우 사회적인 불평등체계가 교육을 통해 더욱 강화되는 상황이 도래할 것이다. 정글법칙이 지배하는 이러한 사회에는 어떠한 희망도 없다.[32] 희망이 갖는 사회를 만들기 위해서는 교육기회의 평등이 확립되는 공교육시스템을 원천으로 하여 그 범위 내에서 새로운 교육정책을 설계해야 한다. 이런 점에서 교육부의 정책은 즉각적인 수정이 필요하다. 우리나라 고등교육을 살리기 위한 첫 번째 길은 대학교육의 공공성을 확보하는 데서부터 출발해야 한다. 공공성을 실현하기 위해서는 무엇보

일단 법조문에는 임기제가 획일적으로 실시되는 것이 아니라 각 대학이나 학부가 선택하여 실시하는 것으로 규정되어 있다.

30) 서열화를 전제로 한 교육업적평가 및 이에 따른 성과급 내지 연봉제의 실시로 인해서 노동강도는 무한정 강화될 것이다.

31) 교육부는 재정책임을 여러 번 강조한 바 있다. 그러나 특별법안 제출의 배경을 보면 이는 전혀 앞뒤가 맞지 않는다. 지난 "수익사업허용", "자체적인 수입증대 등 자구노력"의 표현 등에서 재정책임의 전가가 분명히 나타나고 있다. 교육인적자원부, 「국립대학운영체제에 관한 특별법 제정 추진 - 국립대학 특수법인화와 대학회계 제도」, 8쪽, 10쪽.

32) 교육기회의 불평등의 심화는 정부가 의도했던 국가경쟁력 논리와 오히려 상반되는 결과를 초래할 수도 있다. 왜냐하면 교육기회의 축소는 인적자원의 확보에 장애가 되며, 이로 인한 사회적 갈등과 불안의 원인이 되며 이에 대처하기 위한 경찰비용의 증가만 초래한다. 양극화로 인한 소비심리의 위축이나 기업투자 위축은 양극화 심화라는 악순환을 초래하면서 사회전반적인 후퇴를 초래할 것이다. 유럽국가들뿐만 아니라 심지어 신자유주의의 진원지인 영국과 미국 등에서 교육을 통한 재분배 원칙을 종래 고수했던 것도 이러한 이유 때문이다.

다도 국가나 지방자치단체가 고등교육서비스를 저렴하게 제공하여야 한다. 몇 개 되지도 않는 국립대학마저 사영화를 추진하는 것은 해답이 될 수 없으며, 위기에 처한 사립대학을 점진적으로 국·공유화하는 정책의 수립이 필요하다. 이를 위해서 무엇보다도 고등교육재정을 확보하는 것이 중요하다.33)

다음으로 대학자치를 확보하는 대학개혁이 필요하다. 대학을 국가시설의 일부로 보는 시각을 확장시켜 대학의 구성원을 인정하고 이들에게 법인격을 부여하여 자치권을 부여하는 방향으로 나아가야 한다. 그 방향이란 대학구성원이 참여하는 중앙합의제 의결기관을 구성할 수 있도록 하고, 총학장 선출의 방법은 대학구성원의 자율결정에 맡겨야 한다.

---

33) 우리나라의 경우 고등교육의 민간부담율은 76.7%이다. 이것은 OECD 평균인 21.4%에 비해 매우 높은 편이다. 대학재정의 국가부담율을 높여야 한다. 이것은 사립대학에도 적용시킬 필요가 있다.

제7장

BK21과 NURI사업

고등교육정책의 반민중성

박정원

1. BK21사업과 NURI사업의 목표와 방법

BK21사업은 "지식기반사회를 주도할 창조적 고급인력을 양성"하기 위해 1999년부터 2005년까지 총 1조 2천억 원이 투입된 대형 프로젝트이며, 내년부터 다시 제2단계 사업이 예고되어 있다. 'BK21'사업의 목표는 "21세기 지식기반사회에 대비하여 독자적 지식·기술 창출 기반을 확보하기 위해 소수의 대학을 연구에 중점을 둔 세계수준의 대학원중심대학으로 집중 육성"하며, 이를 위해 "국가 경쟁력에 직결되며 국제적 비교우위 확보가 가능한 기초과학 및 첨단공학 등 핵심육성분야를 중심으로 대(중)규모 연구사업단을 구성, 집중지원"하기 위한 것이다.

한편 지방대학혁신역량강화사업(NURI)은 수도권과의 경제·문화적 격차, 취업기회 부족, 수도권 중심의 대학 서열화 등으로 지역 우수인재 유출 심화 및 지방대학의 경쟁력 약화된 현실에서 지역의 경쟁력은 국가경쟁력의 근원이라는 인식에 따라 '국가균형발전'을 최고 국정과제의 하나로 설정, 지역 우수인재 육성을 통한 지역산업·문화의 활성화 및 자립형 지방화 실현을 위한 지방대학의 역량을 강화하기 위해 세워진 사업이다.

이 두 가지 사업은 모두 우리나라의 대학의 경쟁력 강화를 추진하고 있다는 공통의 목표를 갖고 있으며, 사업단을 선정함에 있어 선택과 집중방식을 택하고 있다는 점에서도 공통적이다. NURI사업은 이제 시행한지 1년밖에 되지 않았지만, BK21사업은 이미 5년의 세월이 흘러 제1차 사업기간을 마무리한 단계에서 대표적 정책실패의 예로 거론되고 있다. 그럼에도 불구하고 두 사업은 교육부가 강행하려는 대표적인 사업이다. 이하에서는 이 두 사업에 감춰져 있는 교육정책의 계급적 성격을 폭로하고 그 대안을 모색해보려고 한다.

2. 시행과정의 문제들과 예상되는 결과

두 사업은 각각 연간 2,000억 원이 넘는 재원이 투자되는 대형사업이지만, 그 실시단계에서부터 많은 문제를 안고 있었다. BK21의 경우, 달성목표가 과대설정되고 관리가 제대로 되지 않는 등 여러 가지 문제점들이 야기되어, 치열한 경쟁을 뚫고 사업에 참여할 수 있었던 단위들조차 평가에서 낮은 점수를 주고 있다. 이러한 문제는 작년부터 시행되고 있는 NURI사업에서 대부분 그대로 재현되고 있다.

그러나 우리가 비판하고자 하는 점은 이러한 기술적이고 구체적인 사업측면에 관한 것이 아니다. 교육부의 자화자찬에도 불구하고 이러한 문제들은 이미 국회의 국정감사를 통해서도 충분히 지적이 되었고, 자체 사업평가를 통해서도 밝혀진 바 있기 때문에 여기에서 되풀이 할 필요는 없어 보인다. 우리는 보다 구조적인 차원에서 두 사업이 가진 문제와 한계를 지적하고자 한다.

첫째, 두 사업이 모두 그렇지만, 특히 BK21사업은 한국대학교육의 최대 문제점인 대학의 서열화를 더욱 강화하고 있다. NURI사업 역시 국립/사립

간의 서열화를 부추기고 있다는 점에서는 BK21의 지방판에 지나지 않는다. 1999년 1차 지원 이후 지난해까지 이 사업에 지원된 금액은 총 8천1백27억 원인데 서울대는 혼자서 전체 지원액의 44.5%를 차지했다. 반면 사립대 전체에 지원된 금액은 1천7백37억 원에 그쳤다. 누리사업에서도 지방의 "국립대가 대형사업 25개 가운데 16개를 휩쓸었다… 이 때문에 과거 연구중심대학을 집중육성하기 위해 추진된 'BK21사업'의 전철을 밟는 것이 아닌가 하는 우려도 제기되고 있다(≪경향신문≫, 2005.10.05)."

<표 7-1> 국립대학 BK21 연도별 지원액 현황 (단위: 천원)

구 분	2000	2001	2002	2003	2004	합 계
강릉대	610,000	610,000	378,000	427,000	427,000	2,452,000
강원대	2,470,000	2,535,000	1,834,000	1,950,000	1,950,000	10,739,000
경북대	4,350,000	4,578,000	4,870,000	5,777,000	5,779,520	25,354,520
경상대	3,569,000	3,241,000	2,963,000	3,330,000	3,280,129	16,383,129
공주대	470,000	388,000	381,000	446,000	446,000	2,131,000
군산대	690,000	690,000	580,000	655,000	655,000	3,270,000
금오공대	1,216,000	1,185,000	1,177,000	1,219,000	1,219,000	6,016,000
목포대	1,110,000	1,110,000	1,016,000	1,110,000	1,110,000	5,456,000
부경대	2,880,000	2,877,000	2,673,000	3,436,000	3,436,000	15,302,000
부산대	2,395,000	2,107,000	1,871,000	2,787,000	2,787,000	11,947,000
서울대	94,678,000	64,841,000	39,531,000	42,944,000	52,944,000	294,938,000
순천대	1,060,000	1,060,000	863,000	1,007,000	1,007,000	4,997,000
안동대	338,000	266,000	251,000	287,000	287,000	1,429,000
전남대	2,990,000	2,990,000	2,438,000	2,980,000	2,980,000	14,378,000
전북대	3,020,000	3,020,000	2,770,000	3,331,000	3,333,200	15,474,200
제주대	1,500,000	1,500,000	1,160,000	1,425,000	1,425,000	7,010,000
창원대	1,990,000	1,990,000	1,668,000	1,990,000	1,990,000	9,628,000
충남대	2,811,000	3,212,000	2,409,000	2,623,000	2,623,000	13,678,000
충북대	2,620,000	2,620,000	1,630,000	2,254,000	2,254,000	11,378,000
한국교원대	-	-	-	70,000	70,000	140,000
한국해양대	667,000	667,000	665,000	667,000	667,000	3,333,000
한밭대	1,415,000	1,490,000	1,330,000	1,490,000	1,490,000	7,215,000
상주대	383,000	383,000	359,000	383,000	383,000	1,891,000
충주대	748,000	880,000	768,000	836,000	836,000	4,068,000
소 계	2,546,000	2,753,000	2,457,000	2,709,000	2,709,000	13,174,000
합 계	133,980,000	104,240,000	73,585,000	83,424,000	93,378,849	488,607,849

자료: 2005년 교육인적자원부 국정감사 제출자료.

올해 '수도권 대학 특성화 사업'에 선정된 서울대, 고려대, 성균관대, 이화여대, 연세대, 한양대, 경희대 등 7곳 수도권 대학들이 이번 대학구조개혁지원사업에서도 선정됐다. 이 대학들은 지난 6월 특성화 계획과 구조개혁 실적을 높이 평가받아 많게는 4년간 1백 57억 6천만 원을 지원받았는데, 이번 구조개혁선도대학에도 '구조개혁 실적'에서 점수가 높아 4년간 많게는 1백 1억 3천만 원까지 받게 됐다. 수도권 대학에 대한 중복 지원이 이루어지고 있는 것이다. 4년간 총 2백억 원 이상을 받는 대학은 경희대, 한양대, 성균관대, 서울대, 이화여대, 연세대 등 6개 대학이다. 이러한 중복지원으로 인해 수도권대/지방대의 2중구조가 더욱 강화되고 있으며, 이는 중등교육까지 파행으로 몰아가고 있다.

<표 7-2> 2004년 국고지원액 상위 10개 국립대학　　(단위: 천원)

대학명	국고지원액	총액 대비 비율(%)	학생 1인당 지원액
서울대	241,247,338	12.71	6,151
경북대	111,471,896	5.87	3,337
전남대	98,566,353	5.19	3,200
부산대	97,520,758	5.14	3,151
전북대	89,273,386	4.70	3,020
충남대	82,701,759	4.36	2,593
경상대	82,325,555	4.34	3,346
충북대	80,918,750	4.26	3,314
강원대	78,083,461	4.11	-
부경대	66,385,247	3.50	2,439

자료: 2005년 교육인적자원부 국정감사 제출자료.

<표 7-3> 구조개혁 선도대학 지원예산액(수도권그룹)　　(단위: 억원)

대학별	2005	2006	2007	2008	총계
서울대	31.7	19.1	25.5	19.1	95.4
고려대	26.8	19.4	25.8	19.4	91.4
성균관대	36.3	19.5	26.0	19.5	101.3
인하대	34.0	18.3	24.4	18.3	95
이화여대	25.5	17.9	23.9	17.9	85.2
연세대	24.7	17.5	23.4	17.5	83.1
한양대	35.6	19.2	25.6	19.2	99.6
경희대	35.4	19.1	25.4	19.1	99
총　계	250	150	200	150	750

<표 7-4> 특성화사업 대학별 지원액 (단위: 억원)

대학	액수	대학	액수
경희대	33.2	동국대	19
한양대	31.8	홍익대	18.6
성균관대	30.5	명지대	18.2
중앙대	29.8	서강대	18.4
서울대	29.3	숙명여대	17.3
이화여대	28	한경대	17.3
연세대	27.4	아주대	16.9
고려대	22.3	기타	160.1
한국외대	21.9	총계	540

둘째, 선택과 집중 방식의 문제이다. 대학교육시장 내의 다양한 차원에서 Matthew Effect(부익부 빈익빈현상)가 나타날 것이다. 우선 이들 사업기금이 대학을 단위로 하여 지원되므로 대학 간 부익부·빈익빈 현상이 심화될 것이다. 이 현상은 연구기금을 지원 받는 대학 내에서도 나타난다. 지원을 받는 단대·학부와 그렇지 않은 단대·학부 간에, 그리고 학과 간에, 최종적으로는 사업단에 속한 교수·대학원생그룹과 속하지 못한 교수·대학원생그룹 간에도 나타나게 된다. 따라서 지원을 받는 대학·단대·학부·학과·전공·교수·대학원생들은 사업참여의 성공이 또 다른 프로젝트에의 참여를 가능하게 하는 요인으로 작용하여 이른바 '고생산성 경로'를 취할 수 있게 된다. 그렇지만 BK21사업에서 배제된 그룹들은 '저생산성 경로'에 머물러 자원배분의 왜곡을 유발할 것이다. 이에 따라 부분적으로 경쟁의 형태를 향하고 있던 한국의 대학교육부문은 다시 독점화로 전환될 가능성이 크다.

승자독식방식(즉, 선택과 집중)이 갖는 비효율성은 다음 우화로 설명될 수 있다. 한 들판에서 사건의 단서를 동시에 찾고 있는 두 명의 경찰관이 있다. 그들은 들판의 한쪽 끝에서 출발하는데, 그 들판을 수색하기 위해 쌍안경을 이용하면서 반대편을 향해 곧장 걸어간다. 우선 둘 중의 하나가 단서를 발견하면 그 경찰관들은 상을 같이 받게 된다고 가정하자. 단서를 발견하게 되는 최상의 기회는 한 경찰관이 들판 폭을 따라 난 길의 1/4 위치에 있고, 다른 경찰관은 3/4의 위치에 있을 때이다. 이제 단서를 발견한 경찰관에게만 모든 상이 돌아간다고 가정하자. 두 경찰관은 각각 들판의 반대방향 폭으로부터 출발하는데, 각 경찰관은 중앙을 향해 이동하는 중간에 다른 사람의 영역에 속한 들판을 '훔쳐'보려 할 것이다. 그들은 두 사람 모두 중앙에 도달할 때까지 상대에 대해 신경을 곤두세울 것이다. 경찰관에게 개인적으로 최적인 행동은, 승자가 독식하는 시나리오에서 본질적으로 사회적 최적 접근이 되지 못한다.

사회는 어떤 경찰관(혹은 연구기관)이 수색(혹은 연구)에서 먼저 성공하는지에 대해 관심이 없는 반면, 각 개별 경찰관(혹은 연구기관)은 승자독식의 시상제도 하에서 그 자신의 성공을 위해 특별한 관심을 갖고 있다. 따라서 각 개인은 (사회적 선호가 아닌) 자기 자신의 선호에 따라 들판(혹은 연구 연속체) 상의 '지점'을 선택하게 된다. 연구집단의 경우, 계란을 한 꾸러미에 담기를 원치 않기 때문에, 두 대학이 서로 다른 접근방법을 선택하는 것이 사회가 선호하는 방식일 것이다. 그러나 각 대학은 경쟁자의 것과 유사한 접근방법을 선택할 때의 인센티브가 분명히 있다. 그 결과 '교수는 자신의 경쟁자로부터 스스로를 차별화시키기 위해 노력하는 외로운 늑대가 아니다.[1]

단기간 평가(매 1~2년마다 평가) 방식을 취함으로써, 기초연구보다는 짧은 기간에 연구결과를 산출할 수 있는 단기연구에 치중하게 만들 것이다. 이와 같은 현상은 새 지식의 창출을 어렵게 하여 지식기반경제 발전의 기초를 약화시킬 가능성이 높다. 이 사업들은 연구자가 과학도로서의 안목을 가지고 연구주제를 선정하는 것이 아니라, 산업계가 현실에서

---

1) Dasgupta, P. and Maskin, E., "The simple economies of research portfolio", *Economic Journal*, 97, 1987, p.594

당면한 수요를 반영하여 주제가 정해진다. 이렇게 선정된 연구주제에 대해 집중적인 연구기금 지원이 이루어짐으로써, 기초과학과 인문과학의 위축을 가져오고 과학연구의 질을 저하시킬 것이다.

셋째, 학문과 교육의 산업종속이 우려된다. 교육의 주제와 방법을 교수/교사가 결정하여 학생들 대상으로 가르치게 되는 교육부문에서는 원래부터 소비자주권이란 용어가 적합하지 않다. 학생을 소비자로 모는 것은 학생을 교육의 주체가 아니라 객체로 만드는 과정(싫으면 구매하지 말라는 구호)에 지나지 않는다. 또 교육서비스의 최종 소비자가 결국 기업/산업이라는 점을 상기한다면, 결국은 대학교육과 대학에서의 연구가 기업/산업의 요구에 종속된다는 것을 의미한다. 특히, NURI사업은 지방대학을 지방의 중소기업들이 통제할 수 있는 길을 열어주고 있다. 이와 관련 NURI사업을 지원하는 기업들은 대학에 대해 일반적 기술이 아닌 자기 기업에 특수한 기술을 가르칠 것을 요구함으로써 학생들을 하나의 기술에 편중된 불구화된 노동자로 만들고 있다. 이는 특히 전문대의 맞춤형 교육이 갖는 문제점이다.

연구자가 과학도로서의 안목을 가지고 연구주제를 선정하는 것이 아니라, 산업계가 현실에서 당면한 수요를 반영하여 주제가 정해진다. 이렇게 선정된 연구주제에 대해 집중적인 연구기금 지원이 이루어짐으로써, 기초과학과 인문과학의 위축을 가져오고 과학연구의 질을 저하시킬 것이다.

마지막으로, 가장 심각한 문제로서 BK21사업과 NURI사업이 교육의 계급독점체제 구축에 기여하게 된다는 점이다. 서울강남 등 특정지역의 학생들은 초중등교육단계에서부터 타 지역 학생들보다 많은 교육비를 배정받고 있다. 그들의 부모는 대부분 고소득전문직이므로 남들보다 훨씬 많은 사교육비 지출을 하고 있는데, 이들은 이를 통해 소위 상위권대학에 보다 많이 입학할 수 있게 된다. 예컨대 서울특별시 산하 각 지자체의 교육경비보조금액수는 구별로 엄청난 차이를 보이고 있다. 특히, 강남구,

송파구, 서초구의 보조금을 합하면 약 170억 8,597만 원으로 서울지역 전체 교육경비보조금의 32.64%를 차지하고 있다.

대학에 들어가면 저소득층 지방대학 학생들이 주로 다니는 대학의 학생들에 비해 더 많은 재정지원을 받는다. 세금은 일반국민이 부담하고 여러 가지 교육재정 혜택은 이들이 독점적으로 받게 되는 체제이다. 이들이 대학원에 들어가서도 교육비를 직접부담하지 않고 국가가 부담하게 만드는 사업이 바로 BK21이다. 이들이 학업을 마친 후, 부모의 직업을 물려받게 되면 교육의 반사회적 독점체제는 완성이 된다. BK21사업은 전국적 수준에서 서울대 대학원생들에게 몰아주는(퍼주는?) 사업이며, NURI사업은 지역차원에서 지역의 국립대에게 몰아주는 재정사업이다. 그리하여 대한민국 모든 지역에서 교육독점의 고리가 완성된다.

3. 교육부의 숨은 의도

BK21사업이 지원대상을 대학원생으로 하고 연구중심대학구축을 주축으로 한 지원방식을 취하고 있는 데 반해 누리사업은 학부생을 중심으로 지역혁신체계 구축을 위해 지원되고 있다. BK21사업이 연구에 중점을 둔 것이라면 누리사업은 교육내용의 강화를 강조하고 있다. BK21사업의 가장 우선적인 특징은 사업이 '핵심 브레인을 만들자'는 의지에서 출발했다는 의미에서 고등인력양성사업이라는 점에 있다. 사업비 가운데 85% 이상을 대학원생과 신진연구인력의 장학금, 해외연수, 지원금으로 사용토록 했던 것은 바로 이 같은 이유에서다.

그러나 일차 계획이 끝난 단계에서 교육부가 내 놓은 'BK21사업의 성과'는, 실제 성과로 주장할 만한 내용이 별로 없어 설득력이 부족하다. 교육부가 주장하는 BK21사업의 성과는 다음과 같다(교육인적자원부;

2005, 1단계 BK21사업 종합 평가, 분석).

1) 고등교육에 최초로 '수월성'에 근거한 "선택과 집중" 원칙을 적용, 대학 연구력 획기적 증대 및 경쟁적 연구 풍토 조성(한국의 SCI급 논문 수 국가 순위: 18위(1998년) → 13위(2004년), BK21 과학기술분야 사업 참여 교수의 SCI급 논문 수: 3,765편(1998) → 7,477편(2003)-우리나라 전체 SCI급 논문수의 42% 차지)

2) 연구비중앙관리제 및 교수업적평가제 도입 등을 통해 연구중심대학을 위한 제도적 기반 마련

3) 석사/박사 과정 학생들의 안정적인 학업 수행 지원[대학원생 지원 총인원(1999년~2004년): 석사과정 53,392명, 박사과정 24,945명]

4) 계약교수 및 박사후 과정생(Post-doc) 등 신진연구 인력 지원을 통해 교수 대 학생비율 개선 등 교육의 질 제고[신진연구인력 지원(1999년~2004년): 계약교수 3,598명, 박사후 과정생 6,159명]

5) 대학원생 해외연수 지원으로 국제적 감각 및 자신감 고취[추진실적(1999년~2004년): 장기연수 2,330명, 국제학술대회 참가 등 단기연수 46,131명, 세계 석학 단기초빙 4,658명]

교육인적자원부는 배아줄기세포 복제연구가 가짜임이 폭로되어 전 세계가 떠들썩하던 지난 12월 13일 내 놓은 자료에서 "… BK21사업은 시행 초기의 우려와 논란에도 불구하고 짧은 기간 안에 우리 대학의 경쟁력을 상당히 높은 수준까지 끌어 올린 변화의 동력으로, 우리나라 연구력 향상에 많은 기여를 했다는 평가를 받고 있습니다. 우선 BK21사업으로 인해 한국의 SCI 논문 게재 순위가 1998년 18위에서 2004년 13위로 획기적인 발전을 가져왔는데, 이는 지난 2002년 월드컵 축구 4강 신화와 비교되는 놀랄만한 성과라고 자부합니다… 무엇보다 의미 있는 것은 BK21사업을 통해 대학간 발전적 경쟁 체제로 대학의 풍토가

성과중심으로 변화하고, 우리 대학이 새로운 지식과 기술 창출의 요람으로 바뀌고 있다는 것입니다. 배아줄기세포 배양 성공으로 세계를 놀라게 한 서울대 농생명사업단…… 등 연구단의 사례는 BK21사업의 진가를 보여주는 대표적 성과입니다"2)라고 황우석 교수팀의 업적을 대표적 성과로 내세우고 있다. 황우석 교수는 국무총리실에서 실시한 BK21사업 평가단에 직접 참여하기도 했다.

교육부가 BK21사업과 NURI사업을 강행하고 있는 이유는 두세 가지 정도로 파악된다. 하나는 서울대몰아주기의 일환으로 추진하고 있는 것이며, 또 하나는 정책실패 책임의 전가이다. 앞에서도 언급한 바 있지만, 지난 2000년부터 2004년까지 국립대 BK21사업 지원금액은 총 4천 8백 86억여 원인데 이 가운데 60.4%가 서울대에 집중됐다. 1999년 1차 지원 이후 5년간 이 사업에 지원된 금액은 총 8천 1백 27억 원으로 서울대가 지원받은 금액은 국공립대와 사립대 전체 지원액의 44.5%에 달한다. 반면 사립대 전체에 지원된 금액은 1천 7백 37억 원에 그쳤다. 서울대 지원액의 20%를 전체 사립대가 나눠 가진 셈이다. 이러한 문제는 2005년 국회 국정감사에서도 집중 지적되었다.3)

---

2) 두뇌한국21사업 성과보고대회 김진표 부총리 축사(2005.12.13).

3) 지병문 의원은 "교육부가 BK21사업과 관련 논문발표수 증가 등 양적인 수치를 내세워 포장하고 있지만 실제로는 부실한 중간 평가 등으로 질적인 면에서 실패했다는 비판이 일고 있는 것이 사실"이라며 "수도권 대학의 집중 지원으로 인한 지방대 공동화를 초래하는 한편 제도 개혁에는 미진하고 연합사업단은 실패해 결국 종합적 개선 없는 2차 BK사업은 국고낭비일 뿐"이라고 일축했다. 지방대 혁신역량강화사업 일명 누리사업도 비난의 화살을 비켜가지 못했다. 사업 초기인 선정과정에서부터 문제가 있었다는 것. 지 의원은 "누리사업의 경우 1백19개 사업단 중 절반이상인 68개 사업단의 선정이 취소되는 등 선정 자체에서 부실을 드러냈다"며 "선정 취소된 사업단에도 한 학기 동안 계속 지원되는 것은 확실한 국고낭비"라고 교육부를 맹비난했다(≪한국대학신문≫, 2005.9.22).

교육부의 두 번째 의도는 정원정책 실패를 대학에 전가하여 조기에 이 문제를 해결하기 위함이다. 1996년 대학설립준칙주의의 시행으로 대학의 수와 입학 정원이 기하급수적으로 늘어났으며, 대학 역시 정부의 무계획적인 대학정원 자율화 정책에 힘입어 경쟁적으로 입학정원을 증원해 왔다. 그 결과 부실대학이 나타나고, 작금의 학력과잉이 사회문제화되었다. 학령인구 감소에 따른 대학신입생 미충원 문제는 이미 1990년대 중반부터 예측되었던 사실이다. 김영삼정부 시절의 교육개혁위원회가 1996년 발표한 '신교육체제 수립을 위한 교육개혁보고서에 따르면 2003년부터 대학신입생이 미달할 것이란 예측을 하고 있다.

이러한 전망에도 불구하고 교육부는 "양질의 프로그램을 가진 소규모의 특성화된 다양한 대학이 설립될 수 있도록" 일정한 조건을 충족하면 대학을 자유롭게 설립하도록 하는 대학설립 준칙주의를 도입했다. 또 "대학평가와 연계하여 대학정원을 점진적으로 자율화하여 학사운영을 대학 자율"에 맡기는 정원자율화 정책을 시행했다. 그 결과 1996년 대비 2004년까지 43개 대학이 증가했고, 82만여 명의 학생이 증가했다.

이미 90년대 중반에 2003년부터 미충원 문제가 발생한다는 것을 예측하고 있으면서도 고등교육을 확대하는 정책을 실시해 왔다. 그리고 이제 와서 그 책임이 백일하에 드러나기 전에 서둘러 대학입학정원을 줄이기 위한 정책들을 실시하고 있다. NURI사업과 BK21사업을 포함하는 모든 교육부의 최근 재정지원사업에 언제나 학부입학정원 감축조항이 포함되어 있는 이유이다. 입학정원 감축을 위해 NURI와 BK21이외에도, 직접적인 구조개혁사업에만 수천억 원을 투입할 계획을 수립하고 있지만 아무도 책임지는 관리는 없다. 정책실패를 재빨리 은폐하기 위해 조단위 이상의 국민혈세를 쓰고 있는 것이다. 일종의 국민을 속이는 행위가 아닐 수 없다.

누리사업은 '빈 수레만 요란한' 사업이라는 평가를 받고 있다. 다시 말해 참여정부의 정책 즉, 지역균형발전에 동참하는 모습은 보이되 실제 예산은 별로 배정하지 않는 방식이다. 누리사업에 배정된 연간 2천 2백억 원은 지방소재 전체 대학들을 놓고 봤을 때 이른바 '초대형 사업'이 전혀 아니다. 일반 국민들에게 "누리사업이 지방대 역량을 혁신적으로 강화할 수 있는 초대형 프로젝트"라고 선전한 것과 달리, 사실 지방에 4년제 87개교(교육대 제외)와 전문대 108개교가 있는 사실에 견주어 볼 때 그야말로 새발에 피에 지나지 않는 금액이다. 즉 195개 지방대학들의 연간 예산을 평균 5백억 원으로 가정할 경우 총 예산규모는 10조 원에 이르는데 누리사업 1년 지원액 2천 2백억 원은 예산의 2%정도에 불과한 것으로서 빈 수레만 요란한 것이며, 지방대 혁신에 필요한 예산규모에 비해 턱없이 부족한 생색내기에 지나지 않는다.

그나마 연간 지원금액인 2천 2백억 원은 그 전해 지방대학에 지원된 1천 5백 50억 원에서 불과 650억 원 증가한 액수이다. 즉, 예년에 해오던 사업을 통합하고 일부 추가한 것에 불과한 것인데, 이를 지방대를 지원하기 위해 새로 제시하는 '초대형 사업'이라고 우기는 것도 국민들을 우롱하는 행위이다. 이 사업에 임하는 지방대학 사업단 일부의 자세도 교육부의 사기성과 다를 바 없다.[4]

아울러 추진되는 교육정책들이 일관성을 상실하여 정책 간에 내부충돌이 일어나고 있다. 두뇌한국21사업이나, 지방대혁신역량강화사업, 수도권대학 특성화사업 등은 모두 사업단 학과 또는 사업단 차원의 경쟁을 기초로 하고 있다. 그러나 세계적인 연구중심대학 15개정도를 육성하겠

---

4) 본인이 지방 모 대학 교수협의회장으로부터 직접 들은 바로는, 누리사업을 유지하기 위한 조건인 신입생 충원율을 높이기 위해서 갖가지 편법이 동원되는데, 심지어 일부 대학에서는 같은 대학교수 부인이 신입생인 것처럼 등록을 하는 사례도 있다고 한다.

다는 것은 고등교육기관 중심의 육성전략인 것으로서 앞의 정책들과는 모순되는 정책이다. 중점육성 15개 대학에 포함되면 사실상 다른 지원사업들을 신청할 필요가 없게 되며, 또 전공분야에서 우수한 연구진을 보유하고 있는 대학보다 더 많은 지원을 받을 수 있게 되어 대학의 특성화는 포기될 가능성이 높다.[5]

4. 고등교육 재정배분방식을 혁명적으로 바꾸어야

고등교육에 대한 재정지원은 특정한 개별대학을 중심으로 고려되어서는 안 된다. 전체 학문체계의 균형 있는 발전을 전제로 하면서 자본의 이익이 아닌 국민경제의 관점에서 그 해답이 찾아져야 하며 기업이 아니라 대학을 중심으로 대안을 모색해야 한다. 그리고 대학의 서열화를 해소할 수 있는 방안으로 재정지원방식이 변화되어야 하며, 개별 대학만 지원할 것이 아니라 학생에 대한 지원이 점차 강화되어야 할 것이다. 이러한 두 가지 점을 대안으로 제시하고자 한다.

1) 지역별 분야별 중심대학-협력대학체제(Hub & Spokes) 구축

선택과 집중방식에 의한 연구기금의 배분방식을 처음 도입했던 미국과 영국의 대학들에서 많은 문제점이 도출되었다. 물리학, 화학, 수학 등 기초과학들에 대한 연구비 지원이 대폭감소하면서 이들 학과들이 대거 몰락하게 된 것이다. 이에 대해 미국과 영국 하원 소위원회의 정책추천이 우리의 관심을 끌고 있다.

---

5) 박정원, 「대학구조조정정책의 성격과 제안」, 『2005 한국사회포럼 자료집』.

먼저 미 하원은 "지식기반경제의 저변확대를 위해 재정지원의 우선순위가 기초연구에 두어져야 한다. 동시에 과학현실이 점차 학제간 성격이 강해지고 있어, 관련이 없는 전공 분야의 진전이 다른 전공의 발전에 추진력을 주기도 한다. 따라서 정부의 재정지원이 과학일반, 수학, 그리고 공학의 넓은 분야로 확대되어야 하며, 특정분야에 집중되는 것을 막아야 한다"는 주문을 하고 있다.[6]

영국 역시 동일한 결과에 봉착하여 의회가 이 문제에 대한 해답을 찾기 위해 2004년 가을 소위원회를 구성하고 수 개월간의 활동을 한 결과 선택과 집중방식의 자원배분이 문제가 있음을 인정하였다. 이들은 보고서에서 선택과 집중보다 연대와 협조에 따른 자원배분 방식을 권유하고 있다. 소위 중심대학과 협력대학체계(Hub & Spokes Model)라고 할 수 있는 이 방식은 스코틀랜드에서 이미 일부 시행되고 있는 방식이다.

중심대학과 협력대학체계의 내용은 다음과 같다. 예를 들어, 강원도 내에 10개의 4년제 대학이 있고, 각각 A, B, C, D, E, …, J라고 부르기로 하자. 인문학은 A대학이 중심이 되고 나머지 대학의 인문학부가 협력대학이 되어 단일 연구조직을 구성하고 연구기금을 확보하며 공동의 교육프로그램을 실시한다. 자연과학은 B대학이 중심이 되고, 나머지 대학의 자연과학부가 협력대학이 된다. 마찬가지로 사회과학은 C대학이 중심, 나머지가 협력대학이 된다는 것이다. 대학원에 물리학과를 설치운영하고 있는 스코틀랜드의 6개 대학들(St Andrews, Edinburgh, Glasgow, Heriot-Watt, Paisley, Strathclyde)은 소위 스코틀랜드물리학연대(Scottish Universities Physics Alliance)를 결성하였다. 이러한 형태의 협동체제가 대학원생의 교육과 훈련에 독특한 접근을 가능하게 만듦으로서, 연대에

---

6) U. S. Congress(1998), *Unlocking Our Future -Toward a New National Science Policy*, A Report to Congress by the House Committee on Science, p.42.

참가하는 모든 대학들의 강의실들을 연결시켜 특정연구주제들에 대해 한계집단들이 모두 참여할 수 있게 된다. 이런 방식으로 스코틀랜드내의 연구역량의 결집된 결과, 연구능력이 크다고 인정되어 연대결성 일년도 지나지 않아 20명의 교수와 14명의 연구원을 초빙할 수 있었다. 이와 유사한 조직이 스코틀랜드대학들의 대학원 화학과에서도 결성되었다.

우리는 스코틀랜드의 중심대학-협력대학체제 모델이 장기적인 학문발전을 위한 재원배분방식에서 '선택과 집중' 방식보다 우월하다고 생각한다. 지역의 대학들이 이런 방식으로 연대체제를 구축하여 공동으로 연구 풀을 형성하고, 연구프로젝트를 수주와 대학과 대학원 운영에서 단일한 조직으로 활동한다면 한계연구자의 연구역량이 모두 조직 속으로 들어오게 되며, 어느 대학도 시장에서 퇴출되는 일은 없을 것이다. 경쟁보다 협조를 통해 연구역량이 강화되고 생산성과 경쟁력이 높아질 것도 이 체제 하에서 기대할 수 있는 성과의 하나이다. 고질적인 대학서열화현상도 점차 해소될 것이다.

2) 대학원생에 대한 직접 지원

대학원생에 대한 지원은 BK21사업처럼 지도교수를 통해 연구비나 생활비를 지급할 것이 아니라, 대학원생에게 직접 지급하는 것이 지도교수와 대학원생 사이의 전근대적 관계를 바로잡는데 도움이 될 것이다. 또 지도교수의 관심사항이 아니라 대학원생 자신의 관심사를 연구하도록 지원하는 것이 장기적 안목에서 학문과 과학을 발전시키는 방안이 될 수 있다. 즉, '고등인력양성'을 목표로 한 사업이 교수에게 독점적으로 재정지원을 함으로써 학생의 수요가 아닌 지도교수의 수요에 따라 과제가 선정되는 현실도 개선이 필요하다. 앞에서 예를 든 미국하원 과학위원회 보고서도 "재질 있는 많은 대학원 학생들이 스스로 자금을 관리하게

하는 방법이 모색되어야 한다"는 의견을 낸 바 있다.[7]

3) 고등교육 재정지원체계의 전면개혁(무상 고등교육을 위한 단계)[8]

1단계; 모든 저소득층 학생들의 등록금을 국가가 부담하여야 한다. 대학교육이 무상으로 공급되는 일부국가는 물론, 엘리트주의를 추구하는 미국의 아이비리그대학들도 가계소득 3~4만 불 이하 가정출신 학생들의 수업료는 학교가 대신 부담하고 있다. 미국대학들의 경우, 개별대학이 저소득층 학생들에게 장학금을 제공하고 있다. 참고로 예일대학은 금년부터 보모의 수입이 연간 $45,000에 이르지 못하는 학생에게 수업료 등 일체를 요구하지 않기로 했다. 이에 앞서 작년부터 하버드대학은 $40,000 이하 소득계층에게 동일한 지원을 실시하고 있다. North Carolina대학 역시 4인 가족 기준 $37,000 이하 소득자에게 동일한 혜택을 주고 있으며, Rice대학의 기준은 $30,000이다. 이러한 제도를 실시함으로써 가난한 가정출신의 우수한 학생을 유치하려는 것이다.[9] 영국의 가계소득 1만 5천 파운드 이하 가정출신 학생이 대학에 입학하면 지방자치단체가 수업료를 대신 부담한다. 우리도 GNP가 1만 불이 넘은 상황에서 실제빈곤층에 속하는 저소득층가계 출신 학생들의 등록금 전액을 국가가 부담해야 한다.[10] 이는 교육기회의 형평성보장 측면에서도 꼭

---

7) U.S. Congress(1998), 앞의 보고서, p.39.
8) 박정원(2005), 고등교육재정개혁방안, 교수노조창립4주년 기념토론회자료집.
9) NYT(03/04/2005), http://www.nytimes.com/2005/03/04/education/04yale.html
10) 2003년 말 현재 실제빈곤층은, 기초생활 수급대상자 138만 명 + {(소득이 최저 생계비 이하이면서 비수급자 372만 명 + 소득이 최저생계비의 100~120% 미만인 차상위계층 206만 명) - 재산액 5,445만원 이상자 315만 명} = 401만 명이다(보건복지부 자료).

<표 7-5> 설립별 연간 학생등록금 비교(2004)

구　분		전문대학			산업대학		일반대학	
		국립	공립	사립	국립	사립	국립	사립
연간등록금 평균(천원)		1,875	2,624	4,633	2,151	5,468	3,085	5,801
등록금 차이도	사립전문대학 기준	0.40	0.57	1.00	0.46	1.18	0.67	1.25
	사립일반대학 기준	0.32	0.45	0.80	0.37	0.94	0.53	1.00
재학생 비중(%)		1.7	2.6	95.7	48.3	51.7	21.0	77.9

자료: 교육인적자원부 평가지원과

필요한 일이지만, 고등교육투자의 사회적 수익률이 크기 때문에 경제적 측면에서도 문제가 없다.

2단계: 사립대학에 대한 재정지원체계를 혁신해야 한다. 사립대학들도 국공립대학과 동일한 사회적 기여를 하고 있음에도 여러 가지 차별대우를 받고 있다. <표 7-5>에서 보듯이 사립대학 재학생들이 전체 대학생 가운데 차지하는 비중은 전문대의 경우 95.7%이며 4년제 일반대학의 경우 77.9%에 이른다. 그런데 이들 사립대 학생들은 국립대학 학생들에 비해 거의 두 배 가까운 수업료를 부담하고 있다. 사립대학의 재정위기를 타개하고 사립대 재학생들의 부담을 줄이기 위해서도, 사립대학 교직원의 인건비를 초중등학교처럼 국가가 부담해야 한다.

사립대학 교직원들의 인건비 규모는 생각보다 크지 않다. 전국 사립대학 교직원의 인건비 총액은 약 4년제 대학 교직원보수 약 4조 6,514억(2004년) 및 전문대학 인건비 총액 1조 913억 원(2003년)을 합쳐 약 5조 7,427억 원이 소요될 것이다. 이 액수가 다소 과장되었다는 주장도 있다. 그래서 사학연금공단의 자료를 참고로 계산할 경우, 전문대학교원 및 직원 월 총임금 44,028,101,365원＋4년제 대학교원 및 직원 월 총임금 224,310,451,126원이 나온다. 따라서 사립대학(전문대 포함) 교직원의 연간 임금총계는 268,338,552,491원×12개월＝3,220,062,629,892원(약 3조 2천 2백억 원)정도라는 계산이 된다. 실제 사립대학 교직원의 임금총액은 3조 2,200억 원 < W < 5조 7,427억 원에 있게 될 것이다.

사립대학 교직원들의 임금을 국가가 보조해줄 경우, 여러 가지 효과를 기대할 수 있다. 첫째, 보조되는 액수만큼 수업료를 인하할 수 있어 가계에 도움이 된다. 현재, 사립대학 운영비지출에서 인건비가 차지하는 비중은 41% 정도로 추정되고 있다. 만약 이 액수가 국고에서 지급된다면, 적어도 사립대학 수업료의 30% 정도를 인하할 수 있다는 계산이 나온다. 매년 잉여금을 축적해 두는 사립대학보다, 한계지출성향이 높은 일반 가정에 소득증대효과가 발생하기 때문에 국민경제 활성화에도 큰 도움이 될 것이다.

둘째, 국·공·사립대학 간 교직원의 급여체계가 통일되며, 전국의 모든 대학 교직원들에게 일정한 수준의 실질임금이 지급되므로 일부 지방사립 대학 등에서 볼 수 있는 생계비에 못 미치는 저임금을 해소할 수 있다. 아울러 비정규직 교원과의 통합임금체계를 마련할 수 있으며 교원들과 직원들과의 단일호봉제도도 검토될 수 있다.

3단계: 등록금 후불제(Graduate Tax)를 실시해야 한다. 대학재학 기간 중에 는 학생이 등록금을 일제 부담하지 않고 공부를 하게하며, 대학 졸업 후 일정한 수준 이상의 소득을 올리게 되면 그때부터 원리금을 상환하도록 해야 한다. 좀 더 구체적으로 제안하자면, 모든 대학생의 등록금을 국가가 부담하되 대학 졸업 후 연 소득 2천만 원 이상을 받게 되면 한 달에 약 10만 원의 세금을 15년 동안 더 납부하게 하는 제도이다. 3단계까지 소요되 는 재원의 총 크기는 약 9조 원 정도로 추정된다. 그렇지만 4년 후부터 다시 환급되기 때문에 실질적인 부담액은 2단계에서와 같다. 현재 호주와 스코틀랜드에서 시행중이며, 내년부터는 잉글랜드에서도 시행되도록 법률 이 제정되었다. 고등교육 진학률 50% 정도인 OECD 회원국들에서 고등교육 에 대한 국가부담이 GDP의 1%에 달한다고 할 때, 80%를 넘어선 우리는 1.5%수준으로까지 확대되어야 할 것이다.

4단계: 완전무상 고등교육 실시. 등록금 후불제를 일정기간 실시하다가 1인당 GDP가 2만5천 불 수준을 돌파하게 되면 그때부터 완전무상공급체제로 전환하여야 한다. 이것이 일부 기득권층의 교육독점구조를 혁파할 수 있는 유일한 방안이다. 아울러 저소득층의 대학교육 접근성을 높이기 위해 영국처럼 저소득지역학생과 노동자계급출신학생의 대학별 입학비율을 공개하고 정부가 학교별 목표치를 제시함으로써 일부 대학에서 부정하게 실시하고 있는 고교등급제 등의 비리를 차단해야 할 것이다.

2004년 현재 우리나라의 GDP 총액은 6,781,147(억 원; 약 678조 원)에 달하고 있으며, 교육예산은 총 265,667(억 원)이다. 이 가운데 고등교육예산은 32,634(억 원)으로 규모면에서 GDP 대비 0.5%에도 미달하고 있는 실정이다. 우리나라의 초중등교육예산은 GDP 대비 3.5% 정도로서 미흡하지만 국제수준정도에 이르고 있는데 비해, 고등교육예산은 터무니없이 부족하여 대부분 학생(학부모)이 부담하고 있는 현실이다. <표 7-6>에서 보듯이 OECD회원국들의 민간부담 고등교육비의 GDP 대비 비중이 0.3%에 지나지 않는데 비해, 우리나라는 무려 2.3%에 달하고 있다. 고등교육에 대한 국가의 저투자는 우리나라의 고등교육환경을 열악하게 하여 학생1인당 고등교육기관 교육비가 OECD 평균 U$10,052의 2/3 수준인 U$6,618에 불과하다. 국가가 고등교육에 대한 책임은 다하지 않으면서 걸핏하면 세계랭킹 100위권 대학이 없다는 주장만 되풀이하고 있다. 우리나라의 대학진학률이 80%를 상회하는 상황에서 대학의 발전 내지 경쟁력강화를 이루기 위해서는 사실 GDP 대비 1.5% 정도까지 예산이 지원되어야 한다. 참고로 GDP 대비 1%수준에 이르는 데 2004년 기준 약 3조 5천 2백억 원 가량의 예산이 추가로 필요하며 1.5%에 도달하는 데는 7조 원 가량이 든다. 그렇지만, 이와 병행하여 GDP 대비 2.3%에 달하는 민간부담은 크게 줄일 수 있으며, 이를 통해 국민들의 복지가 크게 향상될 수 있다. 국민들의 고등교육비 부담이

<표 7-6> GDP 대비 공교육비 공공부담 및 민간부담 국제비교(%)

		OECD	한국	영국	일본	미국	독일	프랑스
초·중등 교육	공공	3.5	3.5	3.4	2.7	3.8	2.9	4.0
	민간	0.3	1.0	0.5	0.2	0.3	0.7	0.2
	계	3.8	4.6	3.9	2.9	4.1	3.6	4.2
고등교육	공공	1.0	0.4	0.8	0.5	0.9	1.0	1.0
	민간	0.3	2.3	0.3	0.6	1.8	0.1	0.1
	계	1.4	2.7	1.1	1.1	2.7	1.0	1.1
합		5.2	7.3	5.0	4.0	6.8	4.6	5.3
학생1인당 고등교육기관 교육비(US$ ppp환산액)		10,052	6,618	10,753	11,164	22,234	10,504	8,837

자료: OECD, Education at a Glance 2004

GDP 대비 1%만 감소해도, 약 3조 5천 2백억의 소득증가효과를 가져오게 되며, 이는 저축이나 소비증가를 통해 직접적으로 국민소득증가에 기여할 것이므로 상당히 실효성 있는 정책이 될 것이다. 무엇보다도, 반민중적 성격을 더해 가고 있는 고등교육정책에서 정의와 평등의 수준을 높일 수 있게 된다.

제8장

교육개방

사기극의 백화점

천보선

1. 머리말: 허구로 점철된 교육개방 정책

교육개방 문제는 교육부의 여러 사기극 중 가장 공공연하고도 대담한 사기극에 해당한다. 교육개방의 효과에 대한 허구적 추측도 그러려니와 교육개방을 설득하기 위해 지금까지 정부가 유포해 온 정보의 상당부분이 거짓이기 때문이다. 무엇보다 교육부 스스로 개방의 문제점과 폐해를 잘 알고 있으면서도 국민들을 속여 온 매우 부도덕한 정책이다.

지금 보면 의외일지 모르지만 본격적인 DDA 협상 이전만 해도 교육개방 문제에 대한 교육부의 입장은 '반대'였다. 반대 이유도 '교육이 공공재이며, 문화적 주권에 해당하기 때문'이라고 하여 현재 진보진영이 내세우는 것과 별로 다르지 않았다. 그러나 교육부의 이 같은 반대 입장은 정부 전체의 신자유주의 정책 기조와 재경부와 외통부 등의 개방론에 밀리면서 2002년부터 적극 추진 입장으로 돌변하였고 그 이후 오늘에 이르고 있다.

입장이 돌변한 후 교육부는 여론을 호도하기 위해 의도적으로 사실을 왜곡하거나 거짓 정보를 유포하면서 실제 상황과 다른 소위 교육개방

대세론과 불가피론을 전파해 왔다. 스스로도 믿지 않으면서 개방이 교육적으로 많은 긍정적 효과를 가져 올 것처럼 이야기해 왔다. 그 같은 과정을 거쳐 정부가 내세우게 된 교육개방정책의 목표와 현황을 정리해 보면 다음과 같다.

> 1) 취지와 목표: 교육부는 교육개방을 통해 교육적 측면으로는 외국의 우수한 교육기관을 유치하고 학교 간 경쟁을 강화하여 교육력을 높이는 것으로 경제적 측면에서는 외국 유학 수요를 흡수하고, 외화 유출을 줄일 수 있다고 주장한다.
>
> 2) 현황: 교육개방은 크게 두 가지 방면으로 진행되고 있는데 하나는 국가 간 협상으로 WTO 차원에서의 교육개방협상이 진행되고 있으며 FTA 체결과 관련해서도 교육 분야를 협상 영역으로 하여 진행하고 있다. 또 하나는 협상완료 이전에 먼저 개방 조치를 시행하는 소위 자발적 개방 조치로 이미 '경제자유구역 내 외국교육기관특별법'이 통과, 시행되기 시작했으며 기업도시와 지역특구에서의 교육개방도 함께 추진되고 있다.

의욕적으로 추진되고 있는 것처럼 보이지만 교육개방정책은 허구이며 그 허구성은 다음의 몇 가지 측면에서 총체적으로 구성된다.

첫째, 목표의 허구성. 현재 정부는 개방을 통한 교육의 질 향상을 주된 이유로 제시하고 있으나 교육부는 교육이 공공재이며 문화적 정체성의 문제라는 관점을 철회한 적이 없다. 따라서 교육이 여타의 교역 상품처럼 개방을 통한 국제적 경쟁을 통해 질이 향상될 수 있는 영역이라는 전제 자체가 교육부의 논리 속에서도 성립하지 않으며 반대 입장 당시 교육부가 제출했던 개방에 대한 우려는 여전히 유효하다. 교육부 스스로의 논리 속에서도 성립되지 않는 목표인 것이다.

둘째, 사실 정보의 허구성. 교육부 스스로도 개방의 정당성과 의미를 자신 있게 내세우지 못하는 상황에서 펼친 논리가 개방 대세론과 불기피론이다. 즉, 옳든 그르든, 좋든 싫든 개방이 대세이며 불가피하므로 어쨌든 열어야 한다는 논리이며 2003년 양허안 제출 당시 교육부의 주된 근거였다. 그러나 교육개방이 세계적 대세이고 WTO 회원국으로서 불가피한 일이라는 것은 사실과 다른 정보 왜곡이었음이 이후 드러났다. 이 외에도 외국 사례 등과 관련된 정보들도 많은 부분 사실과 다르다. 개방정책은 지금까지 사실과 다른 허구적 정보에 의존하고 있다.

셋째, 정책수단의 허구성. 개방정책을 도입할 당시 주된 근거는 개방이 대세이며 불가피하므로 어쩔 수 없이 협상에 임해야 한다는 것이었으나 그 뒤 정작 의욕적으로 추진되는 것은 협상이 완료되기 전에 알아서 여는 소위 '자발적 개방 조치'들이다. 즉 핑계는 협상 문제로 삼아 놓고 실제 정책은 협상과 상관없이 진행하고 있는 것이다.

넷째, 결과의 허구성. 안내면 무슨 큰일이라도 날 것처럼 많은 반대를 무릅쓰고 2003년 3월 WTO 교육개방양허안을 제출했지만 정작 그 뒤로는 협상 자체가 거의 의미 있게 진행되고 있지 않다. 또한 자발적 개방조치들과 관련해서도 정부는 우수한 외국교육기관을 유치하겠다고 했고 금방이라도 외국 우수 대학이 진출할 것처럼 떠들썩했지만 막상 입법 조치가 이루어진 지금 정작 들어오겠다고 하는 우수 대학은 하나도 없는 상황이다. 앞으로도 전망이 거의 없기는 마찬가지다. 결국 양허안도 내고 자발적 개방조치도 취하고 있지만 실제로는 협상 진행도 우수 대학 유치도 이루어지지 않고 있는 것이며 다만 이 과정에서 영리활동 인정 등 교육적, 제도적으로 교육공공성에 대한 심각한 침해가 이루어지고 있을 뿐이다.

이처럼 교육개방정책은 목표 설정에서부터 결과에 이르기까지 허구로 점철되어 있다. 이 과정에서 정부는 사실정보를 왜곡하고 논의 및 의사결정과정을 매우 비민주적으로 진행해 왔다. 이하에서는 추진과정 상의 문제점과 현황을 점검해보고 교육개방정책의 진정한 의도가 어디에 있는 것인지 짚어보고자 한다.

2. 교육개방의 의미와 진행과정

1) 교육개방이란?

먼저 교육개방이 어떤 것인지를 간략하게나마 살펴 볼 필요가 있다. 그래야 왜 다수의 나라에서 교육개방에 동의하지 않는지, 또한 왜 모든 교육주체들이 반대하는지 이해할 수 있다.

• 교육개방의 본질은 교육의 상품화이다.

교육개방은 WTO(세계무역기구) 차원에서 서비스분야의 무역협상 (GATS)의 한 분야로 추진되고 있다. 즉, 여타의 서비스상품과 마찬가지로 상품교역의 대상으로 다룬다.

• 교육의 모든 것을 상품으로 취급한다.

WTO 내 '서비스부문 일반협정(GATS)'에 따르면 교육서비스의 교역은 4가지 형태(Mode)로 정의된다. 'Mode 1'은 국경간 공급(cross-border supply)으로서, 인터넷을 통한 사이버원격교육이 그 예가 될 것이다. 'Mode 2'는 해외소비(consumption abroad)로 해외유학생이 그 예가 된다. 'Mode 3'은 상업적 주재(commercial presence)로 불리며, 외국교육기관이 국내에 들어와 영업을 하는 경우로, 일반적인 교육개방의 예로 생각할 수 있다. 'Mode 4'는 자연인의 이동(movement of natural persons)이라 번역되며, 외국인 교수·교사 등 인력의 이동으로 이들이 국내에 들어와 교육기관에서 교수행위를 하는 것을 의미한다. 이 분류를 기준 삼는다면, 교육개방의 대상은 '교수-학습행위'와 관련된 일체의 교육활동이다.

GATS가 지향하는 '교육의 시장화'라 함은, 교육재원이 비정부 부문에서 충당되고, 소비자의 학교선택에 장애가 되는 규제가 철폐되고, 또한 공급은 효율성을 지향하여 경쟁 지향적으로 이루어지는 통치형태를 의미한다(이만희, 「GATS 체제와 고등교육 시장의 선택」).

• 국제협약으로서의 강제력: 교육주권의 상실이다.

WTO는 차원의 서비스협정(GATS)으로 다룬다. 이는 일국적 차원의 법을 뛰어넘는 국제협약으로 교육문제가 다루어짐으로써 교육정책에 대한 주권이 침해받게 됨을 뜻한다. 각 국 간 분쟁 시에는 WTO 분쟁조정위에서 강제 조정하게 된다. 또한 WTO를 장악하고 있는 초국적자본에 각 국의 교육이 좌우되어 갈 수 있음을 의미한다. 서비스협정은 "최혜국대우"와 "내국민대우"의 원칙을 천명하고 있어 초국적 기업에 대한 서비스 시장 완전 개방과 현지 투자를 전제하고 국내 기업에 대한 어떠한 특혜도 불법화하고 있으며, 초국적 기업을 제한하는 모든 규제를 철폐하도록 강제하고 있다. "점진적 자유화"의 원칙은 모든 회원국이 점진적으로 완전한 개방을 이뤄야만 하며 한 번 개방한 분야는 다시 개방 철회를 할 수 없다고 규정하고 있다.

• 문화적 정체성의 상실이다.

교육개방을 통해 이질적인 문화와 교육이 들어오고, 지배·통제권이 초국적 자본에게 있다면, 그 교육을 받고 자라난 세대는 어떻게 될 것인가. 이 땅에서 교육을 받고 자라지만, 의식은 미국 등 외국의 것에 무의식적으로 동화된다. 주체적인 담론도 사라진 채 행동을 결정짓는 사고영역이 해외에 직접 종속되는 현실이 버젓이 남한 땅에서 이뤄지는 것이다.

결국 한국인의 몸으로 태어나 남한 땅에 뿌리박고 살지만, 사고와 의식 및 행동은 외국의 것을 그대로 따라하는 이질적인 문화가 이 땅에서 지배적인 현상이 되는 것이다.

이와 같은 여러 문제점 때문에 대다수 나라에서는 교역대상으로서의 교육개방에 동의하지 않고 있으며 교육개방 협상에 소극적이다. 2003년 당시 교육개방양허안을 제출한 나라는 8개국에 불과하며 EU 등은 공식적으로 반대 입장을 표명하였다. DDA 협상분야의 하나로서 협상은 진행 중이지만 양허안을 제출한 나라들조차도 소극적으로 참여하고 있으며 뚜렷한 쟁점 없이 지지부진한 상황이다.

2) 교육개방 정책의 진행과정

WTO 교육개방 양허안 제출 이전에도 교육개방협상은 진행되어 왔다. 1992년 한미 쌍무협상 이후 사교육시장에 대한 개방이 완료되었고, 1997년 이후부터는 고등교육부문에 대한 개방조치가 점진적으로 진행되었다. 이때까지 공교육에 관한 한 한국정부의 입장은 어디까지나 압력에 대한 소극적 대응이었고 원칙적 반대였다.

그러나 2002년 WTO DDA 협상이 본격화되면서 한국정부는 '자발적이고 급진적인 개방'으로 그 키를 급선회한다. 이 같은 입장선회는 초국적 자본의 지배강화, 종속적 신자유주의 정책기조가 명백해진 과정 그리고 교육정책에 대한 자본과 경제관료, 시장주의자들의 주도권 확보 과정과 맥을 같이한다.

2002년 하반기부터 정부는 WTO 교육개방협상 참여와 교육개방양허안 제출, 각종의 자발적 자유화 조치들을 적극적으로 추진해오고 있다. 그 추진과정을 정리하면 다음과 같다.

〈WTO 양허안 제출 이전〉

◎ 1995년부터 시작한 교육개방: 소극적, 점진적(원칙적 반대)

- 1994년 우루과이라운드 협상 때에 한국은 교육을 개방하지 않음. 다만 미국과 양자 협상하는 방식으로 사교육분야를 다음과 같이 단계적으로 개방
- 1993년: 한미 투자환경개선위원회에서 학원을 1995년부터 부분적으로 개방하기 시작하여 1997년 전면 개방하기로 함
- 1995년: 기술계와 예·체능계 전문학원 개방
- 1996년: 외국어 및 일반고교과목의 일반학원 개방
- 1997년: 대학 이상의 교육기관에 대해서는 각 시·도당 외국대학의 분교를 하나씩 유치할 수 있도록 허용 → 돈벌이를 할 수 있는 조건이 충족되지 않아 들어온 학교는 없음.
- 1998년 : 조기유학을 허용하고 초등학교부터 영어 교육을 실시함. 또한 학원에 대한 외국인 투자가 인가제에서 허가제로 전환되고 개방을 제한하던 규정을 폐지해 학원은 완전 개방

◎ DDA 협상 이후 적극적 입장으로 선회

- 2002년: 교육개방 협상이 진행도 되기 전에, 외국인 학교 입학자격 완화, 외국대학원 유치, 외국인 교원의 임용 등을 위한 법 개정 조치를 추진.
- 2002년 9월부터 외국의 우수대학원을 유치하기 위한 계획으로 준비
  - 교육시설과 교육과정에서 국내대학에 적용하는 기준을 지키지 않아도 됨
  - '사립학교법 및 고등교육법 개정' 추진
- 외국인교사 임용할 수 있게 해주는 '교육공무원법개정'
- 학교의 기업화를 촉진하는 '산업교육진흥법개정'

- 국공립대학의 구조조정과 사유화를 밀어부치기 위한 '국립대특별법'을 추진

〈2003년 교육개방 양허안 제출〉

- 노무현정부의 교육개방 정책 기조 변화 : 대선 때 무분별한 교육개방 반대 입장, 인수위에서 교육 분야 양허안 유보로 결정 → 그러나 취임 후 기존 김대중정부의 양허안 제출 입장과 재경부, 외통부 등 경제부처의 압력으로 입장 선회
- 전교조 및 교육시민단체의 격렬한 반대투쟁이 있었으나 결국 3월 31일 양허안 제출, 이 때 의료, 문화 분야는 양허안 유보

〈교육개방양허안 제출 이후(2005년까지)〉

- 정부 교육개방정책 추진 방식의 다양화: WTO 협상과 FTA 양자협상 등 국가 간 협상과 국내 자발적 개방 조치의 2축으로 전개, 국가 간 협상이 지지부진한 상황에서 외국교육기관특별법 등 자발적 개방 조치 중심으로 진행 중

◎ 국제협약을 통한 개방 추진

- WTO DDA 협상: 교육개방정책의 가장 큰 축을 형성해 왔으며 대세론과 불가피론의 근거로 활용되고 있다. 그렇지만 실제 협상은 지지부진한 상황.
- BIT, FTA 등 양자협상: 양자 협상도 국내법을 뛰어넘는 국제협약의 효력을 지니는데 WTO 협상 기준 수준에서 진행되고 있다. 양자협상은 한·칠레 FTA 농업개방 사례에서 보이듯 내용에 따라 WTO 이상의 파괴적인 결과를 몰고 올 수도 있다. 한·미 BIT, 한·칠레 FTA에 이어 한일, 한·싱 FTA가 추진되고 있으며 WTO의 난항에 따라 더욱 적극적으로 추진될 전망이다.

◎ 자발적 개방 조치
- 경제특구에서의 교육개방: 외국교육기관특별법(2005년 4월 제정, 2005년 10월 시행령 발표), 제주특별자치도 2006년 7월 출범
- 경제특구가 아닌 지역특구에서의 교육개방: 지역특구법(2004년 3월 제정, 시행 중), 기업도시특별법(2004년 12월 공포, 2005년 5월부터 시행 중) 제정

◎ 시장화정책과 결합
- 교육개방이 시장화를 수반하는 것이고 시장화 조치들이 개방을 예비한다는 점에서 개방정책은 각종의 시장화정책과 결합된다. 교육노동유연화, 국립대민영화추진, 구조조정, 산학협동, 교육자치의 일반행정으로의 통합 등 각종의 시장화조치들은 전면개방의 예비적과정인 동시에 서로 간에 상승적으로 결합되어 추진 중이다.
- 교육개방협상＋자발적자유화조치＋시장화정책추진 → 교육개방협상완료 → 전면적 시장화 완성의 경로이다.

3) 정책추진과정의 특징

진행과정을 살펴보면 다음과 같은 몇 가지 특징들이 나타난다. 첫째, 2002년 하반기를 전후로 한 급작스런 입장변화이다. 반대에서 찬성으로 그것도 적극적 찬성으로 입장이 변화하였다. 둘째, 교육개방을 주도하는 세력은 적극적 시장주의자들이다. 정부 내에서도 재경부 등 주로 경제부처가 적극적 입장이며 보수언론과 경제단체 등이 적극적 추진 세력이다. 셋째, 교육개방이라는 매우 크고 민감한 사안을 풀어가는 방식으로 대세론과 불가피론 등 정보왜곡과 이데올로기적 동원에 크게 의존하였다. 넷째, 양허안 제출 이후 협상에 대한 대응만이 아니라 자발적 개방 조치와

여러 방면의 시장화조치들이 병행되고 있는데, 협상이 지지부진한 것에
비추어 본다면 개방정책의 중심축은 WTO 협상이 아닌 자발적 개방조치
로 이동되었다고 할 수 있다.

3. 교육개방 추진과정의 문제: 정보왜곡과 상징조작

1) 정부입장의 비일관성과 경제논리에 의한 입장 변화

교육부도 교육개방의 문제점을 처음부터 잘 알고 있었다. 교육개방에
대해 정부와 교육부가 2002년 이전까지만 해도 교육개방의 문제점과
폐해를 인식하면서 '반대'하고 있었음은 정부의 공식적 문서로 확인된다.
2001년 9월 당시 교육부가 외교통상부에 보낸 WTO 10차 서비스 협상회
의와 관련 '대학의 대외개방 검토' 의견에 따르면 △국가별 사회·문화
및 환경 등의 차이에 의해 각 국 정부가 국내 교육 정책 목적에 부합하도록
규제할 권리를 가지고 있으며 △사립대학이 공공재적인 성격이 강해
교직원과 학생 등의 권리를 보호하기 위한 최소한의 규제를 하고 있고
△외국대학에 한해 투자재산의 개인귀속을 인정할 경우 형평성 문제가
발생할 우려가 있다며 "미국의 협상 제안서를 수용할 수 없다"고 밝히고
있다(≪교수신문≫, 2002.9). 이 같은 입장은 현재의 교육반대 입장을 지닌
교육단체들의 근거와 별반 다르지 않다. 교육부는 교육적 견지에서 볼
때 왜 교육개방을 해서는 안 되는지 잘 알고 있었던 것이다.

또한 개방을 할 경우에 실제로 어떠한 일이 벌어질 지에 대해서도
이미 알고 있었다. 2002년 5월 교육개방관련 'OECD/US 국제포럼' 교육
부 보고서에 따르면 "해외 교육시장 진출에 관심을 가지고 있는 외국의
우수대학은 별로 없는 것으로 보이며, 일부 외국의 사이버 대학, 사설

온라인 프로그램 제공자, 어학학원 등 영리를 목적으로 하는 교육사업자만이 관심을 보인다"라고 적시되어 있다. 이는 개방을 하더라도 우수대학 유치가 어렵다는 사실을 교육부가 파악하고 있었으며 또한 영리활동에 따른 문제를 우려하고 있었음을 보여준다.

이처럼 교육개방의 문제점을 누구보다도 잘 알고 있었음에도 정부와 교육부는 2002년 이후 적극적 찬성 입장으로 돌변한다. 이 시기는 DDA 협상이 본격화하면서 정부 전체 차원에서 DDA 협상에 적극 나서는 과정과 궤를 같이 하며 교육개방에 대한 입장 선회에 결정적 요인이 되었음이 분명하다. 결코 동의할 수 없지만 어쨌든 정부와 교육부의 입장 변화를 설명할 수 있는 부분이다. 교육적 근거를 제출하기 어려웠던 교육부는 주로 교육개방이 세계적 대세이며 WTO 회원국으로서 의무라는 소위 대세론과 불가피론을 내세운다. 이 같은 입장 선회와 관련하여 우선은 교육적 판단이 아니라 전적으로 경제논리와 통상논리에 의한 것이라는 점에서 분명하게 비판되어야 한다.

그렇지만 그 뒤 밝혀진 사실에 의하면 정부와 교육부의 입장선회는 경제논리나 통상논리로도 설명되지 않는다. 당시만 해도 정부 전체 차원에서 양허안 제출 및 교육개방이 불가피하며 WTO 전체 협상 차원에서 제조업 등 다른 분야의 이익을 위해 교육개방을 방침으로 정하게 되고 교육부가 이에 따르는 것으로 설명되었었는데 이는 사실과 달랐다. DDA 양허안 제출은 서비스분야의 민감함 때문에 2003년 당시 모든 회원국이 제출해야 할 의무사항이 아니었고 제조업분야와는 별도의 협상라운드이기 때문에 교육분야를 양보한다고 해서 제조업의 협상 이익과 직접 연동되는 것이 아니었던 것이다.

그렇다면 불가피한 것도 아니었고 양보에 따른 뚜렷한 기대이익도 없었는데 왜 많은 반대를 무릅쓰고 기필코 양허안을 제출해야 했었는가 하는 점이 의문으로 등장한다. 이 부분은 양허안 제출 이후 정부가 WTO

교육개방협상을 활용하는 모습을 보면 비로소 설명이 된다. WTO 양허안 제출 이후 협상은 지지부진하지만 그것과 상관없이 정부는 "교육개방은 대세이며 현실"이라며 "개방을 대비한다"는 명목 하에 다양한 자발적 개방조치와 교육시장화방안들을 적극적으로 추진하고 있다. 즉, WTO 교육개방 자체가 목적이었다기보다는 이를 빌미로 각종의 교육시장화정책을 대폭 강화하려는데 있었던 것이며 그를 위해서 대세론과 불가피론 등 거짓 정보로 온 국민을 속이면서까지 교육개방양허안을 제출하려 했던 것이다.

2) 정보의 왜곡과 상징조작 - 교육개방 대세론과 불가피론

교육부 스스로 알고 있듯 교육개방은 교육적으로 타당하지 않은 일이었으며 게다가 이토록 중대한 사안이 사회적으로 충분한 논의와 의견수렴 없이 결정하기는 어려운 일이었다. 느닷없는 개방 추진에 국민적 저항이 일 것은 틀림없었다. 이 같은 난관을 뚫기 위해 사용한 것이 소위 교육개방 대세론과 불가피론이었다. 즉, "WTO 회원국으로서 교육개방양허안을 제출하는 것은 회원국의 의무이다. 좋던 싫던 개방을 할 수밖에 없다." 또한 '교육개방은 세계적 대세이다. 이미 많은 나라가 교육을 개방하고 있으며 이번 DDA 협상과 관련해서도 세계 대다수의 나라가 양허안을 제출할 것이다. 세계적 대세를 따르지 못하면 우리는 뒤처질 수밖에 없다.'라는 논리를 폈던 것이다.

그렇지만 세계적 대세라던 교육개방이 막상 뚜껑을 열고 보니 2003년 3월 당시 교육분야 양허안을 제출한 나라는 8개국에 불과했다. 거짓말이었던 것이다. 회원국의 의무라는 것은 더 한 거짓말이었다. 당시 DDA 양허안 제출 자체가 의무 사항이 아니었을 뿐만 아니라 서비스분야 중 교육 등 어떤 분야를 포함하고 안하고는 전적으로 당사국의 의사에 맡겨진 상황이었다. GATS 사무국에서도 서비스 분야의 민감성을 감안하고 있었던 것이다. 그렇지만 WTO 교육개방 양허안 제출 문제를 놓고 찬반 대립이 치열할 당시 대다수의 국민들은 정부가 펼친 대세론과 불가피론을 그대로 받아들였다. 대세론은 교육개방이 세계적 조류라는 인식을 심어 줌으로써 긍정적 이미지를 갖게 만들었고 불가피론은 정부도 어쩔 수 없는 선택이라는 인식을 심어주어 정책 추진에 대한 저항과 마찰을 크게 줄이는 역할을 하였다. 양허안 제출 이후 그것이 거짓임은 드러났지만 이미 중대한 정책결정과 집행이 이루어진 뒤였으며 교육개방이 대세라는 이미지는 여전히 강하게 남아있다. 사기극이 통했을 뿐 아니라 지금도 그 효과가 남아있는 것이다.

교육개방과 관련된 정부의 정보왜곡은 그 뒤로도 이어지며 다 방면에 걸쳐 이루어진다. 예컨대 '외국교육기관특별법'과 관련하여 정부는 초중 등교육까지 개방한 사례로 싱가포르와 중국의 사례를 버젓이 들었지만 2005년 3월 국회교육상임위의 현지 실사를 통해 거짓임이 들통 나기도 하였다. 정책추진의 주요 근거가 거짓임이 드러나면 법안 자체가 취소되 는 것이 마땅한 일이었지만 교육시장화의 의지 속에서 2005년 4월 법안 이 통과한다. 사기임이 드러났음에도 통한 사례이다.

교육개방과 관련된 정보의 대부분은 왜곡되거나 주관적 추측일 수밖에 없다. 왜냐하면 의미 있는 수준에서 공교육이 개방된 사례는 전세계적으 로 거의 없기 때문이다. 그도 그럴 것이 지금까지 공교육의 역사는 공적 권리로서 강화의 역사이기 때문에 상품교역의 대상으로 된 부분이 거의 없으며 WTO 협상에 대해서도 대다수의 나라가 반대하고 조심스럽게 접근할 수밖에 없다. 사례가 거의 없는 상황에서 교육개방이 어떤 긍정적 효과를 가져 올 것이라고 말한다면 그것은 전적으로 주관적 판단일 뿐이 며 그나마 극히 고등교육에서 일부 개방된 사례들은 하나같이 섣부른 개방이 가져올 수 있는 폐해를 보여줄 뿐이다. UR 당시 교육 분야를 일부 제한적으로 개방했던 EU가 WTO 교육개방협상을 거부한 것은 바로 그 같은 경험 때문이기도 하다. 사실이 이러함에도 정부와 제도언론의 상징조작으로 인해 이미 많은 나라에서 개방의 사례가 있고 마치 긍정적 효과를 보고 있는 것처럼 이미지화되어 있으며 현재 자발적 개방조치들이 추진되는 배경이 되고 있기도 하다.

지금까지 교육개방은 상당정도 정보 왜곡과 이미지 조작에 의해 추진되어 왔다. 정책 추진의 전반적 과정 자체가 사기극인 것이다. 이러한 점은 교육개방에 대한 찬반을 떠나서 도의적 차원의 문제이며 정부는 국민에게 사과해야 한다.

3) 비민주성

교육개방은 교육시장화 정책 강화의 계기로 삼는다는 숨겨진 목적으로 추진되었다. 그리고 이 같은 정책방향은 이미 어디선가 결정된 상태에서 형식적인 의견수렴을 거치는 방식으로 진행되었다. 그렇기 광범한 반대투쟁과 공청회 등에서 터져 나온 문제제기와 교육시민단체의 의견에도 불구하고 독선적으로 결정되고 추진되어 왔다. 교육개방 추진과정은 비민주적 의사결정과 정책추진의 전형을 보여준다.

4. 교육부의 거짓 주장: 목표와 결과의 허구성

1) 우수한 외국교육기관이 들어와 국내 교육기관의 교육력을 향상시킨다?

교육개방의 가장 중요한 근거로 제시되는 것이 대학의 경우 외국의 우수한 대학을 유치하여 국내 대학의 질을 향상시킨다는 것이다. 그렇지만 교육적 취지도 틀리고 실제 현실과도 맞지 않는 목표이다.

첫째, 교육적으로 본다면 우수대학 유치는 허구적 목표다. 왜냐 하면 기본적으로 교육의 질은 충분한 투자에 의해 담보되는 것인데 경쟁으로 대학의 질을 강화시킨다는 것은 교육적으로 타당한 방안이 못되기 때문이다. 둘째, 개방을 하더라도 우수한 외국대학의 유치부터 실현되기 어렵다. 살펴본 것처럼 우수 대학의 진출 사례는 없으며 앞으로의 전망도 매우 불투명하다. 외국의 우수한 대학이 돈벌이에 주된 관심이 있는 것이 아닐뿐더러 자기 대학의 우수한 교수인력을 돈벌이를 위해 외국에 내보낼 리도 만무하기 때문이다.

외국교육기관특별법 통과에도 막상 외국인학교 설립 유치는 거의 진척이 없는 상황이다. 현재 경제특구에서는 2007년 개교 목표로 하는 노드 앵글리아 에듀케이션 산하 상하이 영국 국제학교가 유일하다. 제주의 경우 조지워싱턴대가 2004년 8월 진출 의사를 표명 했지만 자금여력 부족으로 투자 의사를 철회한 바 있다. 대학은 하나도 없는 것이다(조금주, 「교육시장개방에 따른 문제와 대비책」, 2005.11). 앞으로도 우수 대학의 유치 전망은 거의 없다고 할 수 있다.

우수대학 유치가 어렵다는 사실은 교육부의 2002년 OECD/US 포럼 보고서나 "협상에 나선 외국 대학들이 '학교용지를 달라', '건물을 지어 달라' 등 요구 조건을 까다롭게 제시한 반면 우리 측이 원하는 설비 투자, 교수 지원 등에는 소극적인 태도를 보여 분교 유치가 어려운 게 사실"이라는 경제부총리의 고백(≪세계일보≫, 2005.9.8)에서 나타나듯이 정부와 교육부도 잘 알고 있다. 외국의 일부 대학과 접촉만 하여도 금방 유치될 것처럼 보도되지만 실상은 엄청난 혜택을 무리하게 요구하는 과정이었을 뿐이다. 따라서 개방을 통해 국내 교육의 질을 향상시킨다는 목표는 교육부도 부인 못하는 허구적 목표인 것이다. 다만 정치적 선전으로 이용되고 있다.

고등교육이 개방된 극히 일부의 사례를 보면 우수대학 유치는커녕 온갖 폐해만 양산될 것임을 잘 보여주고 있다.

● 말레이시아

"말레이시아엔 현재 국립대학 9개에 10만여 명이 재학 중이다. 국립대학 외에 고등교육을 담당하는 사립 단과대학이나 전문학교도 적지 않다. 문제는 이들 사립 교육기관은 현행법상으로는 졸업생에게 학사학위를 줄 수 없게 돼 있다는 점이다. 이에 따라 사립 교육기관은 외국의 대학들과 제휴, 1～2년 수강한 재학생이 제휴한 외국대학에서 학업을 계속한 뒤 외국에서 학위를 취득토록 하는 방법으로 호황을 누리고 있다"(≪동아일보≫, 1996.4.27).

"…그러나 외국의 부실한 대학들이나 영리목적의 대학들이 국내에 진출해 학생 유치에 나설 경우는 득보다 실이 많을 것이다. 국내에서는 어학과 교양과정만 운영하고 전공과정은 자국으로 보내 국내분교가 한국 유학생을 유치하기 위한 파이프라인 기지로 활용될 수도 있다"(≪문화일보≫, 2001.12.28).

상업적 주재는 쌍무협약과 같은 협정으로 제도화하기도 하는데, 동남아시아에서 흔한 일이다. 국내대학에서 코스를 사립대학이 제공하고 해외에서 학위를 주는 방식으로, 이를 위해 국내교수방법과 시험의 유효성을 얻기 위해 해외파트너의 프로그램을 채택하는 '프렌차이즈'화를 채택. 이런 유형은 영국의 London Institute가 말레이시아의 Colej Bandar Utama에 미술과 디자인과정을 프랜차이즈 형태로 제공하고 있다.

● 홍콩

홍콩은 대학설립이 쉽고, 시장화조치를 통해서 기업형 대학의 설립이 자유로운 편이다. 그런데 2001년 1,000개 이상의 공인학위수여기관 중의 하나인 Sun Institute Technology and Matriculation 이란 학교가 말없이 문을 닫았다. 홍콩에서는 사립학교를 만드는데 그다지 많은 규제가 없기 때문에 학교 파산이 그다지 놀랄만한 일이 아니다. 일단 화재안전진단 허가만 얻으면, 보건부와 교육부는 쉽게 설립허가증을 주며, 학교는 기업이나 마찬가지기 때문에 소유주가 돈벌이가 안 된다고 판단하면 문을 닫아버리기도 한다(≪인터내셔널 헤럴드 트리뷴≫, 2001).

● 캐나다: 등록금인상과 국가지원 축소 그리고 기업지향적 학문탐구

교육을 자유무역의 대상으로 삼게 된 93년 이후 등록금인상과 국가지원이 축소되었다.

1990∼1991과 1998∼1999년 캐나다 정부가 지원하는 공립대학 운영수입은 25%, 전일제학생기준으로 대략 $2,700이 감소되었고 수업료는 63% 인상되었다.

● 중국: 영리위주교육기관의 범람

중국교육시장의 개방은 경제의 개혁개방과 밀접히 연관되어 있다. 대학교육분야에서 외국유학은 이미 오래된 일이며, 근년 들어 일기 시작하는 유형은 중·외합작 학교설립이다.

그렇지만 중·외합작 학교기관의 수속비(processing fee)가 아주 비싸기 때문에, 실제 영리를 목적으로 한 외국자본이 중국교육시장을 대부분 차지하고 있다. 따라서 정부가 학위를 수여하지 않는 언어연수, 정보기술과 같은 기능교육은 느슨한 교육기관의 운영으로 외국투자자에게는 비교적 큰 이윤을 남겨준다.

2) 외국 유학의 수요를 흡수하고 외화유출을 방지한다?

우수 대학은 못 들어오지만 영리를 목적으로 하는 B급 대학이나 일부 귀족형 초중등학교는 한국교육의 성격과 조성될 수 있는 시장의 크기로 볼 때 진출이 가능하다. 그러나 이는 유학의 수요를 줄이기는커녕 반대로 외국 유학을 부추기면서 자국의 교육 기반만 허물어뜨린다. 대학의 규모와 성격상 외국에 진출한 대학이라 하더라도 자국의 우수한 교수인력을 내보내기는 어렵다. 결국 교양과정이나 외국어과정 정도의 교수인력이나 프로그램만 수출하게 되는데, 외국브랜드를 보고 입학한 학생들은 졸업을 위해서는 본국으로 유학을 가야만 한다. 결국 오히려 유학생을 증가시키는 것으로 연결된다. 호주 등의 유학생이 대거 증가하고 자국의 대학 기반만 무너진 유학홍콩이나 말레이시아 사례는 이를 잘 보여준다. 귀족형 외국학교 역시 유학의 경로로서 설정되기 쉬움은 불문가지다.

5. 교육개방정책의 진정한 의도는 교육시장화

1) 들어오지 않는데 열기만 한다?

지난 수년 동안 교육개방에 대한 찬반 논란 속에서 교육개방의 문제점과 폐해는 충분히 제기되어 왔다. 몇 가지로 정리한다면 다음과 같다. 첫째, 교육은 공공재로 상품교역의 대상이 아니며 교육개방을 통해 무역의 일환으로 이루어질 경우 교육의 본질이 근본적으로 훼손된다. 둘째, 교육정책에 대한 주권이 침해받는다. 셋째, 교육은 문화적 정체성과 직결된 것으로서 무분별한 교육개방은 민족적, 문화적 정체성을 혼란에 빠뜨리고 문화다양성을 침해한다. 넷째, 국내 공교육의 법과 제도를 혼란에 빠뜨린다. 다섯째, 귀족학교의 출현, 교육비 폭등으로 교육불평등을 심화하고 교육권을 침해한다.

그런데 현재의 모습은 그 동안의 찬반논란 자체가 희화화되는 상황으로 전개되고 있다. 격렬한 반대투쟁과 전 국민적 논란 속에서 대세론과 불가피론의 거짓말로 WTO 교육개방 양허안을 냈는데, 정작 협상 자체는 지지부진한 채 잠을 자고 있는 상황이고, 앞으로의 개방을 대비한다는 명목 하에 자발적 개방조치만 잔뜩 추진되는 상황이다.

WTO 교육개방 협상과 관련해서는 대부분의 나라가 매우 소극적이거나 아직 양허안을 내지 않고 있는 상황이고 무엇보다 교육개방협상의 전제인 DDA 협상 전체가 2003년 칸쿤 제5차 각료회의 무산 — 2005년 홍콩 제6차 각료회의에 대한 대규모 반대투쟁 등으로 이어지면서 어려움을 겪고 있는 상황이다. DDA 협상의 앞날도 예측하기 어려우며 설사 DDA 협상이 진전된다 하더라도 교육개방에 대한 대다수 국가의 입장으로 볼 때 '시장적 교역' 형태로 교육개방협상이 이루어지기는 어려울 전망이다. 또한 자발적 개방조치 역시 온갖 특혜와 국내공교육의 근간을 허물면서 이루어졌음에도 우수대학은 한 곳도 들어오지 않고 있다. 앞으로도 별 전망이 없다. 도대체 이게 무슨 일인가? 들어올 일도 없는데, 실컷 열고만 있는 것이다.

그렇다면 도대체 교육개방정책을 통해 무엇이 바뀌고 있는 것인가? 그것은 바로 교육시장화이다. 외국의 우수 대학은 못 들여오지만 교육개방정책을 통해 공교육제도의 틀이 조금씩 그렇지만 시장원리 적용이라는 근본적 변화가 추진되고 있는 것이다. 외국계 초중등 귀족학교의 등장과 자립형 사립학교 설립으로 평준화체제를 무너뜨리고, 영리활동과 영리법인의 학교설립 허용을 추진하며, 최소한의 공공성을 유지하기 위한 각종 요건의 완화 등 각 종의 교육시장화조치들이 외국교육기관특별법, 교육특구법, 기업도시특별법 등을 통해 이루어지고 있다. 또한 교육개방을 대비한다는 명목으로 대학구조조정과 국립대법인화 등이 추진되고 있다.
교육개방정책의 진정한 목적은 바로 여기에 있다.

2) 교육개방의 진정한 목적은 교육시장화

우수대학이 진출하지 않는다 하더라도 교육개방을 통해 교육시장화를
촉진한다는 숨겨진 정책목표는 상당정도 이루어져 오고 있다고 보인다.
성과급반대투쟁이나 7차교육과정투쟁에서 보이듯 교원들의 교육시장화
반대의 힘 때문에 정부의 신자유주의 교육시장화정책은 쉽게 진척되지
못했었다. 그렇지만 교육개방 대세론과 불가피론을 내세운 이후 그리고
양허안을 제출함으로써 현실적 상황(적어도 정치적으로는)으로 만든 이후
교육시장화정책은 여러 방면으로 탄력을 받기 시작하였다.
　첫째, 이데올로기적 토대가 확대되었다. 교육개방대세론과 불가피론의
내용적 실체는 신자유주의교육시장화 대세론과 불가피론이었고, 또한
교육개방논의 그 자체로 이데올로기적 공세를 넓혀 나간 것이다.
　둘째, 자발적 개방 조치를 통해 영리활동 허용, 학교운영의 기업적
운영 등의 시장화조치를 우회적으로 진행시키기 시작하였다. 특히 자발
적 개방 조치를 통한 시장화방안은 이후 WTO 다자 간 협상이던, FTA
양자 간 협상이던 국제협약 수준의 개방 조치로 연결될 가능성이 높으며
이후에는 경제툭구 만이 아니라 한국공교육 전체에 대한 규범으로 확대될
가능성이 높다. 설사 협약으로 연결되지 않는다 하더라도 끊임없이 교육
에 대한 시장화조치를 확대하는 근거로 작용해 나갈 것이다.
　셋째, 개방을 대비한다는 명목으로 대학구조조정, 국립대법인화, 교원
정책의 유연화 등등의 각종 신자유주의시장화 조치들을 강구하고 추진해
나가고 있다.

3) 허구적 목표와 왜곡된 정보로 점철된 교육개방정책과 개방을
   빌미로 한 교육시장화정책을 당장 멈추어야 한다.

　개방에 대한 찬반을 떠나 교육개방정책은 총체적인 사기극이고 부도덕
한 정책이다. 원칙적으로도 잘못된 정책이지만 그것을 떠나 진행과정
상의 부도덕함만으로도 지금처럼 정책 추진이 지속되어서는 안 된다.
우선 총체적 사기극에 대한 정부의 대국민 사과가 선행되어야 한다.
그리고 WTO와 관련해서는 협상중단을 선언해야 한다. 자발적 개방조치
역시 수정되어야 한다. 외국교육기관특별법의 경우 외국인교육편의 제공
이라는 취지에 맞게 정비되고 일부 부유층의 귀족학교를 겨냥한 내국인입
학 허용과 학력인정 조항은 삭제되어야 한다. 우수한 외국대학은 교역으
로서의 수입이 아니라 정부 지원에 의한 우수 교육 프로그램의 교류방식
으로 전환되어야 한다. 개방 대비를 명목으로 한 각 종의 시장화조치도
중단되어야 한다. 개방이 아니라 교류이며 지원의 확대가 되어야 한다.
그것이 국제적 교육 교류를 올바로 확대하고 공교육의 수준을 제대로
향상시킬 수 있는 방안이다.

제9장

사립학교법 개정

사립학교 운영의 민주화를 위하여

박거용

1. 머리말

정기국회 마지막 날이던 12월 9일 국회 본회의 장에선 한나라당의 극렬한 반대 속에 사립학교법 개정안이 통과되었다. 이로써 1990년 사립학교법이 개악된 이래 15년 만에 사립학교의 민주적 운영을 위한 발판이 다시 마련되었다. 사립학교법 개정안이 썩 만족스러운 것은 아니지만 2004년 국민들의 전폭적인 지지 속에 국회 과반을 점한 이후 온갖 핑계로 개혁 작업을 미뤄왔던 집권 여당이 지금까지 보여 줬던 무능력한 정국 운영을 감안한다면 이번 사립학교법 개정은 나름대로 의미 있는 일이라 평가할 수 있을 것이다.

그러나 사립학교법 개정 원인 제공자들이던 사학법인 관계자들과 이들의 든든한 후원을 받고 있었던 한나라당이 사학 민주화에 역행했던 자신들의 과거 행태에 대한 반성은커녕, 개정 사립학교법 무효를 외치며 거리 시위를 하고 헌법 소원을 제기했다. 이들의 후안무치한 행태는 민주화와 투명화라는 시대적 대세를 거스르고, 사회 발전을 퇴보시키는 망동이라 하지 않을 수 없다. 사학 구성원 즉, 교수·학생·직원은 이들의 사립학교법 개정 무효화 투쟁을 단호히 응징하고, 도리어 이번 개정 사립학교법의 미비점에 대한 추가 개혁 작업을 위해 노력해야 할 것이다.

한편, 집권 여당의 무기력했던 사립학교법 개정 과정과 별개로 사학 비리와 문제점을 누구보다도 잘 알고 있기 때문에 사학 민주화와 투명성 강화를 위해 노력해야 할 교육부가 지금까지 보여 왔던 행태는 비판받아 마땅하다. 교육부는 이번에 사립학교법이 개정되는 과정에서도 법 개정의 당위성을 국민들에게 적극적으로 알려나가기보다는 그 책임을 국회에 떠넘기고 자신들은 뒤로 빠져 있었다. 교육부의 이와 같은 모습은 사립학교법의 민주적 개정이 왜 이렇게 어려웠고, 늦어졌는지 확인시켜 주는 것이라 할 수 있다.

이 글에서는 교육부가 사립학교법 개정을 표면상으로는 주장하지만 실제로는 어떻게 그 개정을 방해하면서 대국민 사기극을 벌이고 있는가를 밝히기 위하여, 우선 사립학교의 성격과 특성 그리고 현황을 살펴보고, 그와 관련된 사립학교법의 내용을 간단히 살펴보고자 한다. 그리고 현행 사립학교 운영상의 문제들과 그럼에도 불구하고 사립학교법 개정에 오히려 소극적이고 국민을 호도하는 교육부의 면면을 들여다보고, 그 문제들의 해결을 위한 사립학교법의 민주적인 개정 방향을 제시해보고자 한다.

2. 사립학교와 사립학교법

사립학교의 국어 사전적 정의는 "학교법인이나 공공단체 이외의 법인 또는 사인이 설립·경영하는 학교"이다. 이는 법적 정의와 일치하는데, 초·중등교육법 제3조에서는 사립학교란 "법인 또는 사인이 설립·경영하는 학교"로, 고등교육법 제3조에서는 "학교법인이 설립·경영하는 학교"로 명시하고 있다. 그런데 여기서 문제가 되는 것은 초·중등 사학과 사립 고등교육 기관의 설립주체에 대한 규정이 법인 또는 사인과 학교법인으로 달리 명시되어 있다는 점이다. 그렇다면 사립 초·중등학교는 법인 또는 사인이 설립하고 사립대학은 학교법인이 설립한다는 말인가? 그리고 사인이란 법인과 반대되는 개념인데, 사법인이란 용어 대신에 사인이란 용어를 사용하면서 마치 사립학교는 개인이 설립할 수 있는 것처럼 오해하도록 하여 사립학교의 고질적인 문제 즉, 사립학교는 개인 소유물이고 개인 재산인 것처럼 생각하는 통념이 생겨나게 되는 것이다.

사립학교는 그 가장 두드러진 특징이 비영리기관이라는 점인데, 이에 따라 종교집단과 그 밖의 이념적 기관들이 사립학교를 설립하는 경우가 많다. 사립학교의 필요성에 대한 논쟁은 논외로 하고(의무교육부분은 사립학교가 극소수에 지나지 않는다), '사립학교의 특수성과 자율성 보장 주장'과 '공공성과 책무성 강화 주장'은 항상 긴장관계에 있기 때문에, 사립학교에 대한 논의는 항상 이 쟁점을 중심으로 진행되고 있다. 이로 인하여 정부와 사립학교 그리고 사학정책과의 관계는 첫째로 사학에 대한 정부 개입의 근거는 무엇이며, 그 개입의 정도는 어떠해야 하는가라는 점을 중심으로 논의된다. 여기서 사학의 자율성과 공공성의 조화의 주제가 생겨난다. 다음으로 사학에 대한 공공 재정지원의 논리와 규모의 주제가 나오며, 국가의 재정지원을 받지 않고 동시에 국가의 통제도 거부하는 자립형 사립학교의 문제도 생겨난다. 그리고 교육의 다양성과 학부모의 선택권 보장을 위해선 사립학교가 공교육의 어느 정도를 전담해야 하는가 하는 점도 문제가 된다.

어쨌든 간에 거시적으로 볼 때, 교육이 사사로운 개인의 활동이었다가 근대시민사회가 형성되고 근대국가가 출현하면서 교육의 공공성이 확인되고, 그래서 국가공동체의 생존과 발전을 위하여 사립학교에 대한 통제가 필요해졌다. 그런데 이러한 통제는 근대사회에서 법의 형식을 통해서 이루어 질 수밖에 없기 때문에 사립학교법이 제정되게 된 것이다. 그러나 알튀세르가 개념화하였듯이 학교는 이데올로기 국가장치 ISA(법, 군대, 경찰 등과 같은 억압적 국가장치 RSA와 달리 ISA는 상당부분 국민들의 동의에 의해 작동한다) 가운데 하나로서 지배계급의 권력 유지 수단의 하나이기도 하다는 점도 이 부분에서 염두에 두어야 할 것이다.

우리나라의 사립학교법은 1908년에 최초로 제정된 '사립학교령'인데, 이는 일제가 1911년 제정한 '사립학교 규칙'에 의해 대치되었다. 민족교육을 억압하고 동화교육 강화의 도구가 되었던 이 규칙은 해방 이후까지도 원용되다가 1963년에 '사립학교법'이 제정되어서 폐기된 셈이다. 그러나 이 법은 6년 후인 1969년 사립학교법시행령이 제정되고서 시행되었다. 그 후 이 법은 2001년까지 무려 30차례나 개정되면서 오늘에 이르렀다.

현행 사립학교법은 총6장 74개 조항 및 부칙으로 구성되어 있는데, 그 내용을 개정의 차원에서 간략히 살펴보면 다음과 같다.

「제1장 총칙」은 1조 목적(이 법은 사립학교의 특수성에 비추어 그 자주성을 확보하고 공공성을 함양함으로써 사립학교의 건전한 발달을 도모함을 목적으로 한다)에서 사학의 자주성과 공공성을 강조하며, 3조 학교법인이 아니면 설립할 수 없는 사립학교 등을 규정하고 있다.

「제2장 학교법인」은 6개의 절(통칙, 설립, 기관, 재산과 회계, 해산과 합병, 지원과 감독)로 구성되었는데, 중요 쟁점사항은 '통칙'에서 학교법인에게 수익사업을 허용한 조항, '설립'에서 법인이 일정한 재산을 출연하도록 규정한 조항, '기관'에서는 임원의 승인 취소, 임시이사 등에 관한 조항 등이 중요하다. '재산과 회계'에서는 "교비회계에 속하는 수입은 차입금의 원리금을 상환하는 경우 이외에는 다른 회계에 전출하거나 대여할 수 없도록 규정"한 것이 가장 중요하며, 동시에 사학법인이 가장 많이 위반하는 규정이다. 또 '해산과 합병'은 앞으로 사학의 인수·합병이 자주 일어날 상황이기에 중요하다.

「제3장 사립학교 경영자」에서는 재단법인이 학교법인으로 조직을 변경

할 수 있도록 한 조항이 중요하다. 그러나 여기서 사립학교 "경영자"라는 용어는 잘못된 용어라고 할 수 있다. 경영은 이익을 목적으로 하는 행위를 통칭하기 때문에, 운영이란 말이 더 적절하다고 생각된다.

「제4장 사립학교 교원」은 1절 자격·임면·복무, 2절 신분보장 및 사회보장, 3절 징계 등으로 이루어졌는데, 사학에서 비정규직과 계약직이 늘어나고 있어서 개정 요구가 가장 강한 규정 가운데 하나이다.

다음으로 「제5장 보칙」은 관할청의 감독, 학교법인의 사무처 설치 그리고 교육인적자원부 장관의 권한과 위임에 관한 사항이다.

끝으로 「제6장 별칙」은 학교법인의 이사장 또는 사립학교 경영자 그리고 법인 운영과 관련된 임직원들이 사립학교법의 규정을 위반하였을 경우 처벌 조항을 담고 있다.

사립학교가 우리나라에 많은 이유는 우선은 국가의 책임방기 그리고 일제 식민지 시기의 교육상황과 한국전쟁 등으로 비롯된 국가 교육재정의 부족이라고 할 수 있다. 일제는 우리 민족교육을 말살하는 정책으로 일관했으며, 한국전쟁은 해방 이후 국·공립 교육기관 성장 가능성을 훼손했기 때문에 사립에 의존할 수 없었던 것이다. <표 9-1>에서 보듯이 사립학교의 비율은 중학교 22.9%, 고등학교 45.1%, 전문대학 90.5%,

<표 9-1> 2004년 학교 설립별 학교수 현황 (단위: 학교수, %)

학교급별		국립	공립	사립	계	사립비율
중학교		9	2,217	662	2,888	22.9%
고등학교		17	1,124	939	2,080	45.1%
전문대학		7	8	143	158	90.5%
대학교		24	2	145	171	84.8%
총계	중등교육기관	26	3,341	1,601	4,968	32.2%
	고등교육기관	31	10	288	329	87.5%
	계	57	3,351	1,889	5,297	35.7%

주) 대학교에는 일반대만 포함
* 자료: 교육부·한국교육개발원, 『2004년 교육통계연보』, 2004.

<표 9-2> 2004년 학교 설립별 학생수 현황 (단위: 명, %)

학교급별		국립	공립	사립	계	사립비율
중학교		6,408	1,548,570	378,565	1,933,543	19.6%
고등학교		14,738	853,283	878,539	1,746,560	50.3%
전문대학		14,721	24,026	858,842	897,589	95.7%
대학교		376,413	20,939	1,439,297	1,836,649	78.4%
총계	중등교육기관	21,146	2,401,853	1,257,104	3,680,103	34.2%
	고등교육기관	391,134	44,965	2,298,139	2,734,238	84.1%
	계	412,280	2,446,818	3,555,243	6,414,341	55.4%

주) 대학교에는 일반대만 포함
* 자료: 교육부·한국교육개발원, 『2004년 교육통계연보』, 2004.

대학교 84.8%이고, 중등교육기관(32.2%)보다 고등교육기관(87.5%)의 사립학교 비율이 훨씬 높음을 알 수 있다.

또 <표 9-2>에서 보듯이, 사립학생의 비율은 중학교 19.6%, 고등학교 50.3%, 전문대학 95.7%, 대학교 78.4%이고, 역시 중등교육기관 학생비율(34.2%)보다 고등교육기관 학생비율(84.1%)이 훨씬 높음을 알 수 있다.

<표 9-3>은 OECD 국가 대학 재학생 설립 구분별 비중을 나타내는데, 우리나라 사립대학의 재학생 비율(77.3%)은 전 세계에서 최고 수준(미국 24.0%, 프랑스 11.4%, 일본 72.5% 등)을 보이고 있다. 더욱이 호주, 덴마크, 영국 등은 사립의 비율이 0%를 보이고 있어 우리나라와 매우 대조적이라고 할 수 있다. 따라서 우리나라 공교육에서 사립학교 의존도는 세계 최고이며, 그렇기 때문에 사립학교의 민주적 운영이 그만큼 또 중요해지는 것이다. 여기서 민주적 운영을 강조하는 이유는 교육의 민주화 없이는 신자유주의자들이 부르짖는 교육의 경쟁력과 효율성, 질적 수월성 등이 실현되지 않기 때문이다. 다시 말해서 민주화 비용을 치루지 않고는 교육의 질적 도약은 있을 수 없다는 말이다.

<표 9-3> OECD 국가 대학 재학생 설립 구분별 비중 (단위: %)

국가명	공립	정부의존형 사립	자립형 사립	국가명	공립	정부의존형 사립	자립형 사립
미국	76.0		24.0	한국	22.7		77.3
호주	100.0			멕시코	66.3		33.7
오스트리아	92.7	7.3		네덜란드	29.2	69.6	
덴마크	99.5	0.5		노르웨이	87.6	12.4	
핀란드	89.8	10.2		폴란드	71.6		28.4
프랑스	87.8	0.8	11.4	스위스	90.4	6.8	2.8
아일랜드	94.0		6.0	터키	96.0		4.0
일본	27.5		72.5	영국		100.0	

주) 정부 의존형 사립: 설립형태는 사립이지만 운영은 정부에 의존하는 학교

* 자료: OECD, Education at Glance: OECD Indicators, Paris. 2004a, p.292.

3. 사립대학교 운영의 문제들

1) 사립대학의 족벌경영

어느 조직이나 마찬가지로 사립대학(이 글에서는 사립학교 중에서 가장 대표적으로 문제가 많은 대학의 경우에 대체적으로 한정해서 사립학교 운영의 문제를 다루어 보고자 한다)도 재정권(예·결산에 관련된 사항), 인사권(교직원 및 이사진의 임용과 면직에 관한 사항), 규칙 제정권(이사회의 정관, 대학의 학칙 등 각종 규칙을 만들고 고치는 것과 관련된 사항), 감사권(예·결산의 책정과 집행 결과에 대한 감사에 관한 사항) 그리고 개별대학의 교육과 학문정책의 결정권 등이 가장 중요한 일이라고 할 수 있다. 제대로 된 대학이라면, 이러한 권한이 분산되어 있고, 이 권한에 관련된 사안들에 대한 민주적인 의사소통과 의사결정이 되어야 한다.

그런데 우리나라 사립대학의 대부분은 여전히 족벌·세습 체제에 의해

사학을 치부의 수단으로 삼으면서 전 근대적인 운영방식을 벗어나지 못하고 있다. 그런데 여기서 문제가 되는 것은 사립학교법이 이러한 전 근대적 학교운영을 바로 잡지 못하고 오히려 그러한 운영을 온존시키고 있다는 점이다. 즉 다시 말해서 현행 사립학교법은 위에서 거론한 중요권한 모두를 사립학교의 이사회에 부여하고 보장하고 있는 것이다. 그래서 사립대학은 부정과 비리의 온상처럼 되어 버렸고, 매년 감사의 결과나 학내 분규 등에 의해 드러나게 되는 대학의 부정과 비리는 국민의 판단마저 무디게 만들고 있다.

2) 사립대학의 반민주적인 의사결정 구조

사립대학의 의사결정은 모두 학교 법인이 한다고 해도 과언이 아니다. 대부분의 사립대학은 대학을 사적 소유물로 생각하는 법인 설립자나 이사장들이 대학을 자신의 친·인척과 측근들 중심으로 운영하면서 모든 의사결정권을 독점하고 있다.

사립학교법이 규정하고 있는 사학 법인의 기능을 보면, 대학 구성원의 의사가 반영될 여지가 없다. 심지어는 총장조차 독자적으로 할 수 있는 일이 거의 없다. 사립학교법 제16조에 나타난 이사회의 기능을 보면, ▷ 학교법인의 예산·결산·차입금 및 재산의 취득 처분과 관리에 관한 사항, ▷ 정관의 변경에 관한 사항, ▷ 학교법인의 합병 또는 해산에 관한 사항, ▷ 임원의 임면에 관한 사항, ▷ 학교법인이 설치한 사립학교의 장 및 교원의 임면에 관한 사항, ▷ 학교법인이 설치한 사립학교의 경영에 관한 중요사항, ▷ 수익사업에 관한 사항, ▷ 기타 법령이나 정관에 의하여 그 권한에 속하는 사항 등이다. 사립대학 운영과 관련한 권한(즉, 재정권, 인사권, 규칙제정권)은 모두 법인이 독점하고 있는 셈이다.

사립학교법의 독소 조항은 대학 구성원의 학사 운영 참여를 원천적으로 봉쇄하고 있다. 또한 총장이 보직교수 회의와 각종 위원회, 자문위원회 등을 거쳐 정책을 결정한다 하더라도 법인 이사회의 입장에 반한다면 언제든지 뒤집힐 수 있는 의결 구조를 가지고 있는 것이 사립학교이다. 때문에 사립대학은 정부의 일차적 통제만 받는 국립대학보다 더욱 반민주적인 의사결정 구조를 가지고 있다 할 수 있다. 그래서 교수협의회나 학생회 그리고 직원회의는 비상시나 대학 분규 때에나 목소리를 낼 수 있는 상태에 있다.

3) 대학 구성원들의 의사를 무시하는 재정 운영

사립대학은 학교 법인에 의해 운영되지만 이익의 극대화를 목적으로 하는 영리기업과 달리 교육·연구·사회봉사 활동을 통해 독자적인 건학 이념과 학풍을 계승·발전시키는 것을 목적으로 하는 비영리 조직이다. 때문에 사립대학 재정은 첫째, 공익성을 띠며 둘째, 직접적인 이해 관계자의 부재로 인해 운영자의 의지에 따라 재정 운영도 달라진다. 셋째, 사립대학은 성과를 측정하기 어렵고, 자산 운영상 나타난 손실에 대한 경제적 책임을 묻기 힘들며 넷째, 사립대학 재정은 법·제도에 따라 자율성에 일정한 제한을 받는다.

그런데 이러한 특성을 가진 사립대학의 예산 편성과 집행 권한이 누구에게 있느냐 하는 점은 대학 운영구조 개선과 관련해 매우 중요한 부분이다. 사립대학은 사립학교법 및 동법시행령, 사학기관재무·회계규칙, 동규칙에 대한 특례규칙 등에 따라 교육인적자원부장관으로부터 매년 예산편성지침을 시달받고(05년부터 폐지), 이를 바탕으로 총장은 학교회계의 예산편성 요령을 결정한다. 그 후 총장은 예산·결산자문위원회의 자문을 얻어 대학 예산을 편성하여 법인 이사회에 보고하고, 법인 이사회는 총장으로부터 보고받은 예산안을 심의·확정한 이후 이를 교육인적자원부와 대학에 통보하게 된다.

사립대학의 예산 편성에 관한 최종 권한이 법인 이사회에 있음으로 해서 대학 예산 운용 방향에는 이사회 특히 법인 이사장의 입김이 강하게 작용할 수밖에 없다. 대학총장이나 교수·학생·직원이 교육여건을 시급히 개선하기 위해 교원 확보나 기자재구입, 학생장학금 지급 등에 예산을 집중 투자하고 싶어도 법인 이사회가 법인의 자산을 증가시키는 시설투자에 집중하고자 한다면 총장이나 교수·학생·직원의 바램은 배제될 수밖에 없는 구조다.

4) 법인의 총장 및 교원 임면

교육인적자원부와 사학 법인은 대학운영의 핵심권한인 재정권, 인사권, 규칙 제정권 모두를 독점하고 있다. 이 권한이 분산되지 않고서는 대학 운영에 대한 통제와 견제 그리고 그에 따른 균형도 이룰 수 없으며, 대학 민주화도 논할 수 없다.

현행 고등교육 관련 법령상 정부와 사학 법인의 무한정한 권한과 이로 인한 일방적 독주를 그나마 견제할 수 있는 유일한 사람은 대학총장뿐이다. 대학교수들의 총장직선제 요구 내지는 이 제도의 폐지 반대의 가장 큰 이유도 총장이 정부와 사학 법인의 일방적 독주를 견제할 유일한 수단이었기 때문이다.

사립학교법에 따르면, 사립대학 총장은 학교 법인이 임명하도록 되어 있다. 사립대학의 총장선출 방식을 구체적으로 보면, 1987년 민주화의 영향권 아래서 교수협의회가 총장후보 2인을 선출하여 이사회에 제출하면, 이사회에서 1인을 선출하는데, 그 순위가 바뀌는 경우가 그렇게 많지는 않았다. 하지만 사립대학은 지난 1996년 계명대, 연세대, 동국대 등 9개 대학을 필두로 총장직선제를 거의 폐지한 상태다. 총장 임기가 2번 정도밖에 지나지 않았는데도 직선제의 단점만을 강조하면서 이 제도를 폐지한 것이다. 그런데 대학이 총장직선제를 폐지하는 데에는 교육인적자원부의 강압이 크게 작용했다. 교육인적자원부는 1999년 발표한 '교육발전 5개년 계획 시안'을 통해 "현행 직선제의 폐해를 방지하고 대학통합과 경영효율화를 기할 수 있도록 개선"하겠다고 밝혔다. 교육인적자원부의 입장은 결국 대학에 대한 통제를 더욱 강화하겠다는 노골적인 의사표명이라 할 수 있다.

한편, 교원의 임면 현황 역시 매우 심각한 상황이다. 사립학교법에 따르면, 사립대학 교원은 총장의 제청으로 법인 이사회 의결을 거쳐 임용한다. 한편, 학교법인이 정관을 통해 총장·학장에게 그 권한을 위임할 수 있도록 하고 있다. 하지만 실질적으로 총·학장에게 교원 임면 권한을 위임한 대학은 거의 없다. 이러한 상황에서 교원의 학문의 자유와 양심적·비판적 활동은 불가능할 수밖에 없다. 여기에 더해 일정기간이 지나면 재임용을 받아야 하고, 특히 2002년부터 본격 도입된 계약·연봉제로 인해 교원들이 갖는 신분 불안은 대학과 사회의 민주화 발전을 저해하는 요인이 되고 있다.

5) 교수·직원·학생단체는 임의단체

대학 구성 주체는 교수·학생·직원이다. 통상적인 대학의 목적이 교육·연구·사회봉사활동에 있다고 할 때 교수와 학생은 직접적인 당사자이고, 직원은 교수와 학생이 이러한 활동들을 원활하게 할 수 있도록 행정적으로 뒷받침하는 지원조직이다. 하지만 이들 세 주체는 법적인 공식 기구로 인정받지 못하고 있다.

교수(협의)회와 학생회는 고등교육법 시행령을 통해 학칙상의 임의기구로 설정되어 있을 뿐 그 성격 및 권한에 대하여 규정하고 있는 조항은 없다. 직원노조 역시 노동관련법에 의해 노동자 조직으로 인정받을 뿐

직원회의는 대학의 일주체로서 법적 지위를 누리지 못하고 있다.

대학 구성원인 교수·학생·직원이 법적인 기구로 인정받지 못하고 있는 것은 우리나라 대학의 왜곡된 운영구조를 보여주는 단적인 사례이다. 정부와 사학 법인 이사회는 이와 같은 법적 규정을 이용해 대학 구성원들을 운영 주체로 인정조차 해주지 않고 있으며, 이들이 학교 운영과 관련한 문제를 제기하면 즉각적인 탄압을 벌이는 방식으로 이러한 법적 미규정 상황을 이용하고 있다.

지난 1996년 교육부 주최로 개최된 '교육법 개편 방안' 공청회에서는 나름대로 의미 있는 논의들이 진행되었다. 당시 고등교육법 시안은 "고등교육기관의 구성원은 교직원과 등록한 학생으로 하고, 교직원은 총장 또는 학장, 전임강사 이상의 교원, 조교 및 직원으로 한다"고 제시했다. 또한 "구성원의 권리와 의무에 관하여는 법령의 범위 내에서 학칙으로 정하되, 모든 구성원은 구성원으로서의 권리와 의무를 충실하게 행하여야 한다"고 밝혔다. 이와 함께 "학생은 법령 및 학칙이 정하는 바에 따라 학문연구 및 예술활동과 교육에 관한 권리를 가지며, 학생의 자치활동은 법령과 학칙이 정하는 바에 따라 보장된다"고 했다. 이 내용은 대학 민주화를 요구하는 구성원들의 목소리를 모두 담아내지 못했을 뿐만 아니라 내용 자체가 갖고 있는 한계(특히 시간강사를 교직원으로 인정하지 않은 점)도 많았지만 나름대로 진일보한 의견이었다고 할 수 있다. 하지만 대학 구성원에 대한 최소한의 자격 기준과 학생들의 의무와 권리를 포함한 이들 내용은 최종 확정된 법안에서 삭제되거나 본래의 취지와 다르게 변질되어 버렸다.

교수단체들은 교수협의회를 법정기구화하고 대학운영과 관련한 (심의) 의결 기구화 할 것을 수년째 정부에 요구하고 있다. 하지만 정부는 모르쇠로 일관하면서 일부 대학(경북대, 경상대, 영남대 등)의 자체 시행 움직임마저 봉쇄하고 있다. 학생과 직원들 역시 학생회(학생회비를 별도로 징수하도록 하는 경우, 학생회를 인정하지 않은 셈이다)와 직원노조의 공식 기구화를 외치고 있지만 이들의 목소리가 언제 반영될지는 아무도 모른다.

　정부당국이 대학 구성원의 공식기구화 목소리(더 나아가서 3주체가 참여하는 가칭 '대학운영위원회' 구성 요구, 열린우리당 개정안에서는 '대학평의원회')를 계속 거부하는 것은 정권의 대학 통제를 지속시키고 사학법인들의 기득권을 계속 보장하겠다는 뜻 외에는 아무 것도 아니다. 정부의 이러한 행태는 "민주화 없이 학문 발전 없다"는 주장을 무시하고 있는 것이다.

4. 계속되는 사학 비리

　앞서 논의된 전근대적이고, 폐쇄적인 의사결정 구조를 가진 사립대학교는 각종 부정·비리의 전시관처럼 되어 버렸다. 교육인적자원부 감사에서 밝혀진 부정·비리는 법인운영, 인사관리, 재무·회계, 시설관리, 입시, 국고보조금 운영 등 전 분야에 걸쳐서 문제가 있음이 매년 지적되고 있다.

　또한 언론보도에 의한 사립대학 부정·비리뿐만 아니라 개별 대학의 투쟁 과정에서 제기된 부정·비리도 우리의 상상을 넘어서고 있는 형편이다.

　국정감사 자료에 따르면, <표 9-4>에서 보는 바와 같이 지난 1999년부터 2005년 7월까지 사립대학 운영자들이 부정·비리 등으로 학교에 손실을 입힌 금액이 무려 3,672억 원에 이르는 천문학적인 액수다. 더욱 심각한 문제는 이러한 손실금 규모가 최근 들어 점점 커지고 있다는 점이다. 이는 사학 운영자들의 부정·비리에 대한 불감증이 얼마나 심각한지 보여주는 극명한 사례라 할 수 있다.

　사학의 계속되는 부정·비리는 임시이사 선임 실태를 통해서도 확인되고 있다. 임시이사가 최초로 선임된 88년 이후 연도별 임시이사 파견

<표 9-4> 1999~2005년 7월 교육부 종합감사 결과 적발된 손실금 현황

(단위: 천원)

구분	1999년	2000년	2001년	2002년
대학	15,380,646	5,962,769	28,870,911	1,905,300
전문대학	43,355,371	7,472,933	9,972,988	23,905,424
합계	58,736,017	13,435,702	38,843,899	25,810,724
구분	2003년	2004년	2005년	총계
대학	29,388,058	97,559,210	21,312,200	200,379,094
전문대학	35,540,000	28,316,821	18,210,264	166,773,801
합계	64,928,058	125,876,031	39,522,464	367,152,895

주) 대상대학 : 일반대 22개교(부분감사 1교 및 원격대학 1교 포함), 전문대 29개교
* 자료 : 교육인적자원부, 각 연도 정기국회 국정감사 공통자료 및 2005년 국정감사 제출자료

<표 9-5> 연도별 임시이사 선임 현황

(단위: 대학 수)

구분	1988	1989	1993	1994	1997	1998	1999	2000	2001	2002	2003	2004	2005
대학	조선대	영남대	*상지대*	대구대	광운대 한성대 *한국외대*	*단국대*	*서원대*	탐라대	덕성 여대	-	고신대 *극동대*	동해대 대구예대 경기대	세종대 대구외대
전문 대학	-	-	-	-	나주대	-	-	서일대 대구 미래대 경인여대	-	강원 관광대	-	김포대	경북 외테대
계	1	1	1	1	4	1	1	4	1	1	2	4	3

주 1) 밑줄 긋고 기울려진 대학은 2005년 9월 현재, 임시이사 체제에서 정이사 체제로 전환한 대학.
주 2) 동일법인에 해당된 전문대학 제외(예: 상지대-상지영서대, 탐라대-제주산업정보대 등)
주 3) 경북외테대는 경북외국어테크노대학의 약칭
* 자료: 교육인적자원부, 국정감사 제출 자료, 2005.

대학 현황은, <표 9-5>에서 보는 바와 같이 1990~1992년, 1995~1996년을 제외하고 매년 한 대학 이상 임시이사가 선임되었다. 현행 사립학교법상 임시이사의 선임은 학교법인의 설립목적을 달성할 수 없을 정도의 문제점이 있을 때여야 겨우 가능한, 매우 어려운 일이다. 그럼에도

불구하고 매년 임시이사가 선임되고 있다는 것은 우리나라 사립대학의 문제가 그 만큼 심각하다는 것을 반증하는 것이다. 특히, 2001년 이후부터 최근 5년간 임시이사 선임 대학 수가 무려 11개교에 달해 사학 부정·비리가 끊임없이 계속되고 있음을 보여 준다.

5. 교육부와 사립학교법

앞에서 거론했던 사립학교법 자체의 문제점과 그로 인한 사립학교 운영의 문제점과 계속되는 부정 비리를 가장 잘 알고 있는 조직은 교육인적자원부다. 그러나 교육인적자원부는 사립학교법 개정을 위하여 어떠한 행동을 하고 있는가. 여기서는 교육부의 대국민사기극 실상을 살펴보고자 한다.

1) 교육부의 사립학교법 개정 딴지걸기

한국대학신문이 2003년 5월 전국 4년제 대학 총장과 교직원, 학생을 대상으로 조사한 결과에 따르면, 교육부의 개혁 필요성을 묻는 질문에 90.5%가 "매우 필요하거나 대체로 필요하다"고 답변해서 대학 구성원들이 실질적인 대학교육 주무부서로서 역할과 위상 정립 등 교육부의 총체적 개혁이 필요하다고 생각하는 것으로 나타났다.

이러한 결과는 교육부가 각종 정책을 수립하면서 대학구성원들 입장보다는 교육계 기득권 세력의 입장을 우선 대변하면서 나타난 뿌리 깊은 불신에서 비롯된 것이라 할 수 있다. 이러한 사례는 특히 사립대학 관련 정책에서 두드러지고 있다.

사립학교법 개정 논의가 한창이던 1999년 7월 당시 교육부 장관이던

김덕중 씨는 상지대 문제와 관련해서 "사립대학에는 주인이 있어야 한다, 주인은 설립자이므로 설립자가 맡아 운영해야 한다"고 말하면서, 당시 비리 혐의로 학교에서 쫓겨난 "설립자 김문기 씨와 당시 임시이사장 및 총장이 의논해 하루 속히 대학이 정상화되도록 노력해 달라"고 말해 파문을 일으킨 바 있다.

교육부의 비리 사학 옹호는 최근까지 이어져 여당이 마련한 사립학교법 개정안에 대해 반대하는 사태까지 벌어졌다.

언론보도에 따르면, 교육부는 2004년 8월 국회에서 국회 교육위원회 소속 열린우리당 의원들과 가진 간담회에서 학교장이 교원인사위원회의 제청을 받아 초·중·고교와 대학의 교직원을 임면할 수 있도록 한 열린우리당의 사립학교법 개정안에 대해 실효성이 없다고 반대했으며, 이사회 구성 때 법인 친인척의 비율을 현행 3분의 1에서 5분의 1로 줄이는 부분에서도 난색을 표시한 것으로 알려졌다.[1] 이 때문인지 실제 열린우리당 사립학교법 개정안에는 이사회의 교직원 임면권은 그대로 유지되었으며, 친인척 비율도 4분의 1로 줄어들었다.

교육부는 또한 2005년 5월 대학 자율화의 명분으로 사립대학 법인의 정관 준칙을 폐지했다. 이로 인해 상당수 사학 법인들이 '이사 해임을 이사회 의결만으로 가능하게 정관을 변경'해, 사학 이사진의 3분의 1 이상을 교사와 학부모 등이 추천하는 '개방형 이사'로 채우도록 하는 열린우리당의 사학법 개정안을 무력화시켰다.

교육부의 이러한 행태는 사학 운영자들의 입맛에 맞춘 것으로서 사학 민주화와 투명성 확보에 대한 그들의 인식을 확인할 수 있는 계기가 되고 있다.

---

1) ≪연합뉴스≫(2004.8.20).

2) 교육부와 사학의 유착

교육부 감사관실의 솜방망이 징계

사립대학에 대한 교육부의 부실감사는 정평이 나 있다. 우선 상당수 대학이 설립 이후 종합감사를 한번도 받은 적이 없는 것으로 나타나 충격을 준 바 있는데, 감사 대학에서 적발된 지적 사항들에 대해서도 솜방망이 처벌로 일관하고 있어 문제가 되고 있다.

교육부는 2001년부터 2004년 7월까지 종합감사를 실시한 35개 대학에 대한 종합감사에서 모두 3,768명에 대해 신분상 조치를 내렸다. 이 가운데 85%에 달하는 3,204명은 사립대학 및 사립전문대학이며, 15%인 564명은 국립대학이다.

사립대학 및 사립전문대학의 신분상 조치 현황을 유형별로 살펴보면, 사립대학은 전체 신분상 조치 인원 1,710명 가운데 경고 71.2%(1,217명), 주의 16.7%(286명)로 전체의 88%(1,503명)가 경고 및 주의 처분에 그쳤다. 반면 실질적 처분이라고 할 수 있는 징계 처분은 전체 인원의 12.1%인 207명에 그쳤다.

같은 기간 사립전문대학에 대한 종합감사에서도 총 1,494명이 처분되었으나, 이 중 경고가 73.2%(1,094명), 주의가 12.2%(183명)로 거의 대다수를 차지하며, 징계처분을 받은 사람은 14.5%인 217명이다.

교육부는 또한 2000~2004년 7월까지 종합감사를 실시한 34개 사립대학 및 전문대학 가운데 41.2%인 14개 대학(9개 대학, 5개 전문대학), 113명에 대해 임원취임승인취소 조치를 내렸다. 그러나 사법 당국에 고발 조치가 취해진 곳은 감사대학의 26.5%인 9곳(대학 5, 전문대학 4)에 불과하며, 인원 또한 22명에 불과했다.

감사 결과에 따른 교육부의 솜방망이 조치는 대학 구성원들에게 사학 관계자들과의 유착을 의심할 수 있는 단초를 제공해 준다. 그 유력한 수단은 금전 수수와 취업 등으로 알려지고 있다.

교육부와 사학의 금전적 결탁

교육부 관료들과 사학 관계자들의 금품수수는 소문으로만 떠돌 뿐 외부에 구체적으로 드러난 사례는 드물다. 그 이유는 뇌물 제공 횟수가 적어서라기보다는 매우 은밀한 수법으로 진행되기 때문일 것이다. 하지만 지금까지 언론을 통해 드러난 사례만 보더라도 그 심각성을 알 수 있다.

지난 2001년 3월 대법원은 1998년 대구대 법인 운영권을 되찾게 해 달라며 구법인 관계자로부터 뇌물을 받은 전 교육부 감사관에 대한 상고심에서 징역 2년6월, 집행유예 3년 등을 선고한 원심을 확정 판결한 바 있으며, 동년 7월에는 광주지검이 재직 중 대학 설립허가 청탁 대가로 수천만 원의 뇌물을 받은 혐의로 전 교육부 서기관에 대해 구속영장을 청구한 바 있다.

또한 2005년 10월 전주지법은 대학 재단 측에 특별교부금을 지원해주는 대가로 금품을 받은 혐의로 기소된 교육부 부이사관에 대한 선고공판에서 징역 2년 6월에 추징금 1억 4천 750만 원을 선고했다.

이러한 상황을 반영하듯 국무총리실 감찰반의 '2003년 이후 비리 공직자 현장적발 및 조치 실적' 자료에 따르면 48개 중앙행정부처 공무원 가운데 2003년 39명, 2004년 55명, 2005년 6월까지 20명 등 총 114명의 비리가 적발되었는데, 이 가운데 교육부는 모두 24명이 적발되어 가장 많은 비리가 적발된 부서로 선정되었다. 교육부의 비리가 얼마나 만연해 있는지 보여주는 직접적인 증거라 할 수 있을 것이다.

교육부 사립대학 근무 현황

2004년 국정감사 자료에 따르면, 교육부와 소속기관 관료 82명이 사학에 근무하고 있는 것으로 밝혀졌다. 이 가운데, 일부 대학은 분규 중이거나 대학 내에 문제가 발생한 시가에 교육 관료를 영입했다는 의혹이 일었으며, 이와 별개로 현직관료 9명은 휴직상태에서 고용휴직 형식으로 사립대학 교수로 근무 발령이 나 있어 유착 의혹을 더하고 있는 것으로 나타났다.

이들의 구체적 직위로는 법인이사가 27명(32.9%), 교수 26명(31.7%), 직원 14명(17.1%), 총·학장 7명(8.5%) 등 82명으로 집계되었으며, 4년제 대학의 경우 법인이사 12명, 교수 19명, 직원 9명 등 45명이었고 전문대에는 법인이사 15명, 교수 7명, 직원 5명 등 37명이다. 이 가운데 12명은 퇴직 바로 다음 날 사립대로 바로 출근하거나 분규 중인 학교로 옮긴 경우도 있어 "해도 너무 한다"는 비난을 받은 바 있다.

공직자윤리법 제17조는 "공무원은 퇴직일로부터 2년간 퇴직전 3년 이내에 소속하였던 부서의 업무와 밀접한 관련이 있는 일정규모 이상의 영리를 목적으로 하는 사기업체 또는 영리사기업체의 공동이익과 상호협력 등을 위하여 설립된 법인·단체에 취업할 수 없다"고 규정하고 있다. 때문에 교육공무원이 '비영리기관'인 대학에 취업한 경우 공직자윤리법의 적용을 받지 않아 교육관료들은 퇴직 이후 사립대학에 얼마든지 취업이 가능한 상황이다.

이상에서 보았듯이 교육부는 사립학교법 개정을 노골적으로 반대·방해하는 방향으로 사립학교의 정관을 개정하거나 또는 사학과 여러 형태의 유착관계를 통하여 사립학교의 이해관계를 보호해 주고 있는 것이다.

6. 정기국회에서 개정된 사립학교법 주요 내용

지난 12월 9일 국회 본회의에서 통과된 사립학교법 주요 개정사항은 다음과 같다.

가. 등기를 마친 학교법인은 지체 없이 재산출연을 증빙할 수 있는 서류를
　　첨부하여 관할청에 재산출연 결과를 보고하도록 함(안 제8조의2).

나. 학교법인은 이사정수의 4분의 1이상(이사정수는 현행대로 7인 이상)
　　을 학교운영위원회 또는 대학평의원회가 2배수 추천하는 인사 중에서
　　선임하고, 다수의 학교를 설치·운영하고 있는 학교법인의 경우에는
　　각각의 학교운영위원회 또는 대학평의원회가 협의하여 이사를 추천
　　하도록 함(안 제14조제3항 및 제4항).

다. 회의록의 의무 기재사항을 명확히 하고, 회의조서를 작성할 수 있는
　　경우에 대하여 법령으로 규정하며, 회의록의 공개를 의무화함(안 제
　　18조의2).

라. 4급 이상의 교육행정공무원 또는 4급 상당 이상의 교육공무원으로
　　재직하다 퇴직한지 2년이 경과하지 아니한 자가 학교법인의 임원이
　　되는 것을 금지함(안 제22조 제5호).

마. 이사장이 당해 학교법인이 설치·경영하는 학교의 장 뿐 아니라 다른
　　학교법인의 이사장 또는 그 학교법인이 설치·경영하는 사립학교의
　　장까지 겸직하지 못하도록 함(안 제23조제1항).

바. 대학평의원회의 설치를 의무화하고, 그 기능·조직 및 운영에 관해
　　필요한 사항은 대통령령이 정하는 바에 따라 정관으로 정한다(제26조
　　의2의 제1항 및 2항).

사. 학교회계의 예산은 당해 학교의 장이 편성하되 학교운영위원회 또는
　　대학평의원회의 자문을 거친 후 이사회의 심의·의결로 확정하고 학교
　　의 장이 집행토록 함(안 29조제4항).

아. 학교회계의 예산 및 결산은 관할청에 보고하고 공시하도록 함(안
　　제31조제1항).

자. 사립학교의 교원의 면직사유에서 노동운동을 한 경우를 제외함(안
　　제58조제1항제4호).

7. 민주적인 사립학교법 개정 방향과 그 쟁점사항들

사립학교법 개정은 소극적 차원에서 사학의 부정·비리 척결이지만 적극적 의미에서 학문의 수월성 추구를 위한 민주화 비용을 치르는 작업이기도 하다. 다시 말해서 사립학교법 개정의 목적은 사학의 전근대적인 운영구조를 타파하여 민주주의적인 의사소통과 의사결정 구조를 만들어 내어 학문의 발전을 꾀하는 데 있다.

이러한 의미에서 이번에 개정된 사립학교법은 진일보한 내용이다. 하지만 이와 별개로 미흡한 부분이 적지 않게 남아 있다.

우선, 열린우리당의 의지 부족과 한나라당의 막무가네식 반대로 이번 개정에서 제외된 교수, 교사, 학생, 직원 조직의 법적 기구화 무산이다. 이 조항은 당초 열린우리당 안에는 있었으나 김원기 국회의장이 "고등교육법 개정시 별도로 논의하자"는 수정 제의로 인해 삭제되었다.

대학 구성원 조직의 법적 기구화 무산은 당장 이번 사립학교법 개정안에 포함된 '대학평의원회' 설치와 관련해 논란이 일 것으로 보인다. 개정안은 "대학평의원회의 설치를 의무화하고, 그 기능·조직 및 운영에 관해 필요한 사항은 대통령령이 정하는 바에 따라 정관으로 정한다"고 규정하고 있는데, 대통령령에 합법조직이 아닌 구성원이 어떻게, 얼마나 포함될지는 미지수이다. 따라서 대학 구성원들은 고등교육법 개정과 별개로 교육부가 대통령령인 사립학교법시행령을 개정할 때 기능과 조직을 어떻게 할 것인지 면밀히 주시하여, 3주체(그 방식과 비율은 개별대학에서 정하더라도)가 참여할 수 있도록 요구해야 할 것이다.

대학 구성원들은 교육부가 대학 평의원회 관련 사립학교법시행령을 개정할 때 그 권한을 기능을 어떻게 설정할 것인가도 주시해야 한다. 최상의 방안은 대학 평의원회가 대학의 재정·인사·학사문제 전반에 대한 심의를 할 수 있도록 해야 한다.

이때 교수·학생·직원의 속성과 전문성에 따라, 역할의 비중을 달리해야 할 것이다. 예를 들어서, 총장 선출의 경우, 현행 교수직선제를 발전적으로 해체하여 새롭게 '총장선출위원회'를 꾸려 각 대학의 사정에 따라 선출 방식을 합의해내야 할 것이다.

한편, 사학 민주화와 관련한 법 개정 내용과 관련해 다음과 같은 사항들도 추가로 고민되어져야 할 것이다. 법정부담전입금을 학교비에서 대납할 수 있도록 되어 있는 사립학교교직원연금법과 국민건강보험법을 개정하여 전액 법인이 부담하도록 해야 하고, 자산 매입과 관련한 비용 가운데 법인이 부담해야 할 비율을 법적으로 규정해야 한다.

뿐만 아니라 법인이 운영하고 있는 수익용기본재산 운영과 관련해 일정기간 수익이 일정 비율을 넘지 못할 경우 반드시 고수익사업으로 전환하도록 명문화해야 한다. 또한 사립학교법 가운데 벌칙 조항을 보다 강화하여 일정금액 이상의 회계 부정이 발생할 경우 관할청인 교육부가 반드시 사법당국에 고발 조치할 수 있도록 해야 한다.

글쓴이 소개

정진상
경상대 사회학과 교수, 사회과학연구원장
주요 저서: 『국립대 통합네트워크 - 입시지옥과 학벌사회를 넘어』

이철호
전교조 참교육연구소 부소장
주요논문: 「교육공공성 실현을 위한 대학평준화방안 모색」

손지희
서울 신연중 교사, 진보교육연구소
주요 논문: 「고교 평준화 '보완론'의 허구성과 새로운 평준화 이념」

송경원
민주노동당 정책연구원
주요논문: 「재생산론의 관점에서 본 한국교육의 현실」

하병수
경기도 구리여중 교사, 범국민교육연대 교육과정위원회
주요저서: 『공교육새판짜기: 요람에서 무덤까지』

임재홍
영남대학교 법학과 교수
주요논문: 「대학지배구조 개선방향」

박정원
상지대 경제학과 교수, 교수노조 정책위원장
주요논문: 「영국 토니 블레어 정부의 신자유주의적 고등교육정책의
성과와 한계」

천보선
서울 구일고 교사, 전교조 연구국장
주요저서: 『신자유주의와 한국교육의 진로』

박거용
상명대 영어교육과 교수, 한국대학교육연구소장
주요저서: 『한국대학의 현실』

교육부의 대국민사기극

ⓒ 정진상 외, 2006

엮은이 정진상
지은이 정진상·이철호·손지희·송경원·하병수·임재홍·박정원·천보선·박거용
펴낸곳 도서출판 책갈피
주소 서울특별시 중구 필동 1가 21-2 대덕빌딩 205호 (100-866)
등록 1992년 2월 14일(제18-29호)
전화 (02) 2265-6354
팩스 (02) 2265-6395
이메일 bookmarx@naver.com

첫 번째 찍은 날 2005년 11월 30일

값 12,000 원

ISBN 89-7966-043-X 03370
잘못된 책은 바꿔 드립니다.